THE
WHY
AXIS

무엇이 행동하게 하는가

THE WHY AXIS

HIDDEN MOTIVES AND THE UNDISCOVERED
ECONOMICS OF EVERYDAY LIFE

THE WHY AXIS
by Uri Gneezy and John A. List

Copyright ⓒ 2013 by Uri Gneezy and John A. List
Foreword copyright ⓒ 2013 by Steven D. Levitt
All rights reserved.

Korean translation copyright ⓒ 2014 by Gimm—Young Publishers, Inc.
This Korean edition was published by arrangement with Uri Gneezy and John A. List
c/o Levine Greenberg Literary Agency, Inc. through KCC(Korea Copyright Center Inc.), Seoul.

무엇이 행동하게 하는가

지은이_ 유리 그니지 · 존 A. 리스트
옮긴이_ 안기순

1판 1쇄 발행_ 2014. 6. 9
1판 6쇄 발행_ 2024. 6. 10

발행처_ 김영사
발행인_ 박강휘

등록번호_ 제406-2003-036호
등록일자_ 1979. 5. 17.

경기도 파주시 문발로 197(문발동) 우편번호 10881
마케팅부 031) 955-3100, 편집부 031) 955-3200 | 팩스 031) 955-3111

이 책은 (주)한국저작권센터(KCC)를 통한 저작권자와의 독점 계약으로 김영사에 있습니다.
저작권법에 의해 한국 내에서 보호를 받는 저작물이므로 무단전재와 무단복제를 금합니다.

값은 뒤표지에 있습니다.
ISBN 978-89-349-6815-3 03320

홈페이지 www.gimmyoung.com   블로그 blog.naver.com/gybook
인스타그램 instagram.com/gimmyoung   이메일 bestbook@gimmyoung.com

좋은 독자가 좋은 책을 만듭니다.
김영사는 독자 여러분의 의견에 항상 귀 기울이고 있습니다.

무엇이 행동하게 하는가

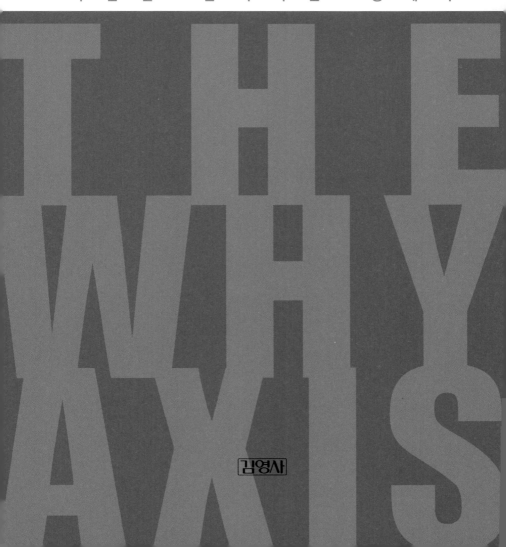

마음을 움직이는 경제학

유리 그니지
+
존 리스트

안기순 옮김

THE
WHY
AXIS

김영사

일 러 두 기

원문의 주석은 미주로 처리했으며, 본문에 ★ 표시와 함께 달린 각주는 옮긴이의 것이다.

우리에게 가장 중요한 현장실험 대상인 소중한 아이들
애니카, 엘리, 노아, 그레타, 메이슨
그리고 놈, 네타, 론에게 이 책을 바친다.

상황이 지극히 명백한데도 당시에는 알아차리기 힘들 때가 있다.

내가 젊은 경제학자였던 1990년대 말이 그랬다. 경제학계에서 그때는 매우 흥미진진한 시기였다. 나는 경제학에 새 물결을 일으킨 진원지였던 하버드와 MIT라는 훌륭한 교육기관에서 그 시기를 보내는 멋진 행운을 누렸다.

역사적으로 경제학은 이론이 지배해온 학문이었다. 더할 나위 없이 똑똑한 사람들이 등장해 복잡한 수학적 모델을 설계하고 세계 동향에 관한 추상적 법칙을 만들어내면서 경제학은 크게 발전했다. 하지만 1980년대와 1990년대에 들어 자료량과 정보처리력이 폭발적으로 증가하면서 많은 경제학자가 실제 자료를 분석하는 실험 연구empirical research에 점차 비중을 두기 시작했다. 이론적 통찰력을 멋지게 발휘할 만큼 자신이 똑똑하지 않다는 사실을 파악한 나 같은 젊은 경제학자들의 눈에는 흥미로운 사실을 찾아 공들여 자료를 축적하는 작업이 훌륭해 보였다.

그때나 지금이나 커다란 숙제는 두 변수 사이에 정말 인과관계가 있는지, 아니면 단순히 상관관계가 있을 뿐인지 파악하는 것이었다. 그 문제가 중요한 까닭은 무엇일까? 두 변수 사이에 인과관계가 있다면 공공정책이 감당해야 할 몫이 있고, 세상이 돌아가는 방식에 관해 중요한 교훈을 배울 수 있기 때문이다.

하지만 인과관계는 입증하기가 매우 힘들고 그나마 그것을 입증하는 최고의 방법은 무작위randomized 실험이다. 미국식품의약국이 신약을 승인하기에 앞서 무작위 실험을 요구하는 것도 이 때문이다. 하지만 이때 실시하는 유형의 실험실 실험은 나를 비롯한 경제학자들이 해답을 찾고 있는 의문에 적용할 수 없다는 것이 문제였다. 따라서 우리는 '우발적accidental 실험'을 찾는 데 에너지를 쏟았다. 이는 무작위 실험과 유사한, 현실에서 다소 우연히 발생하는 엉뚱한 상황을 뜻한다. 예를 들어 허리케인이 불어닥쳐 어떤 도시가 황폐해지고 어떤 도시가 멀쩡할지는 무작위라고 할 수 있다. 아니면 1973년 미국연방대법원이 낙태를 합법화한 로 대 웨이드Roe v. Wade 판결을 생각해보자. 해당 판결로 일부 주에서는 낙태율이 극적으로 달라졌지만 그렇지 않은 주도 있었다. 그 무렵 서로 다른 주에서 태어난 아기들의 이후의 삶을 비교해보면, 부모가 원하지 않은 아이의 출생이 개인의 삶에 어떤 영향을 미치는지와 같은 좀 더 심오한 질문을 던질 수 있을 뿐만 아니라, 정책의 영향력에 관해서도 많은 시사점을 제공한다. 따라서 나는 많은 경제학자와 마찬가지로 우발적 실험을 찾느라 시간을 보냈다.

그러나 어느 날 나보다 나이가 몇 살 적은 한 경제학자를 만나고 상황이 달라졌다. 그 경제학자는 나와 매우 다른 길을 걸었다. 하버드나 MIT에서 수학하지 않고, 위스콘신 대학교 스티븐스포인트 캠퍼스에서 학사과정을 마친 후 와이오밍 대학교에서 박사학위를 받았다. 처음 교단에 선 곳도 명망 높은 대학교가 아니라 센트럴플로리다 대학교였다.

그가 존 리스트이다. 뒤돌아보면 존은 나나 다른 유명한 경제학자와 달리 완전히 합리적이고 명백한 분야, 즉 실제 세상에서 무작위 경제학 실험을 실행하는 선구자였다. 하지만 무엇 때문인지 그러한 실험에 매달리는 사람은 거의 찾아볼 수 없었다. 직업적 전통과 앞선 세대가 지켜온 관례에 얽매인 탓에 경제학자들은 실제 경제환경에서 진짜 사람들을 대상으로 실험의 일부라는 사실을 알리지 않은 채 무작위 실험을 실시할 수 있다고는 꿈에도 생각하지 못했다. 그럴 수 있다는 가능성을 보여준 것이 한 트럭 운전사의 아들인 존이었다.

예를 들어 편견에 대해 생각해보자. 우리는 어떤 사람에 대해 편견을 품고 있는 사람을 보면 예외 없이 성차별주의자, 인종차별주의자, 동성애혐오자 등이라고 추측해왔다. 하지만 반감, 불쾌감, 철저한 타인 혐오 때문으로 보이는 행동 뒤에 숨은 동기를 존 리스트와 유리 그니지가 시도한 방법으로 밝혀내려는 사람은 한 명도 없었다.

6장과 7장에서 다루었듯 두 사람이 실시한 실험에 따르면, 차별 뒤에 숨은 동기가 항상 반감은 아니다. 단순히 돈을 더 많이 벌려는 욕심일 때도 있다.

내가 생각하는 진정한 천재는 지극히 명백한데도 다른 사람은 전혀 보지 못하는 현상을 포착하는 능력을 지닌 사람이다. 이러한 기준에서 존 리스트와 유리 그니지는 확실히 천재이다. 두 사람은 과거 50년 동안 경제학이 이룩한 가장 위대한 혁신 분야를 개척해왔다. 이 책은 놀랍도록 신중하고 창의적인 연구자의 손을 거쳐 실험적 접근방법이 어떻게 세상의 온갖 문제에 해답을 제시할 수 있는지 보여준다. 이때 유일한 한계는 실험을 설계한 사람의 상상력뿐이다.

아마도 곧 깨닫겠지만 무작위 현장실험은 강력한 도구이면서도 상당히 재미있다. 나만큼이나 독자들도 이 책을 흥미진진하게 읽으리라 기대한다.

스티븐 레빗Steven Levitt

《괴짜경제학》의 저자)

차
례

문제의식을 넘어

무엇이 사람을 행동하게 하는가

인도 북동부의 카시 구릉지대에 들어앉은 실롱 시의 입구에 "스스로 쟁취한 재산권을 공평하게 분배하라!"라는 알쏭달쏭한 내용의 표지판이 서 있었다. 우리는 운전을 하는 미놋에게 무슨 뜻인지 물었다.

우리가 미국을 출발해 오래 비행한 끝에 가우하티 공항에 도착했을 때 가이드인 미놋이 마중을 나왔다. 생강 냄새가 밴 푸른 구릉지에 둥지를 튼, 사방에 벼가 파릇하게 자라고 파인애플 밭으로 둘러싸인 아름답고 고요한 마을을 세상에 있을 법하지 않은 길을 따라 여행하는 동안 미놋은 우리에게 유용한 정보를 들려주며 간간히 웃음을 선사했다. 키가 작고 비쩍 마르고 얼굴에는 환한 미소가 떠나지 않으며 상대방을 즐겁게 해주려는 열의가 번뜩이는 스물여덟 살의 청년 미놋은 일곱 가지 사투리를 선보이고 영어를 곧잘 구사하여 처음 만나는 순간부터 호감을 주었다.

"우리 부족 남자들은 대부분 논에서 일합니다. 하지만 나는 달라요."

미놋이 자랑스럽게 말했다.

"나는 통역사로 일하죠. 운전도 하고요. 누이 집에서 주유소를 운영하기도 합니다. 게다가 시장에서 물건도 팔아요. 정말 열심히 일합니다!"

미놋의 말에 우리는 고개를 끄덕이며 수긍했다. 그는 정말 타고난 사업가처럼 보였다. 미국에 살았더라면 틀림없이 프랜차이즈를 성공적으로 운영했을 테고 교육을 제대로 받았다면 실리콘밸리에서 소프트웨어 신생기업이라도 차렸을 법했다.

하지만 인도에서 미놋의 삶은 척박했다.

"나는 결혼을 할 수가 없어요."

그가 한숨을 내쉬었다. 이유를 묻자, 자신은 카시족 남자라서 누이 아니면 처가 식구와 같이 살아야 하는데 그러고 싶지 않기 때문이라고 했다. 미놋은 자기 집을 갖고 싶지만 카시족 사회에서 그것은 불가능하다. 남자는 재산을 소유하는 것이 허용되지 않고, 하고 싶은 일이 생기면 대부분 누이의 허락을 받아야 한다. 이처럼 카시족은 모계사회로 여성이 경제권을 쥐고 있다. 미놋처럼 유능하고 진취적인 남성조차도 2등 시민으로 치부당한다. 거리에 서 있는 표지판은 초기 남성운동의 흔적으로, 카시족 남성이 "씨수소와 베이비시터"[1]로 취급당하는 데 대한 분노를 드러내기 시작했다고 미놋은 설명했다.

이곳은 서구사회와 정반대인 모계사회였으므로, 우리는 서구사회가 안고 있는 가장 골치 아픈 문제의 하나인 여성이 남성보다 경제적으로 성공하는 비율이 낮은 이유는 무엇일까?라는 문제를 해결하는 실마리를 찾을 수 있을지 모른다고 믿었다.

사람들은 대부분 성 불평등, 부유층과 빈곤층의 교육 격차, 가난 등이 왜 존재하는지 나름대로 고민한다. 하지만 그 원인을 어떻게 파악할 수 있을까? 일화를 수집해서? 직관으로? 곰곰이 따져보고?

앞으로 읽으면 알 수 있겠지만 이 책은 도시에서 사람들 입에 오르내리는 이야기나 일화를 모은 수준을 넘어선다. 장을 넘길 때마다 사람들이 날마다 특정 방식으로 행동하는 이유를 탐색하고 발견할 수 있다. 사람에게 동기를 부여하는 핵심을 파악하기 위해 우리는 자연환경에서 자신이 관찰 대상이라는 사실을 모른 채 이리저리 뛰어다니며 일하는 사람들을 관찰하며 실험을 실시했다. 그리고 실험 결과를 분석하여 인간과 자신을 바라보는 방식을 바꿀 결론을 도출했다. 이러한 독특한 방식으로 문제에 접근하여 사람들의 일상을 관찰함으로써 새로이 교훈을 얻고, 금전적 보상의 형태로든 사회적 인정의 형태로든 사람들에게 동기를 부여하는 인센티브의 힘을 이해할 수 있었다.

▲▲▲

그렇다면 인간의 근본적인 동기와 적절한 인센티브에 대해 어떻게 배울 수 있을까? 인간을 움직이는 동기의 진정한 핵심을 어떻게 파악할 수 있을까? 지난 20년 동안 우리는 연구실을 벗어난 자연환경에서 사람들에게 특정 행위를 하도록 동기를 부여하는 방법을 알아내려고 애써왔다. 연구실을 뛰쳐나온 이유는 단순하다. 차별주의자라도 자신이 관찰 대상이라는 사실을 알 수 있는 실험실에 갇혀 있다면 전혀 차별주의자처럼 행동하지 않을 것이기 때문이다. 과학자가 바라는 대로 말하거나, 사회가 기대하는 대로 행동할 것이다. 연구자가 원하는 대로 행동하도록 고무되기 때문이다. 하지만 동네 술집에서 '자신과 생김새가 다른' 사람이 걸어 들어올 때(또는 촌스러운 외국인과 이야기할 때) 그의 행동을 관찰한다면 연구실에서 볼 때와 딴판인 거짓 없는 차별주의자의 면모가 목격될 것이다.

그러므로 우리는 연구 목적으로 킬리만자로의 기슭에서 캘리포니아 와인양조장까지, 후텁지근한 인도 북부에서 뼛속까지 차가운 시카고 거리까지, 이스라엘의 학교 운동장에서 세계 최대 기업의 중역 회의실까지 누볐다. 진짜 세계 속으로 들어가 관찰함으로써 사람들에게 실제로 무슨 일이 벌어지고 있는지 확실히 이해할 수 있었다.

매일 시장에서 사람들의 행동방식을 지켜보면 행동 뒤에 숨은 동기를 읽을 수 있었다. 그러면서 발견한 주요 사항은, 인간의 동기를 파헤쳐보면 딱히 이기심이라고는 말할 수 없지만 자기 이익을 추구하는 마음이 뿌리 깊이 박혀 있다는 사실이었다. 이기심selfishness과 자기 이익 추구self-interest는 같은 단어처럼 들릴 수 있지만 사실 매우 다르다. 돈·이타주의·관계·칭찬 등 사람들이 진정으로 가치를 두는 대상을 파악하고 나면 학업성적을 올리고, 법을 준수하고, 직장에서 더욱 좋은 성과를 내고, 자선단체에 내는 기부금을 늘리고, 다른 사람을 차별하는 태도를 점차 버리도록 사람들을 이끄는 단서와 방법을 더욱 정확하게 파악할 수 있다.

그렇다면 이러한 접근방법을 우리는 어떻게 개발해냈을까? 1980년대 스포츠카드 딜러로 활동했던 존 리스트는 효과가 가장 뛰어난 방법을 찾아내기 위해 여러 협상 전술과 가격책정 정책을 자주 실험했다. 위스콘신 대학교 스티븐스포인트 캠퍼스에서 경제학을 전공하면서 스포츠카드를 거래하는 일을 병행하면서도, 그는 경제학에 대한 중요한 내용을 습득하기 위해 현장실험법을 사용하면 어떨지 자주 호기심을 품었다. 과연 경제학 법칙을 현실에 시험할 수 있을까? 반면 수천 킬로미터 떨어진 곳에서 유리 그니지는 자선단체를 위해 기부금을 모금하는 사람들에게 인센티브를 제공하는 방법을 궁리했다. 그 과정에서 유리는 봉사자들에게 동기를 부여하는 경우에, 과거처럼 성과에 따라 보수를 차등 지급하는 방법은 애당초 보수를 전혀 지급하지 않는 방법보다 효과가 없을 수 있다는 사실을 발견했다.

과거에 경제학자들은 통제된 현장실험을 실시하는 것에 회의적인 태도를 취했다. 실험이 유효하려면 조사 대상을 제외한 다른 조건이 모두 같아야 한다. 이러한 방식으로 연구자들은 자신들이 세운 이론을 실험한다. 다이어트콜라가 쥐에게 암을 유발하는지 알아내고 싶다면 '다른 조건을 동일하게 설정하고' 다이어트콜라의 소비량만 조절한다. 공기, 빛, 쥐의 종류도 모두 동일하게 유지한다. 경제학자들은 다른 조건을 쉽사리 통제할 수 없으므로 '현실'에서는 이러한 실험을 실시할 수 없다고 오랫동안 굳게 믿었다.

하지만 경제 세계는 화학 실험실이 아니라 수많은 사람과 기업이 살아 움직이는 곳이다. 무작위 현장실험을 통해 여태껏 배운 경제 지식에서 벗어난다면 다루기 힘들고 변덕스러운 현실에 통하는 진정한 해답을 얻을 수 있다. 실제로 현장실험은 수십 년 동안의 경제학 연구에서 가장 중요한 실증적 혁신에 속한다. 우리가 실행한 방법론을 따르면 현재 일어나는 현상뿐 아니라 발생 원인도 파악할 수 있다. 이 책은 오늘날 세계가 안고 있는 가장 난처한 여러 경제문제를 이러한 방법론으로 해결할 수 있음을 제시한다. 예를 들면 다음에 서술한 문제들이 그에 해당한다.

- 가장 현대적인 경제환경에서 똑같이 일하면서도 여성이 남성보다 여전히 적은 급여를 받고, 최고경영진에 오르는 임원의 수도 적은 이유는 무엇일까?
- 고객에 따라 제품과 서비스의 비용을 차등 청구하는 이유는 무엇일까?
- 사람들이 차별하는 이유는 무엇일까? 어떻게 하면 차별을 멈출 수 있을까? 스스로 그렇게 행동하지 않으려면 어떻게 해야 할까?
- 대부분의 다른 선진국보다 공교육에 훨씬 많이 투자하는 미국의 일부 지역에서 고등학교 중퇴율이 50% 이상인 까닭은 무엇일까? 비싸고 변덕스러운 교육 프로그램이 효과가 있기는 한 것일까? 비용효율의 관점에서 판단할 때 부유한 학생과 가난한 학생의 교육

격차는 어떻게 좁힐까?

- 점점 좁아지고 경쟁이 치열해지는 세상에서 경제계가 더욱 창의적으로 혁신하고, 생산성을 향상시키고, 가치·기회·일자리를 확대하려면 어떻게 해야 할까?
- 더욱 많은 사람이 재산을 사회에 환원하도록 격려하려면 비영리 단체는 어떻게 해야 할까? 자선단체를 좀 더 효율적으로 돌아가게 만들려면 무엇을 해야 할까?

이러한 질문에 공통점이 거의 없거나 전혀 없다고 생각할지도 모르겠다. 하지만 이런 질문은 모두 경제적 관점으로 고찰해볼 수 있고 경제적으로 단순한 해결책을 강구할 수 있다. 그 열쇠는 바로 현장실험에 있다. 관건은 올바른 인센티브가 무엇인지 파악하고 사람들을 일하게 만드는 진정한 요소를 찾아내는 것이다.

상관관계 대
인과관계

사람들은 그게 사실이든 아니든 "이렇게 된 이유는 바로 그것이야"라고 말하고 싶어한다. 하지만 현실에서 실험을 거쳐 수집한 자료가 없는 상태에서 이렇게 추론한 인과관계는 허튼소리에 불과하다.

우리는 시카고 대학교 소속 경제학자인 스티븐 레빗과 채드 시버슨Chad Syverson과 함께, 유명한 거대 소매기업에서 중역들과 마주 앉아 판매촉진 방법을 의논했다. 고위 마케팅 중역은 다음의 그래프를 보여주면서 자사의 광고가 판매를 효과적으로 촉진하고 있음을 입증하려고 애썼다(비밀을 보장하기 위해 숫자는 바꿨지만 연관성은 비슷하다).

그 중역은 자랑스럽게 강조했다.

"이 그래프가 결정적인 증거입니다. 광고와 판매 사이에 긍정적 연관성이 분명히 존재한다는 사실을 알 수 있습니다. 그래프를 보면 광고를 1,000건 게재했을 때 판매고는 대략 3,500만 달러였습니다. 하지만 광고를 100건으로 줄이자 판매고는 약 2,000만 달러까지 감

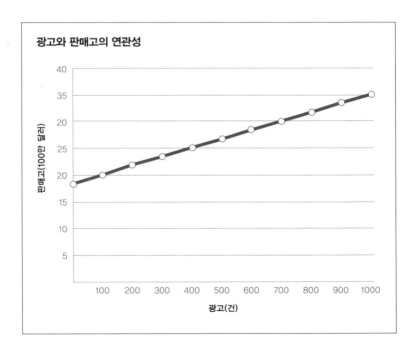

소했습니다."

하지만 광고와 판매고의 관계는 해당 중역이 믿는 만큼 확실하지 않을 수 있다. 우리가 산출해낸 비슷한 숫자를 보며 그 까닭을 살펴보자.

두 번째 그래프는 매우 다른 두 가지 현상을 나타낸다. 세로축은 1999~2005년에 발생한 익사사고의 발생건수이고, 가로축은 같은 기간 동안 미국 최대 아이스크림회사가 기록한 아이스크림의 소매 판매량을 가리킨다. 놀랍게도 두 가지 변수에는 연관성이 있다.

이 그래프를 본 부모들은 두 변수에 인과관계가 있다고 믿어서 자녀에게 절대 아이스크림을 먹이지 않고 물 근처에도 가지 못하게 할 수 있다. 그런데 이 그래프의 이면에는 셋째 변수가 숨어 있다.

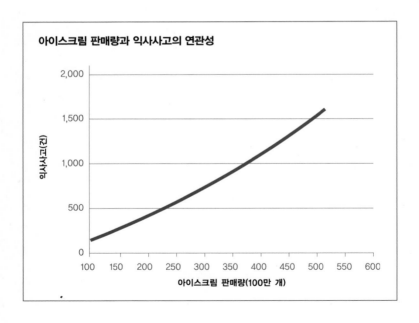

익사사고를 유발하는 것은 아이스크림이 아니라 수영이다. 여름이면 사람들이 아이스크림을 먹거나 수영하는 횟수가 늘어나고, 수영을 많이 할수록 익사사고는 증가하기 마련이다. 하지만 여름에 아이스크림을 많이 먹더라도 익사하지는 않는다.

그렇다면 앞에서 마케팅 중역이 제시했던 그래프의 이면에는 어떤 변수가 숨어 있을까? 우리가 나중에 파악한 사실에 따르면 해당 소매기업은 11월과 12월의 명절 쇼핑 기간에 광고를 많이 내보냈으므로 당연히 해당 기간의 제품 판매량이 높았다. 따라서 광고와 판매량에 인과관계가 있다고 착각했던 것이다. 하지만 자료를 더욱 깊이 파고들어가 광고를 게재한 시기를 살펴보자 상관관계만 찾았을 뿐 인과관계는 없었다. 소비자들의 제품 구매량이 늘어난 이유는 명절 때문이었지 소매기업이 게재한 광고 때문이라고 단정할 수 없다.

세상에는 이러한 착각이 만연해 있다. 인과관계가 있을 수 있다고 생각하면 단순한 상관관계를 인과관계로 착각하기 쉽다. 그래서 많은 돈과 노력을 헛되이 낭비한다. 문제는 세상이 복잡한 관계로 얽혀 있고 진정한 인과관계는 포착해내기 어렵다는 것이다.

게다가 '빅데이터'라는 시류가 있다. 엄청난 양의 자료를 수집하여 유형을 관찰하면 흥미 있는 결론을 이끌어낼 수 있다는 것이다. 물론 빅데이터는 중요하지만 이러한 사고방식에는 커다란 문제가 있을 수 있다. 근본적으로는 인과관계가 아닌 상관관계를 근거로 자료에 접근하기 때문이다. 데이비드 브룩스David Brooks는 이렇게 주장했다.

"자료 조직 방법과 비교 대상에 따라 상관관계가 있는 대상은 수도 없이 많다. 무의미한 상관관계에서 유의미한 상관관계를 가려내려면 인과 가설에 의존해야 하는 경우가 많다. 그러면 결국 인간이 만들어내는 이론의 세상에 다시 발을 들여놓게 된다."[2]

빅데이터가 안고 있는 또 하나의 문제는 빅데이터 자체의 규모가 워낙 크기 때문에 그 안에서 길을 찾기 힘들다는 것이다. 기업은 보유하고 있는 자료가 매우 방대하므로 어떤 자료를 검토해야 할지 갈피를 잡지 못한다. 그들은 온갖 자료를 수집한 까닭에 변수의 흥미로운 조합이 워낙 많으므로 심지어 어디에서 시작할지조차 몰라 쩔쩔맨다. 하지만 우리가 연구한 결과는 빅데이터로 파악할 수 있는 사항의 범위를 훨씬 뛰어넘는다. 현장실험을 중점적으로 실시하여 인과관계를 추론하고, 자료를 산출하기 전에 흥미로운 인과관계를 깊이 고려했기 때문이다.

다행히도 현장실험을 실시하면 시민, 교육가, 자선운동가, 정책수립자, CEO 등이 과학적이고 객관적인 자료를 얻을 수 있으므로 중대한 실수를 피할 수 있을 뿐 아니라 자신이 상대해야 하는 사람들에 대해 좀 더 깊이 이해할 수 있다. 사람들에게 동기를 부여하는 요소는 무엇이고 왜 그럴까?

'옳은 일'을 하도록 사람들을 움직이려면 어떤 인센티브를 사용해야 할까? 처벌과 제재의 형식을 띤 인센티브로 사람들을 자극하여 바람직하지 않은 행동을 그만두게 할 수 있을까? 인센티브가 아무런 효과도 발휘하지 못하는 때는 어떤 경우일까?

경제학자인 우리는 단순히 눈을 마주 보는 행위 이상의 동기부여 방법이 있다고 믿으며, 변수 사이에 인과관계가 있다면 그 안에 담긴 함축적 의미는 심오할 수 있다고 생각한다. 실제로 인센티브는 단순하고 둔감한 도구가 아니다. 숨은 동기는 매우 복잡하므로 사람들은 예상대로 움직이지 않는다. 어떤 인센티브가 효과를 발휘하는지를 온전히 이해해야 비로소 새 정책이나 변화가 어떻게 작용할지 예측할 수 있다.

이 책은 인센티브가 효과를 발휘하여 사람·기업·학교·세계를 개선하는 많은 방식을 제시한다. 하지만 이러한 방식을 적용하기 전에 먼저 인센티브가 숨은 동기를 어떻게 변화시키는지 이해해야 한다.

▲▲▲

우리[3]도 개인적 관심과 열정에서 연구할 추진력을 얻는다. 예를 들어 사람들이 서로 차별하는 이유는 무엇일까?라는 질문에 관심을 쏟게 된 경위를 이야기하려 한다. 차별행위는 사회 전반에 상처를 입힐 뿐 아니라 여러 해 동안 연구자들을 괴롭혀왔다. 게다가 우리를 포함하여 우리가 사랑하는 사람들이 차별을 받는 편에 서 있었으므로 자연스럽게 차별문제를 연구 주제로 선택했다.

홀로코스트 생존자인 아버지 야코브에게 평소 가족처럼 지내던 이웃 사람들이 겪은 이야기를 들은 유리는 평생 그 악몽 같은 기억을 잊지 못한다. 1944년 나치가 헝가리를 점령하고 홀로코스트가 부다페스트를 휩쓸던 당시에 유리의 아버지는 더 이상 일을 하지 말라는 명령을 받았다. 유리의 어머니 마그다는 유태인 강제거주지역을 구사일생으로 벗어나 스웨덴 외교관인 라울 발렌베르크Raoul Wallenberg가 운영하는 안전가옥으로 가족을 옮길 수 있었다. 그런데 뒤늦게 알았지만 이사 간 안전가옥은 전혀 안전하지 않았다.

어느 날 밤 친나치 성향의 애로우크로스Arrowcross 당원들이 유태인 이웃들을 거리로 내몰아 다뉴브 강까지 끌고 가서 남녀노소를 가리지 않고 모조리 사살했다. 그다음 날 밤 두 번째 건물에 있던 사람들도 마찬가지로 사살했다. 유리의 가족은 이번에는 자신들의 차례라는 사실을 알고 있었다. 나치 동조자들은 총부리를 겨눠 유리의 가족을 유태인 강제거주지역으로 밀어넣었다. 그러나 그곳에서 유리의 어머니는 죽음을 각오하고 유태 법률에 어긋나는 죽은 말고기를 구해 가족을 굶주림에서 건져냈다. 유리의 가족은 순전히 운이 따른 덕택에 죽음을 모면할 수 있었다. 세월이 흐르고 유리는 그러한 비극이 발생한 장소에서 그리 멀지 않은 부다페스트 대학교에서 강연을 하게 되었다. 부다페스트 대학교는 유리의 할아버지가 유태교를 믿는다는 이유로 쫓겨난 곳이기도 했다. 그러한 사연이 있는 대학교의 강단에 섰을 때 유리는 자신도 모르게 몸서리를 쳤다. 유태인이 겪은 이러한 차별은 추악하고 악의 가득한 편견의 결과였다.

한편 이 책의 공동저자인 존 리스트는 1995년 박사학위를 갓 취득하고 직업시장에 뛰어들었을 때 유리와 상당히 다른 종류의 차별을 겪었다. 존은 150개 이상의 학계 일자리에 지원했고 몇 가지 현장실험도 마친 터였지만 면접 기회는 단 한 번뿐이었다. 나중에 알고 보니 자신과 비슷한 조건의 지원자들은 40여 개의 지원서만 쓰고도 면접을 30번 보았다. 존이 다른 지원자들과 달랐던 점은 하버드와 프린스턴 같은 '유명' 대학교가 아니라 와이오밍 대학교에서 박사학위를 받았다는 사실이었다. 이렇듯 고용주는 자신이 입수하는 정보를 이용하여 지원자를 가려내고 결과적으로 '가진 자'와 '가지지 못한 자'를 효과적으로 차별한다.

누구나 이러한 유형의 차별을 경험할 수 있다. 스스로 인식하지 못하는 경우도 있지만 말이다. 그런 행동을 이유로 불공평하게 대우하는 것 자체가 인간의 본성이라고 생각할지 모르겠다. 그렇게 생각하면 대부분의 사람들이 서로를 최악으로 여기는 것을 쉽게 이해할 수 있다. 주위를 보면 인종차별주의를 향한 비난이 만연한다. 오바마Barack Obama 대통령의 지지자들은 대통령을 비판하는 사람을 인종차별주의자라고 비난한다. 블로거와 언론사, 정치인, 기타 공무원은 사실이 밝혀지기도 전에 사람들의 동기에 대해 대개 성급하게 결론을 내린다.

이 모든 현상이 경제학과 무슨 관계가 있을까? 우리는 사람들이 인종차별주의자로 타고났다고 단정하기보다는 차별하는 행동의 뒤에 어떤 동기가 숨어 있는지 알고 싶었다. 차별이 사람들의 삶에 장기적으로 심각한 영향을 미치는 것은 확실하므로 사람들이 매일 활동하는 실물시장에서 차별이 어떻게 작용하는지 파악하고 싶었다. 사람들이 서로 차별하는 이유는 무엇일까? 깊이 자리 잡은 편견 때문일까, 아니면 다른 이유가 있을까?

실물시장에서 다양한 현장실험을 실시하고 나서 유리 가족이 직면했던 차별보다는 존이 부닥쳤던 종류의 차별이 훨씬 흔하게 일어난다는 사실을 깨달았다. 뻔뻔한 증오와 순수한 반감은 사람들 대부분이 생각하는 만큼 널리 퍼져 있지 않았다. 따라서 진심으로 차별을 없애고 싶다면 추악한 인종주의적 측면에만 초점을 맞추지 말아야 한다. 방향을 잘못 잡은 것이기 때문이다. 그 대신 차별을 부추기는 경제적 동기를 자세히 고찰해야 한다. 그러면 현대에 만연한 차별은 대부분 자기 이익을 증가시키려는 기업이나 사람 때문에 생겨난다는 사실을 깨달을 것이다.

그렇다고 해서 노골적인 증오가 없다는 뜻은 아니다. 사람들은 대개 타인이 해당 문제에 선택권을 쥐고 있다고 인식할 때 편견을 가지고 차별한다. 과거 텔레비전 시트콤 〈올 인 더 패밀리All in the Family〉에서 인종차별주의자인 주인공 아치 벙커는 새미 데이비스 주니어에게 이렇게 물었다.

"유색인종인 거야 어찌할 수 없었겠죠. 하지만 대체 어째서 유태인이 되었나요?"[4]

인종차별주의에 대해 제대로 아는 것은 사회뿐 아니라 자신을 위해서도 중요하다. 특히 정책수립자는 자신이 이해하지 못하는 대상을 위해 싸울 수 없다. 법을 입안하는 사람이라면 차별하지 않게 하는 방법을 파악하는 것이 정말 중요하다.

　우리가 고민한 또 한 가지 주제는 노동시장에 존재하는 성별 격차였다. 여성은 같은 기술을 지닌 남성보다 적은 급여를 받고, 회사 중역이 되는 확률도 여전히 매우 희박하다.

　이 책의 공동저자인 우리 둘에게는 합해서 딸이 넷 있다(그리고 멋진 아들도 넷이다). 다른 부모처럼 우리도 아이들이 공평한 대우를 받으며 성장하고 대학교에 진학하고 직업을 찾기 위해 경쟁하기를 원한다. 하지만 딸들이 공평하게 대우받지 못하는 사태가 종종 일어났다. 딸에게 수학적 재능이 있는 게 분명한데도 어째서 교사들은 남자아이들만큼 수학을 잘하지는 못한다고 말하는 것일까? 어째서 체육교사들은 수업시간에 남자아이들에게 "계속 계집애처럼 공 찰 거야?"라고 호되게 꾸짖을까? 유리의 두 딸은 하나는 경쟁심이 강하고 하나는 전혀 그렇지 않은데, 어째서 서로 그토록 다를까?

　우리는 딸들이 좋은 학교에 진학하고 훌륭한 직업에 종사할지, 아니면 자기 길을 개척하는 동안 사기가 꺾이고 한구석으로 밀려날는지 숨죽이며 지켜보고 있다. 급여를 많이 받고, 기업의 승진 사다리를 오르고, 눈에 띄는 공직에 오르는 데서 남녀 차이는 실제로 크다. 딸들의 학창시절을 옆에서 지켜보았던 우리는 이러한 성별 격차를 경쟁심 차이로 설명할 수 있을지 고찰하고 싶었다. 따라서 제일 먼저 경쟁심의 측면에서 여성과 남성은 다를까?라는 단순한 질문을 던졌다. 남녀의 경쟁심이 눈에 띄게 다르다는 사실을 발견하고 나서는 좀 더 근본적인 질문을 놓고 고민했다. 남녀가 보이는 경쟁심 차이는 천성 때문일까 양육 때문일까?

이러한 질문에 대한 해답을 찾을 목적으로 우리는 비행기와 헬리콥터를 타고, 기차와 자동차에 올라 지구 구석구석을 찾아다니며 세계에서 가부장적 경향이 가장 강한 사회와 가장 약한 사회의 성별 경쟁심을 조사했다(그러던 와중에 미눗을 만났다). 이렇게 연구한 결과에 따르면 양육의 영향력이 좀 더 강해 보인다. 사회가 경쟁으로 여성을 억누르지 않고 능력 있는 개인으로 인정할 때 여성은 남성만큼, 때로는 남성보다 강한 경쟁심을 갖추며 성장할 수 있다. 이러한 실험 결과는 우리의 딸들뿐 아니라 노동시장의 성별 격차를 줄이고 싶어 하는 정책수립자들에게 중요한 의미가 있다. 인센티브를 제대로 시행한다면 성별 격차는 급격하게 줄어들 수 있다.

▲▲▲

우리가 탐색한 다음 주제는 어떻게 하면 자선단체에 내는 기부금을 늘릴 수 있을까?였다. 기부의 이면에는 선량한 시민이 되려는 욕망 말고도 이기적인 이유가 있었다.

존은 센트럴플로리다 대학교의 신참 교수였던 때부터 줄곧 자선활동의 경제학에 관심을 쏟았다. 존은 대부분 과학적으로 입증되지 않은 케케묵은 주먹구구 방식과 일화가 자선활동을 이끈다는 사실을 실감했다. 그러던 중 스마일트레인Smile Train과 원더워크WonderWork.org의 설립자이자 CEO인 브라이언 멀레이니Brian Mallaney를 만났다. 멀레이니는 구순구개열(원더워크에서는 다른 질환)을 간단한 수술로 교정할 수 있도록 기부해달라는 광고활동을 대대적으로 벌이며 다이렉트메일을 발송해 호소했다.

80만 명가량의 우편물 수령자를 대상으로 실시한 대규모 현장실험으로 여태껏 예측하지 못했던 사실이 드러났다. "다시는 연락하지 마시오"라는 항목에 표시하여 반송할 수 있게 하자 기부자가 오히려 늘어났던 것이다. 많은 모금전문가들은 이것이 황당한 계획이라고 생각했다. 대체 지구상에 있는 어떤 자선단체가 사람들에게 기부를 중단할 빌미를 제공한단 말인가? 하지만 결과적으로 사람들은 그 아이디어를 좋아했다. 우리는 일반적인 방식이 아니라 수신자 거부방식을 도입하여 기부금을 훨씬 많이 거둬들였고, 실제로 수신을 거부한 사람은 우편물 총 수령자의 39%뿐이었다. 게다가 스마일트레인과 원더워크는 향후 기부에 관심이 있는 사람에게만 우편물을 보내 비용을 절약했다. 따라서 이 계획은 양측이 상생하는 방법이었다.

유리는 '원하는 만큼만 지불하는' 새로운 가격책정 방식을 여러 기업에서 실험하면서, 이를 자선단체에 내는 기부금을 늘리도록 사람들을 부추기는 방법에 적용하는 데 관심을 기울이기 시작했다. 원하는 만큼 지불하는 가격책정 방식을 적용하는 기업은 고객에게 제품이나 서비스를 제공받을 때 스스로 가격을 책정할 수 있다고, 물론한 푼도 내지 않아도 된다고 말한다. 우리는 디즈니Disney를 설득하여그들의 놀이공원에서 이렇게 새롭고 특이한 가격책정 방식을 실험할 수 있었다. 그 결과 원하는 만큼만 지불하는 가격책정 방식을 자선기부에 적용하면, 전통적 가격책정 모델을 따를 때보다 기부금을 훨씬 많이 거둘 수 있다는 사실을 깨달았다.

기부 행동의 이면에는 단순한 이타주의보다 훨씬 복잡하고 다양한 이유가 있다. 우리는 방문 모금, 우편 모금, 매칭그랜트 ★matching grant, 개인이 낸 기부금만큼 기업 등의 후원단체에서도 후원금을 부담하는 기금 조성 방법 등 온갖 종류의 방법을 검토하고 나서, 적합한 인센티브를 결정할 뿐 아니라 마음과 지갑을 열도록 사람들을 납득시키는 효과가 가장 큰 방법을 찾았다. 앞으로 알게 되겠지만 이 책 전체를 꿰뚫는 주제는 한마디로 '사람들이 가치를 두는 대상을 찾으면, 그의 행동에 영향을 미치고 변화를 유도하는 유용한 정책을 고안해낼 수 있다'는 것이다.

우리가 관심을 기울인 딜레마에는 이런 질문도 있었다. 학생들의 중퇴율과 10대 폭력사건을 줄이려면 어떻게 해야 할까?

이는 결코 추상적인 질문이 아니다. 시카고 일부 지역에 있는 공립학교의 중퇴율은 정말 심각하여 50%에 이르는 학교도 있고, 공립학교 학생 1,000명 중 한 명은 총기폭력에 희생당한다. 시카고하이츠의 시장에게 도와달라는 요청을 받은 존은 선량한 시민의 입장에서서 그 요청을 수락하고 문제를 해결하기 위해 경제학 도구를 도입했다. 이 책에 서술한 대규모 실험은 이 분야에서는 미국 최초로 이루어졌는데, 인센티브를 제대로 활용한다면 학생의 학업성취도를 향상시킬 수 있고 생명까지도 지킬 수 있다는 사실을 입증했다.

학생의 성취도를 조사할 때는 동기를 깊이 파헤쳐야 했다. 돈을 인센티브로 사용하면 어떤 상황이 벌어질까? 인센티브는 언제 효과가 있고 언제 효과가 없을까? 우리는 여러 해 전 자녀들이 탁아소에 다니기 시작할 때부터 이러한 문제로 고민했다. 부모들이 자녀를 제때 데리러 오지 않는 데 실망한 탁아소 원장은 정해진 시간보다 늦는 경우 소액의 벌금을 물렸다. 그러나 벌금은 부모가 교사와 직원에게 끼치는 불편을 가격으로 환산해버렸고 게다가 액수도 매우 낮았으므로 전혀 인센티브로 작용하지 못했다. 원래 부모들은 아이들을 늦게 데리러 갈 때 죄책감을 느꼈지만, 일단 벌금제도가 생겨나자 제시간에 도착하는 것이 오히려 어리석다고 생각했다. 몇 푼 아끼자고 미친 사람처럼 자동차를 요리조리 몰며 서두를 필요가 있을까? 어떤 일을 하도록 사람들을 유도하려면 동기를 유발할 대상, 시기, 장소, 이유, 정도 등에 깊이 주의를 기울여야 한다. 돈이 효과를 발휘하는 것은 틀림없지만 올바른 방법을 사용할 때만 그렇다.

▲▲▲

지금쯤이면 알아차렸겠지만 우리는 일반적인 경제학자와 다르다. 경제학 이론에서 중요한 통찰을 끌어와 사용하기는 하지만 학술적인 용어로 사고를 발전시키지 않았다.

예를 들어 존은 앞에서 언급했듯 배고픈 대학생 신분으로 사업에 첫발을 내디디면서 스포츠 기념 물품을 사고팔고 교환하는 방법을 배웠다. 그는 자신이 수집한 귀한 스포츠카드를 쓸모없는 가짜 카드와 교환하는 사건을 당하면서 악랄한 자본주의와 경쟁에 대해 결코 잊을 수 없는 교훈을 얻었다. 그러면서도 그 과정에서 좀 더 효과적으로 거래하는 방법과 자기 상품에 정확하게 가격을 책정하는 방법까지 배웠다. 나중에 존은 국제적 기업을 포함하여 대부분의 기업이 자사 제품과 서비스에 가격을 책정하는 문제에 문외한이라는 사실을 알고 놀랐다.

양질의 캘리포니아산 와인을 좋아하는 유리는 와인양조장을 찾을 때면 주인들이 직접 생산한 와인에 어떻게 가격을 매기는지 궁금했다. 와인은 품질을 객관적으로 판단하기가 힘들기 때문에 특히나 까다로운 문제였다. 한 와인양조장 주인에게 와인 가격책정을 도와달라는 요청을 받은 유리는 간단하고 저렴한 비용으로 적절한 가격을 결정할 수 있는 도구를 사용하기로 했다. 우리는 와인양조장에서 소규모 현장실험을 실시했고 몇 주 만에 최적의 가격을 찾아 양조장의 이익을 상당히 끌어올릴 수 있었다. 이렇듯 기업이 현장실험을 실시하면 생산성과 이익을 함께 높이는 방법을 찾을 수 있다.

사업가들은 실험을 수행하는 데 비용이 많이 든다고 흔히 생각하지만 실험을 하지 않았을 때 치르는 대가가 오히려 더 크다. 조사와 실험을 충분히 거치지 않았기 때문에 제품과 가격책정에 실패한 사례가 정말 많지 않은가? 일례로 넷플릭스Netflix는 2011년 가격책정 방법을 새로 도입하면서 자사 브랜드와 주가에 막대한 손해를 입히는 끔찍한 실수를 저질렀다.

기업에서 이루어지는 모든 거래는 고객에 대해 배울 수 있는 좋은 기회이다. 현장실험을 제대로 실시하는 방법을 배운 기업은 시장을 주도해나간다. 과거에는 노련한 관리자들이 직관에 의존할 수 있었고 전임자에게 지혜를 전수받았다. 하지만 앞으로 활동할 관리자들은 현장실험을 통해 자신만의 자료를 수집하고 그러한 통찰력을 활용하여 순이익을 창출해야 한다.

▲▲▲

이 책을 다 읽고 어떤 방법이 효과적이고 어떤 방법이 그렇지 않은지 명쾌하게 파악할 수 있기를 바란다. 또한 경제학을 빅토리아 시대 역사가인 토머스 칼라일Thomas Carlyle이 말한 "우울한 학문dismal science"이 아니라 열정적 학문으로 생각하기 바란다.[5]

우리 둘에게 경제학은 인간의 감정을 끌어들이고, 세계를 실험실로 삼고, 사회를 더욱 나은 방향으로 바꿀 수 있는 능력을 갖춘 학문이다. 우리는 독자들이 이 책에 수록한 현장실험이 유용할 뿐 아니라 재미있고 의외성으로 가득하다는 점을 발견하리라 믿는다. 아울러 경제학이 전혀 지루하지도 우울하지도 않다는 사실을 깨닫기 바란다. 이 책을 읽고 나면 사람들을 행동하게 만드는 숨은 동기를 새롭게 이해하고, 어떻게 하면 자신을 포함하여 기업과 고객, 사회 전반을 더욱 개선할 수 있을지 깨달으리라 생각한다.

끝으로 인센티브가 흥미로울 뿐 아니라 중요하고 유용한 통찰을 불러일으키며 여러 의문에 대해 해답을 찾는 데 활용될 수 있음을 새롭게 이해하기 바란다.

이제 모험을 마음껏 즐겨보자!

1

어떻게 하면 내가 원하는 대로 타인을 행동하게 만들까?

인센티브는 언제 효과가 있고 그 이유는 무엇일까?

자신이 원하는 대로 다른 사람이 행동해주기를 바란다면 인센티브가 엄청나게 편리한 수단이 될 수 있다. 꼬마들은 방을 치우면 장난감을 사주겠다는 어머니의 꾐에 넘어가서 방을 정리한다. 하지만 다음 주에 방을 치우지 않으면 어머니는 사주었던 장난감을 빼앗고 방을 치울 때까지 주지 않는다. 사람이 말을 하기 시작한 순간부터 세상을 살아가며 배우는 진리는, 잘하면 상을 받고 잘못하면 벌을 받는다는 것이다. 처벌과 벌금의 형식을 빌린 부정적 인센티브를 사용하면 바람직하지 않은 행동을 자제하도록 사람들을 유도할 수 있다. 금전적 미끼의 탈을 쓰는 긍정적 인센티브를 사용하면 사람들을 부추겨 산을 움직이게도, 특정 행동을 그만두게도, '옳은' 일을 하게도 만들 수 있다.

　하지만 인센티브는 겉보기보다 미묘하고 복잡한 도구라서 항상 생각대로 작용하는 것이 아니다. 따라서 인센티브 제도를 시작하기 전에 작용 원리를 이해해야 하고, 이러한 이해를 발판으로 사람들의 행동방식을 파악해야 한다. 사람들이 가치를 두는 대상과 그 이유를 깨달으면 효과적인 인센티브를 개발해 자녀의 행동을 바꾸고, 직원에게 동기를 부여하고, 고객을 끌어들일 수 있다. 어떤 일을 하도록 자신을 납득시킬 수도 있다. 이때 인센티브가 어떤 이유로 어떻게 작용하는지 이해하는 데 유용한 도구가 바로 현장실험이다.

인센티브는 역효과를 일으켜 애당초 기대와 정반대로 사람들을 행동하게 만들기도 한다. 몇 년 전 이러한 교훈을 피부로 느끼는 경험을 했다. 유리 그니지 부부는 탁아소에 맡긴 아이들을 데리러 가야 하는 시간에 늦었다. 텔아비브 해변에서 화창한 날씨를 만끽하고, 맛있게 점심을 먹고, 두런두런 이야기를 나누다가 시간 가는 줄 몰랐던 것이다. 시계는 거의 네시를 가리켰고 딸들을 찾아야 하는 시각까지는 15분도 남지 않았는데 탁아소까지 가려면 30분은 걸릴 터였다. 부부가 탁아소에 도착하자 딸들은 마치 흥분한 강아지처럼 아빠 엄마에게 달려들었다. 딸들을 품에 안은 부부의 눈길은 자연스럽게 레베카에게 쏠렸다.

탁아소의 운영자이자 소유자인 원장 레베카는 성품이 다정하고 따뜻한 사람이었다. 그녀는 여러 해 동안 열심히 일해 모은 돈으로 텔아비브에서 20분 떨어진 거리에 있는 아름답고 오래된 교외지역에 집을 사서 탁아소를 열었다. 형형색색의 방마다 불이 환하게 켜져 있고 아이들은 마당에서 즐거운 비명을 질러댔다. 레베카는 꼬마들을 돌보는 데 훌륭한 교사들을 고용했으므로 탁아소는 시내에서 최고라는 평판을 들었다. 당연히 레베카는 자신이 운영하는 탁아소에 자부심을 가졌다.

유리 그니지 부부를 보면서 레베카는 무언가 말하려는 듯 입술을 오물거렸다. 유리가 먼저 말을 꺼냈다

"늦어서 미안합니다. 차가 너무 막히는 바람에……"

레베카는 딸들을 끌어안고 있는 그니지 부부를 향해 말없이 고개

를 끄덕였다. 머릿속으로 그녀는 무슨 생각을 했을까? 당연히 화가 났을 것이다. 하지만 레베카는 늘 웃는 낯이었고 성품이 온순했으므로 얼마나 화가 났는지는 전혀 짐작할 수가 없었다. 유리 그니지 부부는 늦은 것이 정말 미안했고 부모가 실수를 저지르는 바람에 혹시 아이들이 소홀한 대접을 받지 않을까 걱정했다.

몇 주 후 유리 그니지 부부는 당시에 레베카가 얼마나 화가 났는지 짐작할 수 있는 내용의 가정통신문을 받았다. 10분 이상 늦게 도착한 부모에게 3달러의 벌금을 물리겠다는 내용이었다. 레베카는 벌금으로 3달러를 책정함으로써 부모들의 지각이 얼마나 불쾌한 일인지 분명하게 표현했다.

그렇다면 레베카가 설정한 인센티브는 효과가 있었을까? 그렇지 않았다. 지각에 따른 벌금이 3달러에 불과했으므로 유리 그니지 부부는 앞으로 아이들을 조금 더 오래 맡겨도 괜찮겠다고 생각했다. 다음부터는 일을 하거나 햇볕을 쬐면서 바닷가를 거닐다가 탁아소에 늦게 도착하리라는 사실을 알더라도 예전처럼 빨리 가려고 정신 없이 차를 몰지는 않을 것이다. 어쨌거나 레베카가 화났을까봐 걱정하며 눈치를 볼 필요는 없다. 탁아소가 부모의 지각에 3달러의 벌금을 물리겠다고 결정했으므로, 부모들은 기꺼이 벌금을 지불함으로써 늦을까봐 노심초사하거나 죄책감을 느끼지 않은 채 볼일을 볼 것이었다.

이러한 일을 경험하고 나서 알도 러스티치니Aldo Rustichini와 함께 20주 동안 이스라엘 소재 탁아소 열 군데를 대상으로, 자녀를 늦게 데리러 오는 부모에게 소액의 벌금을 물렸을 때 발생하는 결과를 측정하는 실험을 실시했다. 먼저 벌금이 없을 때 어떤 현상이 일어나는지 조사했다. 그런 후에 탁아소 여섯 군데를 대상으로 아이를 데려가야 하는 시각에 10분 이상 지각한 부모들에게 벌금 3달러를 부과했다. 결과를 짐작하겠지만 탁아소에 늦게 나타나는 부모의 수가 급격하게 늘어났다. 탁아소가 벌금제도를 없앤 후에 지각하는 부모의 수는 애초에 벌금제도를 채택했던 때보다 많았다.[2]

어찌된 영문일까? 벌금을 부과함으로써 아이들을 늦게 데리러 오는 행위의 의미가 바뀐 것이다. 부모들은 벌금제도가 생기기 전까지는 탁아소에 제시간에 도착하는 것이 자녀와 레베카, 탁아소 직원에게 '옳은 일'이라는 데 암묵적으로 합의했었다.

원래 레베카와 부모가 맺은 계약 자체가 완전하지 않았다. 계약에 따르면 부모는 오후 네시까지 아이를 데려가야 하지만 그렇게 하지 않았을 때 받을 불이익은 명시되어 있지 않았다. 레베카와 교사들은 부모가 도착할 때까지 아무런 불평도 하지 않고 아이들을 돌보며 기다릴까? 아니면 기분이 상해서 아이들을 소홀히 대할까? 이러한 질문에 대한 대답을 알 길이 없었다.

하지만 레베카가 벌금제도를 도입하자 부모와 교사 사이에 형성되어 있던 암묵적 동의의 의미가 달라졌다. 부모들은 탁아소에 제때 도착하려고 무리해서 서둘러 운전할 필요가 없다는 사실을 깨달았다. 게다가 레베카는 지각하는 부모에게 액수는 적지만 여하튼 분명한 벌금액을 제시했다. 따라서 아이를 늦게 데리러 오는 것은 더 이상 무언의 합의를 깨뜨리는 행위가 아니었다. 교사들의 초과 근무는 주차공간이나 초콜릿바처럼 편의를 제공하는 상품으로 추락하고 말았다. 시장을 기반으로 인센티브가 형성되면서 레베카와 부모 사이에 계약이 완성된 것이다. 따라서 이제는 아이를 늦게 데리러 오는 행위가 얼마나 불쾌한 일인지 정확하게 알 수 있었다. 결과적으로 벌금을 부과하는 조치는 죄책감을 느끼게 만드는 방법보다 훨씬 효과가 떨어졌다.

특정 행위의 의미를 바꾸면 종국에는 중대한 차이가 생긴다. 10대를 자녀로 둔 부모를 생각해보자. 마약을 하면 나쁘다는 걸 깨닫게 하려는 마음에 자녀에게 마약에 대해 이야기한다. 운이 따른다면 자녀는 부모의 말에 귀를 기울일 것이다. 하지만 의심을 품은 부모라면 자녀에게 약물검사를 해보자고 요구할 수도 있다. 이렇게 요구하면 10대 자녀와 부모의 관계가 어떻게 달라질까? 부모는 더 이상 부모만으로 머물지 않고 경찰관이기도 한 셈이다. 그러면 10대 자녀는 마약에 대해 일반적인 궁금증을 갖는 대신 약물검사에서 부모를 속일 방법을 찾는 데 관심을 갖게 될지 모른다.

탁아소의 벌금과 약물검사를 포함하는 부정적 인센티브는 특정 행위의 의미를 바꾼다. 보상도 의미를 바꾸기는 마찬가지다. 우리는 돈을 주면 자신이 원하는 일을 타인에게 시킬 수 있다고 추측한다. 하지만 퇴근하고 술집에 들어간다고 생각해보자. 그곳에서 매력적인 사람을 만나 서로 호감이 생겼다. 번갈아 술을 사주고 흥미로운 대화를 했다. 얼마간 시간이 지나고 나서 "이봐요, 나는 당신이 정말 좋아요! 우리 집에 갈래요?"라고 묻는다. 정말 운이 좋아 상대방이 따라나설지도 모를 일 아닐까? 그런데 이런 말을 덧붙이면 어떻게 될까? "게다가 100달러도 줄 수 있는데요." 이 말은 상호작용의 의미를 완전히 변질시키고 상대방을 졸지에 매춘부로 전락시킨다. 멋지게 발전할 수 있었던 관계는 상호작용에 금전적 가치를 덧붙이면서 결국 파괴되고 만다.

악마는
디테일에 있다

레베카의 사례에서 얻은 교훈은 인센티브를 사용하려면 정말 효과가 있다고 확신할 수 있어야 한다는 것이다. 실제로 돈은 관계에 대한 인식을 쉽게 바꿀 수 있으므로 금전적 인센티브를 사용하려면 세부사항에 상당히 주의를 기울여야 한다.

청량음료 캔을 재활용하도록 권장하는 정책을 세우려 한다. 이와 관련하여 다음 두 가지 사례를 생각해보자.

사례 1 청량음료 캔을 재활용해도 보상은 없다. 정말 추운 날 아침 이웃 사람이 커다란 가방에 캔을 가득 담아 재활용센터로 가는 모습을 본다.

사례 2 시에서 정책을 바꿔 청량음료 캔 하나를 재활용하면 보상금으로 5센트를 지급한다. 이번에도 이웃 사람이 커다란 가방에 캔을 가득 담아 재활용센터로 가는 모습을 본다.

각 사례에서 이웃 사람을 보면 어떤 생각이 들까?

사례 1에서는 이웃을 환경보호에 앞장서는 높은 인격의 소유자라고 생각할 것이다. 하지만 캔 하나당 5센트라는 미미한 보상제도가 실시되면 이웃을 구두쇠나 돈 몇 푼에 벌벌 떠는 불쌍한 사람으로 생각할 수도 있다. 아마도 마음속으로 '어째서 저 사람은 쥐꼬리만 한 돈을 받겠다고 저런 귀찮은 일을 하는 거지? 구두쇠 아냐?'라고 생각할지 모른다.

5센트라는 인센티브는 행동의 의미를 실제로 바꿀 수 있다. 정책이 바뀌기 전에는 캔을 모으는 행동이 환경보호의 일환이었다. 하지만 보상제도가 실시되자 같은 행동이 인색해 보이거나 불쌍해 보인다. 당사자 역시 그 사실을 깨달을 수 있다. 그는 마음속으로 이렇게 생각할지도 모를 일이다. '이러다 쓰레기통을 뒤진다는 말도 나오게 생겼군. 이렇게까지 캔을 모을 이유가 없어.' 자아인식이 이렇게 달라지면서 결국 재활용을 중단할 가능성이 있다.

돈을 인센티브로 사용하여 역풍을 맞은 예로서 이스라엘에 널리 보급된 '기부의 날'에 일어난 현상을 살펴보자.[3] 매년 고등학생들은 암을 연구하거나 장애 아동을 후원하는 자선단체에 기부할 돈을 모금하기 위해 집집마다 찾아다닌다. 일반적으로는 방문하는 집이 많을수록 기부금도 더 많이 걷힌다.

우리가 실시한 실험의 목적은 금전적 인센티브를 활용하면 모금 액을 늘릴 수 있는지, 만약 그렇다면 인센티브를 얼마나 주어야 모금 실적을 최대화할 수 있는지 파악하는 것이었다. 우선 학생 180명을 3개의 집단으로 나누었다(참가 학생들은 자신이 실험 대상이라는 사실을 전혀 모른다). 첫째 집단에게는 자선단체에 기부하는 행위가 얼마나 중요한지 강조하고 가능한 한 기부금을 많이 모금해주기를 바란다고 말했다. 둘째 집단에게는 학생들이 모금한 기부금의 1%를 각 개인에게 보상으로 지급한다고 덧붙였다(보상금은 기부금에서 쓰는 것이 아니라고 분명히 밝혔다). 이때 1%의 보상금은 좋은 일을 하겠다는 내재적 동기에 돈이라는 외재적 동기를 결합한 것이다. 셋째 집단에게는 각자 모금한 기부금의 10%를 보상금으로 주겠다고 말했다.

기부금을 가장 많이 모금한 것은 금전적 보상을 전혀 받지 않은 집단이었다. 기본적으로 이 집단은 타인을 위해 좋은 일을 하고 싶어했다. 하지만 금전적 보상제도가 실시되자 나머지 두 집단의 학생들은 자신이 보람 있는 일을 하고 있다는 생각을 중단했고, 금전적 보상에 대해 단순히 비용과 이익을 계산하는 데 급급했다. 두 번째로 기부금을 많이 모은 것은 기부금의 10%를 보상으로 받은 집단이었고, 가장 적게 모은 것은 기부금의 1%를 보상으로 받은 집단이었다. 이유가 무엇일까? 이 실험에서 돈은 본질적이고 좋은 일을 하게 만드는 인센티브로 작용하지 않고, 레베카의 탁아소가 부과한 벌금과 마찬가지로 더욱 고귀한 동기를 밀어냈기 때문이다. 다시 말해서 좋은 일을 하려는 욕구보다 돈이 더욱 적절한 인센티브가 되었다.

　타인에게 동기를 부여할 때 우선 고려해야 할 사항이 있다. 캔을 재활용하여 환경보호에 일익을 담당하거나 기부금을 모금해 암 연구에 일조하는 것처럼 인센티브 없이도 자발적으로 행동하려는 마음을 오히려 인센티브를 제공함으로써 밀어내는 것은 아닐까? 인센티브를 주면 특정 행동에 대한 인식이 바뀌기 때문에, 또는 인센티브를 줘서 격려하거나 자제시키려는 상대방을 평가절하하기 때문에 원래의 좋은 의도를 밀어낼 가능성이 있다. 인센티브는 이익을 거둘 수 있을 만큼 커야 한다. 인센티브를 가격이라 생각해보자. 금액이 크다면(레베카가 아이들을 늦게 데리러 오는 부모에게 미국의 일부 지역에서 실시하듯 분당 5달러를 청구한다면) 사람들은 인센티브를 제공하는 사람의 의도대로 행동할 가능성이 커진다. 따라서 인센티브는 넉넉하게 주거나 그렇지 않으면 차라리 주지 말아야 한다.

　결국 현금은 만능이 아니다. 돈으로 살 수 없는 것도 있기 때문이다. 사람들이 진정으로 가치 있다고 여기는 것을 토대로 보상하는 편이 돈 몇 푼을 빼앗는 것보다 훨씬 효과적으로 동기를 부여할 수 있다. 시간, 선량한 시민이라는 자아상, 심지어 사랑이라도 가치를 지닐 수 있다. 한마디로 모든 인센티브가 같은 결과를 가져오는 것은 아니다.[4]

식사비를 지불하는
세 가지 방법

인센티브는 여러 색다른 방식으로도 행동에 영향을 미칠 수 있다. 예를 들어 시트콤 〈프렌즈Friends〉에서 친구들이 멋진 레스토랑으로 외식하러 나갔을 때 어떤 일이 벌어졌는지 보자. 경제 형편이 좋은 모니카와 로스, 챈들러는 곁들인 음식을 갖춘 풀코스 정찬을 주문한다. 하지만 벌이가 시원찮은 레이철은 샐러드만 주문한다. 역시 수중에 돈이 넉넉하지 않은 피비는 수프를, 부모에게 신탁기금을 받지 않는 조이는 작은 피자를 주문한다. 식사가 끝나고 웨이터가 계산서를 가져오자 로스는 식사비를 똑같이 분배해서 33달러 50센트씩 내자고 말한다. 이내 테이블에 무거운 침묵이 흐른다. "말도 안 돼." 피비가 화난 목소리로 반박한다. 친구들과 어울려 기분 좋게 먹은 저녁식사는 이렇게 끝난다.

겉보기에는 계산서에 적힌 총액을 사람 수로 나누는 방법은 적절하다. 빙 둘러앉아 누가 무엇을 먹었는지 따지고 그에 따른 소비세를 계산하다보면 기분 좋은 경험이 자칫 불쾌해지기 쉽다. 독일에서는 자기 몫의 식사비를 동전까지 나눠 계산하고 누구도 여기에 토를 달지 않는다. 그에 비해 이스라엘과 미국의 많은 곳에서는 이러한 행동을 야박하다고 느끼지만, 그래도 사람들이 여럿 모여 레스토랑에서 함께 식사할 때는 식사비를 균등하게 나눈다는 무언의 합의가 대개는 이루어져 있다. 그렇다면 식사비를 나누는 방법은 사람들의 행동에 어떤 영향을 미칠까?

우리는 서로 다른 집단의 서로 모르는 사람들이 각기 다른 식사비 지불방식에 대해 어떻게 반응하는지 알아보기 위해 실험했다.[5] 연구 참가자를 유형에 따라 세 집단으로 나누고 식사비 지불방식을 달리했다. 첫째 집단은 여섯 명(남자 세 명과 여자 세 명)이 개별적으로 식사비를 지불하기로 했다. 둘째 집단은 식사비 총액을 균등하게 나누기로 했다. 셋째 집단은 연구자들이 식사비를 전액 지불하기로 했다. 식사비 지불방식에 따라 각 참가자의 음식 주문은 어떻게 달라졌을까?

여섯 명이 참가하는 실험에 당신이 들어가 점심식사를 하고 나머지 다섯 명과 식사비를 똑같이 나눈다는 말을 들었다 치자. 몹시 시장했던 당신은 로브스터롤(20달러), 감자튀김(3달러 50센트), 맥주(5달러)를 주문한다. 옆 사람은 그다지 시장하지 않아 샐러드(8달러)와 아이스티(2달러 50센트)만 주문한다. 점심식사를 마치고 나서 몇 사람은 디저트로 파이 한 조각(4달러)과 카푸치노(5달러 50센트)까지 해치운다.

식사가 끝나자 웨이터가 계산서를 건넨다. 총 금액은 세금과 팁을 합해 150달러이므로 각자 25달러씩 지불해야 한다. 40달러 상당의 음식을 먹은 사람에게는 이 방법이 전혀 문제되지 않는다. 하지만 10달러 50센트짜리 음식만 주문한 사람에게는 문제다.

그러므로 식사비를 나누는 방식은 주문하는 음식에 실제로 영향을 미친다. 연구자들이 식사비 전액을 부담하는 실험에서 연구 대상자의 음식 주문량이 가장 많았다. 충분히 짐작했던 현상이다. 하지만 식비를 균등하게 분담하는 집단에서는 각자 자기 몫의 식사비를 지불할 때보다 값이 비싼 음식을 주문하는 경향을 보였다. 대체 어떤 사람이기에 더 비싼 음식을 주문하는 걸까?

하지만 그들은 타인을 이용하는 '나쁜' 사람이 아니다. 그저 자신에게 주어진 인센티브에 반응했을 뿐이다. 어쨌거나 자기가 주문하여 발생하는 초과비용에서 6분의 1만 지불하면 되기 때문이다. 20달러짜리 로브스터롤을 주문해도 여섯 명이 나누면 한 사람당 4달러를 넘지 않으니 괜찮지 않을까? 물론 세상에 공짜는 없으므로 당신이 로브스터롤을 주문하면 나머지 16달러는 누군가가 지불해야 하지만 말이다.

이것이 바로 '부정적 외부효과negative externality'로서 한 사람의 특정 행동이 타인에게 의도하지 않은 비용을 발생시키는 예이다. 비흡연자 옆에 앉은 사람이 담배를 피우기로 마음먹었다고 가정해보자. 흡연자는 담배를 피워서 기분이 좋겠지만 옆에 있는 비흡연자도 덩달아 담배 연기를 마시게 된다. 이로써 흡연자는 비흡연자에게 부정적 외부효과를 미친다. 간단하게 말해 제품을 소비하는 사람이 비용의 전부를 지불하지 않는 것이다. 식사비를 나누는 상황에서 다른 사람보다 비싼 음식을 주문한 사람도 마찬가지다. 사람들은 단순히 자신이 직면한 인센티브에 반응할 뿐이다.

금전적 인센티브가
건강에 미치는 영향

이 책에서는 차별, 성별 격차와 교육 격차, 자선기부금 모금, 사업 수익성 등을 비롯한 사회의 중요 문제를 검토한다. 그러면서 거듭 깨닫는 교훈은 인센티브가 결과를 창출한다는 것이다. 따라서 인센티브 제도를 올바르게 수립하고 사람들이 마음에 품은 동기에 적합하도록 정교하게 주파수를 맞추어야 한다.

예를 들어 사람들이 체중을 감량하게 하려면 무엇을 해야 할지 생각해보자. 지난 10년 사이 미국에서는 비만 인구가 급속도로 늘어났다. 비만은 심장질환과 당뇨병을 포함하여 건강에 문제를 유발하는 주요 요소로 작용한다. 그렇다면 인센티브를 사용해 사람들이 체중을 조절하도록 유도할 수 있을까?

지나치다 싶게 많은 음식(크리스마스 과자, 유태 명절인 하누카에 먹는 사우어크림을 듬뿍 얹은 감자 팬케이크, 새해 전날의 캐비아와 샴페인 등)을 먹고 마시며 연말연시를 보내고 나서 거울 앞에 비친 자기 모습을 들여다보고, 체중계에 올라서서 눈금을 읽고 '임계체중'에 도달했음을 확인한다. 이제 벨트를 더 느슨하게 풀어야 한다. 이내 죄책감이 엄습하며 살을 빼겠다고 다짐한다.

집 근처 헬스클럽에 간다. 1년 회원권을 끊으면 할인을 해주므로 갈 때마다 10달러씩 내고 운동하는 대신 눈 질끈 감고 연간 회원으로 등록한다. 웬만큼 독하지 않으면 대개 1월에는 헬스클럽에 몇 번

가고 2월이 되면 이보다 뜸하게 가다가 그 후에는 운동하러 가는 횟수가 더욱 줄어든다.[6] 운동을 빼먹은 데 대한 이유나 변명은 항상 있다. 시간이 부족하다, 배가 불룩한 상태로 몸에 달라붙는 운동복을 입고 사람들 앞에 나서기가 창피하다, 몸상태가 엉망이라 어차피 힘차게 운동할 수 없다. 아니면 그저 땀나는 것이 싫을 수도 있다. 이처럼 어차피 헬스클럽에 가는 횟수가 몇 번 되지 않는 경우에는 연간 회원권을 끊으면 하루 이용료를 지불하며 운동하는 것보다 결국 돈을 더 많이 쓰게 된다.

연간 회원으로 등록하고 나서 규칙적으로 운동하지 못하는 이유는 스스로 지나치게 낙천적으로 생각하여 결국 실제보다 훨씬 많이 운동할 수 있으리라 진심으로 믿었기 때문이다. 좀 더 복잡한 단어를 사용하자면 '미래의 자아와 힘겨루기를 했기 때문이다.' 즉 미래의 자아가 운동을 별로 하지 않을 것 같은 예감이 들기 시작한다. 지금처럼 하루 단위로 이용료를 지불하고 운동하면 자신에게 선택권이 생긴다는 사실을 떠올린다. 곧이어 10달러를 내고 운동을 할지, 그 돈으로 영화를 보러 갈지 상상한다. 꼭 영화를 선택할 것만 같은 기분이 든다. 정신이 번쩍 들면서 앞으로 발생하리라 감지한 불상사를 막기 위해 연회비를 지불해버린다. 지금 1년치 돈을 내면 미래의 게으른 자아에게 운동을 피할 핑계거리를 남기지 않으리라 생각하기 때문이다.

돈을 절약할 목적으로 다른 사람과 조직이 개인의 건강을 염려해줄 수 있다. 운동하라고 직원들을 격려하기 위해 일부 고용주와 보험사가 사용하는 인센티브를 생각해보자. 그들은 직원은 불러들여 체중을 재고 허리둘레를 측정하고 흡연하는지 묻는다. 적정 체중을 유지하고 금연을 하고 콜레스테롤과 혈압이 정상 수치라면 회사가 건강보험료 가운데 본인 부담금을 줄여주거나 환급해주어 직원 입장에서 연간 750달러를 절약할 수 있다고 가정해보자. 괜찮은 방법 아닌가?

이는 세이프웨이Safeway 슈퍼마켓이 '건강한 수치 프로그램Healthy Measures program'을 통해 대부분 사무실에서 일하는 비조합 직원에게 대대적으로 홍보한 정책이었다. 세이프웨이의 CEO인 스티븐 버드 Steven Burd는 2009년 〈월스트리트저널〉의 기사에서 "우리가 주장하는 방법을 미국이 2005년에 채택하기만 했어도 직접의료비 지출액이 현재보다 5,500억 달러나 줄었을 것이다"라고 큰소리쳤다.[7] 이에 덧붙여서 버드는 세이프웨이가 지출하는 의료비는 현상을 유지하고 있다고 자랑했다.

기사가 발표되자 버드는 유명인사가 되었고 다른 기업과 보험사도 제각기 비슷한 프로그램을 탐색하기 시작했다. 세이프웨이는 워싱턴 정계에서 건강보험 개혁의 총아로 부상했다. 버락 오바마 대통령은 세이프웨이가 의료비를 13% 절감했다고 언급했으며, 미국 상원과 하원은 평균적인 건강보험에 가입한 가구가 보험료로 연간 수천 달러를 절약할 수 있는 이른바 '세이프웨이 개정 법안'을 작성하기 시작했다.

국가의 의료비를 절약할 수 있다는 세이프웨이의 주장을 곧이곧대로 믿기 전에 주의해야 할 사항이 몇 가지 있다. 첫째, 버드가 보고한 통계 자료에는 문제가 있다.[8] 결론에 이해관계가 있는 사람들이 제공하는 자료로는 제도의 효과 유무를 파악하기가 어렵다. 게다가 세이프웨이에서 벌어진 상황은 통제된 실험이 아니었다. 예를 들어 이러한 정책을 실시한 결과로서 건강을 유지하게 된 사람과 건강한 상태로 세이프웨이에 새로 입사한 사람이 전체 변화에서 차지하는 비율을 알 수 없다. 건강상태가 좋지 않은 사람이 단순히 다른 회사로 떠났을 수도 있다. 어쨌거나 세이프웨이는 의료비를 절약했지만 전체적인 관점에서 생각하면 문제는 그저 다른 곳으로 넘어갔을 뿐이다.

그렇다고 세이프웨이에서 실시한 인센티브 제도가 형편없었다는 뜻은 아니다. 하지만 실용적 관점에서 보면 행동을 진정으로 바꿀 수 있는 인센티브를 생각해내는 것이 중요하다. 최근 우리는 인센티브를 사용하여 고객을 도우려는 주요 건강보험사와 손잡고 일했다. 그것은 보험사와 고객 모두에게 유익한 일이었다. 고객은 건강이 좋아지고 보험사는 돈을 절약할 수 있기 때문이다. 문제는 강한 동기가 이미 있는데 그 위에 인센티브를 더한다는 것이다. 사람들이 체중을 줄이려고 헛되이 노력하느라 쏟는 시간과 노력을 생각해보라. 체중을 줄이고 싶은 마음은 이미 굴뚝같다. 그러한 사람들에게 경제적 이익을 약간 베푼다고 해서 운동 습관이 바뀔까?

물론 돈을 인센티브로 사용하는 이유는 습관을 바꾸도록 유인하기 위해서다. 여기서 우리가 고안하고 실험을 거친 인센티브 계획을 예로 들어보려 한다.[9] 우리는 가능한 한 단순한 인센티브를 사용하고 싶었으므로 학생들을 실험실로 불러 무작위로 두 집단으로 나누었다. 하나는 통제집단으로 사용했다. 다른 집단에는 구성원에게 100달러씩 주면서 한 달에 여덟 번 헬스클럽에 가라고 '매수'했다. '넉넉하게 돈을 지불하라'는 원칙에 따르면 적절한 수준의 금액을 지불하고 학생들에게 시키지 못할 일은 거의 없다. 예상대로 참가자들은 우리가 요구한 대로 헬스클럽에 갔다.

하지만 학생들을 일시적으로 운동하게 만드는 것이 실험의 목표는 아니었다. 학생들에게 인센티브를 주어 지속적으로 운동하는 습관을 키워줄 수 있을지가 중요했다. 한 달이 지나고 나서 학생들에게 더 이상 미끼를 주지 않으면 어떤 상황이 벌어질까? 탁아소 연구에서 살펴본 것처럼 인센티브가 오히려 역효과를 내지 않을까? 애당초 인센티브가 변화를 일으키기나 할까? 아니면 운동하는 습관을 들이는 데 성공해서 실험이 끝나 돈을 받지 않게 되더라도 계속 헬스클럽에 가서 운동을 할까?

결과는 고무적이었다. 헬스클럽에서 운동하는 대가로 돈을 받은 집단은 더 이상 인센티브를 제공하지 않는데도 헬스클럽 출석률이 2배로 늘어났다. 규칙적으로 운동하는 습관을 키우기까지 넘기 힘든 고비를 인센티브 덕택에 무사히 넘긴 것 같았다. 시간이 없어서 운동하지 않는다고 대답했던 학생들도 우리가 인센티브를 제공하면서 운동하라고 '밀어붙이자' 인센티브가 중단되고 나서도 계속 운동할 시간을 냈다. 물론 개중에는 운동하고 나서 건강이 훨씬 좋아졌다고 느꼈거나 새 친구를 사귀고 싶어서 다니는 학생도 있었을 것이다.

이유야 어떻든 학생들이 생활습관을 바꾸고 결과적으로 건강이 좋아지는 보상을 받았다는 사실이 중요했다.

이 연구에서 얻은 교훈은 무엇일까? 운동을 하고 싶어하는 사람은 많다. 실험으로도 확인했듯 운동을 시작하는 데 최대 걸림돌은 땀이 많이 난다거나 숨이 가쁘다거나 옷을 갈아입어야 한다는 것이 아니라, 운동을 일상에 포함시키는 일이다. 이 점을 잠시 생각해보자. 아침에 마시는 커피 한 잔, 밤에 하는 양치질을 포함하여 생활에는 절대 **빼놓을** 수 없는 일상적 습관이 있기 마련이다. 그러므로 시간 여유를 두고 힘든 고비를 무사히 넘기면서 운동을 일상에 포함시킨다면 결국 습관을 형성할 수 있다.

우선 한 달 동안 일주일에 두 번만큼은 헬스클럽에 가겠다고 결심하자. 처음에는 운동하느라 감내해야 하는 대가가 이익보다 크다는 생각이 들더라도 한 달만 지나고 나면 운동의 영향을 몸소 느끼고 여기에 익숙해질 것이다. 폐활량이 늘어나고, 기분이 좋아지고, 성취감을 느낄 수 있다. 운동을 시작한 지 1~2주일이 지나면 헬스클럽으로 향하는 발걸음이 예전보다 훨씬 가벼워지는 것을 실감한다. 운동을 하고 나서 느끼는 개운함에 익숙해져서 헬스클럽에 가지 않은 날은 그 개운함을 그리워하기 시작한다. 이 시점에 이르면 헬스클럽에 가느라 치르는 대가가 더 작다고 느끼거나, 운동으로 얻는 이익이 더 크다고 생각하고 운동을 순수하게 긍정적으로 인식한다.

결론적으로 사람들에게 일정 시간 동안 돈을 주거나 다른 긍정적 인센티브를 제공하여 원하는 행동을 하게 만들 수 있다고 믿는 것은 지나치게 단순한 생각이다. 몸에 깊이 밴 습관을 바꾸기는 상당히 어렵다. 그래서 어떤 사람들은 죽을 수도 있다는 사실을 알면서도 계속 담배를 피우기도 하고 몸에 해로운 음식을 먹기도 한다.

▲▲▲

사람들이 인센티브에 어떻게 반응할지 추측하는 것은 상당히 위험하다. 우리는 사람들이 인센티브에 자동적으로 예측가능한 반응을 보이리라 생각했지만 그 추측은 보기 좋게 빗나갔다. 인센티브는 장기적이 아니라 단기적으로 효과를 발휘하기도 하고, 의도와 정반대 방향으로 사람들을 행동하게 만들기도 한다. 인센티브가 커진다고 해서 성과가 더욱 좋아지는 것만도 아니다.

그렇다면 진실은 무엇일까? 사람들에게 무언가를 시키려면 동기를 유발하는 요인을 알아야 한다. 사람들이 무엇에 가치를 두는지 깨달으면 인센티브를 사용하여 예측가능한 반응을 이끌어낼 수 있고, 자신이 원하는 방식으로 자신을 포함하여 사람들을 행동하게 만들 수 있다.

현상의 이면을 고찰하는 것은 경제학자가 감당해야 하는 몫이다. 경제학자는 다른 문맥에서 어떤 상황이 벌어질지 배워야 한다. 또한 각 인센티브의 효과 유무와 그 이유를 파악하여 개인과 기업, 정부가 각자의 목표를 달성할 수 있도록 도와야 한다. 앞으로 2장과 3장에서는 오랜 사회문제로서 여성의 급여가 남성보다 적은 현상에 문화적 세계관이 얼마나 깊이 뿌리내리고 있는지 살펴보려 한다.

2

여성의 급여가 남성보다
적은 이유는 무엇일까?

구인광고, 미로 탈출, 테니스공과 양동이 실험

2005년 1월 당시 하버드 대학교 총장 래리 서머스Larry Summers가 '과학과 공학기술 인력의 다각화Diversifying the Science & Engineering Workforce' 회의에서 연설했다. 자신의 연설을 "도발하려는 시도"라고 소개한 서머스는 고대부터 이어져온 성性 전쟁이라는 수류탄 같은 무거운 주제를 청중에게 던졌다. 구체적으로는 주류 과학자들 사이에 성별 격차가 존재하는 숨은 원인이 남녀의 선천적인 차이 때문은 아닌지 큰 소리로 물었다.

과학과 공학을 전공하고 미국에서 교수로 활동하는 사람 중 여성은 20%에 불과하다는 사실을 지적하면서 서머스는 "과학과 공학이라는 특수한 분야에서 선천적 능력의 차이와 특히 능력의 다양성을 둘러싸고 논란이 있다. 게다가 그러한 논란은 사회화와 지속적 차별과 관련한 부차적 요소 때문에 강화된다"고 말했다. 달리 표현하자면 서머스는 여성이 자연과학 분야에서 정상에 오르기에는 지적으로 불리하게 타고났다고 의심했다.[1]

서머스의 이러한 발언은 순식간에 엄청나고 거친 반발을 샀다. MIT 소속 일류 생물학자인 낸시 홉킨스Nancy Hopkins는 분개한 나머지 문을 박차고 강연장을 나왔다. 홉킨스는 기자들에게 이렇게 말했다.

"50%가 여학생인 기관을 이끄는 사람으로서 여성이 사회의 정상에 오르지 못하는 하나의 중요한 이유가 '능력'이 부족하기 때문이라고 말하다니 몹시 불쾌합니다. 정상까지 올라갈 수 있으리라 생각하지 않는다고 여성들에게 선언할 생각이라면 하버드 대학교에 여학생을 입학시켜서는 안 되죠."[2]

어느 지역을 막론하고 언론이 들끓었고 곧이어 서머스를 해고하라고 요구하는 운동이 거세게 일어났다. 다음 해 서머스는 하버드 대학교 총장직을 사임했다. 여기에는 회의에서 연설했던 내용에 대한 사람들의 거센 반발이 부분적인 원인으로 작용했다.

서머스의 발언(그는 몇 번이나 공개적으로 사과해야 했다)은 완곡하게 말해서 대책이 없고 노골적으로 말하자면 성차별적이며 정치적으로 철저하게 부적절하다고 여겨졌지만, 최소한 오랜 전통에는 부합했다. 오랜 세월에 걸쳐 문화계와 과학계는 여성의 경쟁심과 야심이 남성보다 부족한 이유를 강조했다. 창세기에서 아담은 이브의 주인이었다. 고대 로마에서 여성은 시민이었으나 선거권이 없었고 공직에 종사할 수도 없었다. 전 세계 여러 종교와 법, 문화는 여성을 억압하는 동시에 '남성의 세계'에서 여성이 경쟁하지 못하도록 금지시켰다.

서머스의 발언은 찰스 다윈Charles Darwin에게 영향을 받았다. 150여 년 전 다윈은 성공한 수컷이 진화하여 결국 짝짓기 경쟁에서 승리한다고 주장했다. 그때 이후로 사람들은 다윈의 자연선택설을 근거로 일반적으로 남성이 여성보다 공격적이고 폭력적인 이유를 설명했다. 남성이 동물을 사냥하기 위해 밖에 나가 다른 부족의 남성과 경쟁하는 동안, 여성은 자녀를 낳아 양육했다. 문제는 임신과 출산, 수

유 등 자손을 생산하고 양육하느라 여성이 치르는 대가가 남성보다 훨씬 크다는 것이다. 따라서 남성은 가능한 한 자손을 많이 번창시키기 위해 경쟁해야 하지만, 여성은 주의를 기울여 적합한 남성을 선택해야 했다.

다윈이 주장했듯 암컷(다윈은 인간에 국한시키지 않았다)에게 경쟁심이 상대적으로 부족한 이유가 진화 탓이라면, 몇백 년 동안 진행해온 문화적 변화는 여기에 전혀 영향을 미치지 못했을 것이다. 고위직에 오른 여성의 수가 같은 자질을 지닌 남성에 비해 여전히 적은 이유와 미국 여성의 평균 수입이 아직도 남성의 80%에 머무는 원인을 진화론으로 설명할 수 있을 것이다.

서머스는 연구 결과를 인용하고 자신이 믿는 '선천적 차이'를 주장하고 나서 청중에게 다음과 같이 명쾌하게 말했다.

"이 문제에 대한 내 생각이 틀렸다고 밝혀지면 좋겠습니다."

우리는 2장과 3장에서 그러한 과제를 수행할 것이다. 특히 노동시장에서 성별 격차의 어떤 부분이 문화의 영향을 받았는지 조사할 것이다. 구체적 자료도 없이 무턱대고 여성이 선천적으로 남성보다 경쟁심이 부족하다고 주장할 수는 없다. 자연적인 생활공간에서 일반 남녀가 매일 하는 활동(예를 들어 헬스클럽에서 운동하거나 구인광고에 반응하는 등)을 지켜보면서 증거를 수집하고, 실험적 도구를 총동원하여 다음 질문에 대한 대답을 찾아보려 한다. 공격성, 경쟁적 추진력, 소득 창출력 등에서 남녀의 차이는 어느 정도까지 선천적이고, 어느 정도까지 문화적으로 학습되었을까? 그 결과 우리는 특히 경쟁

이라는 측면에서 남녀가 차이를 보이는 이유에 대해 독특한 결론을
내렸다.

　우선 성 평등이 엄청난 진보를 이루었는데도 여성이 여전히 주춤
하는 듯 보이는 이유를 좀 더 면밀하게 살펴보려 한다.

⌐ 여성의 경쟁심은
어느 정도일까?

　우리는 자녀가 출생하면서 성별 역할과 경쟁심에 관심을 기울이
기 시작했다. 아이들이 태어나자마자 딸들 사이에서, 딸과 아들 사
이에서 다른 점을 감지할 수 있었다. 유리에게는 자매보다 훨씬 경
쟁심이 큰 딸이 있기는 하지만 우리의 네 딸 모두 장난감 트럭과 야
구보다는 인형을 좋아했다. 우리는 딸을 둔 여느 부모처럼 다음과
같은 의문을 품었다. 남성이 판을 치는 세상에서 딸에게 어떤 기회
가 주어질까? 그동안 여성이 장족의 발전을 이루기는 했지만 여전
히 기회가 불공평하게 주어지는 문화에서 딸들이 과연 경쟁을 벌이
고 성공할 수 있을까?[3]

　슬프게도 교육 수준을 포함하여 일부 영역에서 여성이 남성을 앞
지르고 있는데도, 남성이 지배해온 오랜 질서가 뒤집혔다고 축하할
근거는 아직 없다. 미국을 비롯하여 전 세계적으로 사회의 최고위직
은 여전히 남성이 차지하고 있다. 노동시장에서 여성이 차지하는 비

율은 1970년 48%에서 2011년 64%로 증가했지만[4] 고위 중역은 20%이고 〈포춘〉이 선정한 500대 기업을 움직이는 CEO는 4% 미만에 불과하다. 미국 역사상 최고 기록이라는 이유로 이를 성취로 생각하는 사람도 있다. 하지만 여성이 받는 급여는 같은 일을 하는 남성보다 적다. 심지어 공직에 오른 수에서도 여성은 남성에 여전히 미치지 못한다. 예를 들어 전체 국회의원 중 여성이 차지하는 비율은 17%에 불과하다.

수십 년 동안 학자들은 여성이 더욱 신속히 유리천장을 뚫지 못하는 이유를 설명하는 이론을 정립해왔다. 이 문제에 관해 우리는 남녀가 경쟁에 대한 선호도가 다르고 인센티브에 다르게 반응하는 것이 대부분의 이유라는 결론을 내렸다. 우리가 연구한 결과에 따르면 많은 여성이 경쟁적 상황을 외면하고 상대적 지위 차이로 급여가 결정되는 직업을 기피하는 경향을 보인다.

우리가 온라인 생활정보 사이트 크레이그스리스트Craigslist에서 실시한 대규모 현장실험을 예로 들어보자.[5] 이 실험에서는 사람들이 무엇 때문에 말단직에 지원하는지 정확하게 알고 싶었다. 남녀는 서로 다른 보상제도에 어떻게 반응할까? 여성은 급여가 더 많다면 경쟁과 위험 감수가 필요한 직업이어도 선택할까?

이러한 질문에 대한 대답을 찾기 위해 16개 도시의 인터넷 구인광고란에 미국에서 가장 흔한 직업에 속하는 사무직 조수를 구하는 광고 두 건을 실었다. 시애틀에 게재한 첫 번째 광고 전문은 이렇다.

직종: 사무직

직위: 스포츠뉴스 담당 조수

베커센터가 시애틀 지역에서 스포츠 정보를 수집할 사무직 조수를 구합니다. 베커센터는 시카고에 본사가 있고 시애틀에서 인공위성 프로젝트를 실시합니다. 조수의 임무는 농구, 미식축구, 야구, 축구, 자동차경주, 골프, 테니스, 하키 같은 스포츠에 관한 지역뉴스와 관전평 등을 업데이트하여 본사에 전달하는 것입니다. 아울러 프로팀, 세미프로팀, 대학팀이 참여하는 스포츠에 대한 지역뉴스를 읽고 간단하게 보고서를 작성해야 합니다. 또한 일상 업무와 관련하여 편지 작성, 교정교열, 서류 정리, 이메일과 전화통화 등 일반 사무를 능숙하게 처리할 수 있어야 합니다.

보수: 시급

두 번째 구인광고의 내용은 첫 번째와 거의 같지만 스포츠와 관련된 언급만 삭제하고 이렇게 썼다.

조수의 임무는 지역사회 행사, 예술과 문화, 사업, 연예, 정책, 범죄 등에 관한 최신 정보를 전달하는 것입니다. 조수는 지역뉴스를 검색하여 읽고 정리하여 간단하게 보고서를 작성해야 합니다.

4개월 동안 여러 도시에서 7,000명에 이르는 구직자가 지원했다.[6] 어떤 구직자에게는 시급으로 급여를 지불한다고 언급했고, 어떤 구직자에게는 동료와 성과를 비교한 결과를 토대로 급여를 지불한다고 말했다.

이 실험의 목적은 경쟁적 요소가 남녀의 구직에 각각 다른 영향을 미치는지 밝히는 것이었다.[7] 크레이그스리스트에 몇 달 동안 광고를 싣고 나서 어떤 사실을 발견했을까? 급여제도에 대해 듣고 나서도 구직에 계속 관심을 보인 것은 남성일까 여성일까?

예상대로 남성은 스포츠 관련 구인광고에, 여성은 스포츠와 무관한 구인광고에 더욱 관심을 보였다. 스포츠 관련 직업에 지원한 구직자 중 여성 비율은 53.8%인 데 비해 다른 직업에서는 80.5%였다.

그러나 급여제도를 설명해주자 남녀의 차이가 확연히 드러났다. 한 제도에서는 순전히 시급 15달러를 지불하기로 했다. 이는 말단 사무직 급여로는 낮은 수준은 아니었다. 반면에 다른 제도에서는 동료와 성과를 비교한 결과를 기준으로 급여를 지불하기로 했다. 시급 12달러를 기본으로 하되 다른 직원과 비교하여 성과가 좋은 사람에게는 시간당 6달러를 상여금으로 지불하는 경쟁적 급여제도다. 두 급여제도 모두 직원 한 명당 평균 15달러를 지불하지만 두 집단 중 한쪽에만 인센티브를 제시하는 셈이었다.

각 직업에 지원한 구직자가 성별로 나뉘었다는 것을 알면 놀라고 슬플지도 모르겠다. 일반적으로 여성은 경쟁 요소를 적용한 직업을 좋아하지 않았다. 실제로 경쟁적 직업에 지원한 여성은 남성보다 70% 적었다. 게다가 인센티브가 높은 직업에 지원한 여성은 같은 직업에 지원한 남성보다 이력이 화려한 경향을 보였다. 이러한 결과에

따르면 여성은 경쟁을 벌이는 상황을 남성보다 기피한다.[8]

CEO로 성공하려면 경쟁상황에서 고도의 집중력과 실천력을 발휘해야 한다. 따라서 고위직 여성의 수가 매우 적은 것도 무리가 아니다. 구글에서 "모든 남자에게는 가격이 있다every man has his price"라는 표현을 검색해보면, 남성을 매수하면 무슨 일이든 시킬 수 있다는 뜻의 인용문이 쏟아져나온다. 그러나 "모든 여자에게는 가격이 있다"라고 검색했을 때 나오는 결과는 뜻 자체가 판이하다.

🗲 여성 대 남성의
미로 탈출 게임

래리 서머스가 언급한 직업은 말단직이 아니라 과학자였다. 그렇다면 똑똑한 여성 수학자와 과학자가 남성과 경쟁하면 어떨까? 이 질문에 대한 대답을 찾기 위해 우리는 여성 셋과 남성 셋으로 구성된 집단에 돈을 지불하고 컴퓨터에서 미로를 탈출하게 했다.[9] 실험 장소는 이스라엘의 MIT로 불리는 테크니언으로, 이곳은 입학하기 힘들고 남학생이 전체 학생의 60%를 차지한다. 테크니언에 재학 중인 여학생은 남학생과 마찬가지로 수학과 과학에 뛰어나다는 사실을 신입생 때부터 인정받아야 한다. 이러한 사실 이면에는 여성도 아인슈타인Albert Einstein 같은 인물이 될 수 있음을 입증하려면 남학생보다 열심히 공부해야 한다는 뜻이 숨어 있다.

실험군에 아이라(이스라엘에 이민 온 러시아계 여성에게 흔한 이름이다)가 있었다. 아이라는 뛰어난 학생으로 평생 컴퓨터게임을 하며 자랐으며 기술과 복잡한 기술 개념을 좋아했다. 모스크바에서 태어나 열 살 때 부모와 오빠와 함께 이스라엘로 이민 왔다. 어릴 때도 수학을 좋아했으므로 테크니언에 입학하겠다고 결심한 것이 의외는 아니었다. 하지만 테크니언에서 공부하기는 결코 쉽지 않았다. 고등학교 시절에는 수학에서 단연 두각을 나타냈지만 테크니언에 다니는 학생들은 모두 똑똑했다. 따라서 좋은 학점을 따려면 더욱 열심히 공부하고 다른 학생과 경쟁해야 했다. 학구열이 떨어지는 학생은 중도에서 실패하고 경쟁이 덜한 분야로 옮겼다. 하지만 아이라는 꿋꿋이 버텼다. 밤에 네 시간만 자면서 부지런히 공부했고 발레 수업도 포기했다. 그녀는 어쨌거나 학업을 무사히 마칠 수 있으리라 생각했다.

다른 여성 동급생과 달리 아이라는 과학과 기술 분야에서 일하겠다는 생각을 하면서도 기가 죽지 않았다.[10] 하지만 우리는 돈을 받기 위해 경쟁하려는 아이라의 욕구에 여성이라는 사실이 영향을 미칠지 실험을 통해 알고 싶었다. 인센티브가 주어지는 경쟁적 게임에서 아이라는 전력을 기울일까?

실험에서 참가자들에게 15분 동안 되도록 많은 미로를 빠져나오라고, 미로 하나를 탈출할 때마다 1달러를 주겠다고 말했다. 이 집단에 속한 남녀의 성적은 거의 같았다. 반면에 다른 집단에는 경쟁적 인센티브를 부여하여 미로를 많이 탈출한 참가자에게 성적에 비례해 더 많은 돈을 지불했다. 경쟁이 치열한 환경에서 아이라는 게임에 더욱 열심일까?

실험을 진행하면서 남성 참가자들은 경쟁적 인센티브에 적극적으로 반응했으므로 경쟁집단에서 15분 동안 해결한 미로의 수가 눈에 띄게 증가했다. 하지만 아이라를 포함하여 여성은 남성만큼 성적이 좋아지지 않았다. 경쟁적 조건에서 여성이 해결한 미로의 수는 비경쟁적 상황일 때와 같았다. 아이라를 비롯하여 테크니언에 재학 중인 여학생들을 보더라도 여성의 경쟁심이 남성보다 떨어진다는 가설은 견고해 보였다.

나중 실험은 남녀가 어린 시절에 경험한 방식을 도입했다.[11] 혼자서나 타인과 나란히 전력질주를 한다고 생각해보자. 경쟁심이 많은 사람이라면 타인과 나란히 달릴 때 더욱 빨리 달리는 동시에 경주에서 이기는 상상을 하며 자극을 받는다. 평범한 상황을 경쟁으로 바꾸어놓는 것이다. 하지만 경쟁심이 적은 사람은 옆에서 누가 달리든 신경 쓰지 않고 홀로 부지런히 달린다.

지금쯤이면 짐작하겠지만 우리는 남자아이와 여자아이의 경쟁적 성향이 다른지 시험해보고 싶었다. 그래서 이스라엘에 있는 초등학교 4학년 학생들을 찾아갔다. 우선 체육시간에 한 번에 한 명씩 트랙에서 40미터를 뛰게 했다. 교사는 학생 개개인의 기록을 측정하고 나서 비슷한 기록을 낸 학생들을 서로 경쟁시켰다. 이때 인센티브는 제공하지 않았고 아이들에게 이것이 경쟁이라는 말조차 꺼내지 않았다. 아이들은 그저 연이어 함께 달렸다.

테크니언의 재학생을 상대로 미로 시험을 실시하여 도출한 결과와 마찬가지로, 남학생은 혼자 달릴 때보다 경쟁적 상황에서 더욱 힘껏 달렸다. 하지만 여학생은 경쟁에 별다른 반응을 보이지 않아 경쟁할 때도 혼자 달릴 때와 비슷한 기록을 냈다. 이번에도 여학생은 환경이 경쟁적이라 하여 더욱 두각을 나타내지는 않았다.

끝에 가서 우리는 문화적 영향에 따라 경쟁에 관한 선호도가 어떻게 달라지는지 파악하기 위해 세상에서 가장 견고한 부계사회와 모계사회를 찾았다.

▲▲▲

몇 년 전 서리가 내려앉을 만큼 추운 날 밤 남자들끼리 친목을 도모하려고 메릴랜드 주 칼리지파크에 있는 방에 빙 둘러앉아 포커를 쳤다. 시가를 피우고 위스키 잔을 돌리다가 여성은 대부분 이러한 종류의 오락을 남성만큼 즐기지 않는 이유가 궁금해졌다. 더욱이 테크니언과 초등학교에서 실험을 실시하여 도출했던 결과에 대해서도 의구심이 들었다. 여성은 태어날 때부터 경쟁을 싫어할까? 아니면 사회가 여성의 취향과 선호도에 영향을 미쳤을까? 여성에게 경쟁심이 부족한 것은 선천적 원인 때문일까 아니면 학습된 행동일까? 후천적으로 학습된 결과라면 양육은(또는 문화가 여성의 경쟁적 성향에 영향을 미칠 수 있다는 사실은) 학습과 어떤 관계가 있을까?

이 질문에 대한 대답을 알 수 있는 방법은 단 하나였다. 서구사회에서 멀리 떨어져 있는 사회를 찾아야 했다. 미국국립과학재단에서 연구 자금을 지원받은 우리는 지구상에서 문화적으로 가장 다른 지역 두 곳을 선택했고, 이곳에서 생물학적 속성이 남녀의 경쟁심에 어떤 영향을 미치는지에 관한 가정을 실험해보기로 했다. 우선 실질적으로 여성이 전혀 힘을 쓸 수 없는 사회와 여성이 주도하는 사회에서 실험을 실시했다. 프로이트Sigmund Freud와 다윈, 두 사람의 뒤를 따르는 수많은 심리학자와 사회학자, 인류학자 들이 이론을 세우면서도 실험으로 입증하는 데 곤란을 겪었던 문제를 파헤치기 위해 그야말로 세상 끝까지 갔던 것이다.

우리는 실험과정에서 과학적 실험방법을 개발함으로써 여성이 전혀 다른 역할을 담당하는 극도로 이질적인 사회에서 여성의 행동을 특유한 방식으로 들여다볼 수 있었다. 여성이 보이는 행동의 뿌리를 탐색하면서 일할 때 여성은 남성보다 경쟁심이 적을까?라는 의문에 대해 통찰을 얻었다.

몇몇 인류학자 친구의 도움을 받아 성격이 완전히 반대인 두 부족, 즉 탄자니아에 거주하는 철저한 부계부족인 마사이족과 인도 북동부에 거주하는 모계부족인 카시족을 선택했다(카시족에 관하여는 3장에서 더욱 자세하게 다룰 것이다). 조건이 같은 실험에서 두 부족의 남녀가 경쟁하는 방식을 비교하면 어떤 사실을 알 수 있을까?[12]

절처한 부계사회,
마사이족 마을에 가다

아프리카에서 가장 높은 킬리만자로 산이 굽어보는 평원에서 자부심 가득한 마사이족은 밝은색 옷을 걸치고 손에는 창을 쥔 채 선조들의 생활방식을 따랐다. 소유한 소가 부유함의 척도가 되었으므로 마사이 남성에게 소는 아내보다 중요했고, 소가 많으면 아내를 열 명까지 거느릴 수 있었다.

마사이족 문화는 여성에게 매우 불리하다. 남성은 30세 무렵까지 미혼으로 있다가 10대 초반의 여성과 결혼한다. 마사이족 남성에게 "자녀가 몇 명입니까?"라고 물으면 아들의 수만 대답한다. 태어나면서부터 여성은 남성에게 복종하라고 배운다. 아내는 집과 마을을 벗어나지 못하고 안에서 일해야 한다. 남편이 없으면 연장자 남성을 찾아가 여행과 치료, 중요한 결정에 대한 허락을 받아야 한다.

어느 화창한 일요일 아침 우리는 그 주에 실시할 실험을 준비하기 위해 마사이족 마을로 향했다. 도중에 15킬로미터 이상 떨어진 시장까지 걸어가는 가족을 많이 만났다. 어느 가족이든 가장은 막대기 하나를 달랑 들고 맨 앞에서 걸었다. 아내는 3미터가량 떨어져서 크고 무거운 바구니를 머리에 이고 뒤뚱뒤뚱 걸었다. 게다가 아내는 대부분 아기를 등에 업고 양손에는 아이들 손까지 잡았다. 앞에서 걷는 가장은 아내와 아이들이 잘 따라오는지 돌아볼 생각조차 하지 않았다.

기본적으로 마사이족 여성은 남성의 소유물이다. "남자들은 우리를 당나귀처럼 취급해요." 한 마사이족 여성이 연구자들에게 이렇게 말할 정도였다.[13]

　마사이족 마을에 도착하자 여성들이 서로 화답하는 멋진 노래를 부르며(마사이족은 이러한 종류의 노래를 평소에도 부르는 것 같았다) 우리를 맞아주었다. '키 큰 사람'을 뜻하는 이름의 마사이족 추장 코이넷 상칼레Koinet Sankale가 나와 인사했다. 얼굴이 잘생기고 이마가 넓은 추장은 사춘기 소년일 때 창으로 사자를 찔러 죽여 용맹성을 입증했던 존경받는 전사였다. 얼굴과 앞가슴, 양팔에 사자의 이빨 자국이 선명하게 남아 있는 추장이 천천히 성큼성큼 걸어와 악수를 청했다. 그리고 눈을 가늘게 뜨고 지켜보는 30명 남짓한 부족 남성들 쪽으로 몸을 돌려 우리를 소개했다. 남성들은 형형색색의 격자무늬나 민무늬의 헐렁한 옷을 망토처럼 어깨에 걸치고 있었다. 귀에는 주렁주렁 늘어지는 귀걸이를 걸고, 목에는 반짝거리는 구슬로 만든 목걸이를 두르고, 팔과 얼굴에는 붉은 황토색 줄로 문신을 그렸다. 그리고 대부분 치아가 몇 개씩 빠져 있었다.

　소개가 끝나자 보마스bomas라 부르는, 지붕이 평평한 집들이 모여 있는 곳으로 함께 가서 구운 염소고기로 시장기를 채웠다. 마사이족과 공생하는 것처럼 보이는 소떼의 울음소리가 식사하는 내내 끊이지 않고 들렸다.

　허름한 지역 호텔에서 잠을 자고 날이 밝자 난감한 상황이 기다리고 있었다. 우리가 탄자니아에서 실행할 실험은 컴퓨터가 없다는 점만 다를 뿐 아이라에게 한 것과 같은 미로 실험이었다. 마사이족 참가자들은 종이에 인쇄된 미로를 펜으로 풀어야 했다. 하지만 펜과 종이 같은 가장 간단한 도구를 보고도 마을 여성들은 머리를 긁적이며 무척 곤란해했다. 평생 펜을 쥐어본 적도 없고 쥐어보고 싶은 마음도 없었던 것이다.

자연히 실험은 난관에 부딪혔다.

미로를 나뭇조각으로 만든 다음 조각을 움직여 미로를 풀라고 말하면 어떻겠냐는 의견이 나왔다. 해당 프로젝트의 공동작업자이자 마사이족 전문가인 켄 레너드Ken Leonard가 시내에 목공소를 운영하는 사람을 안다고 했다. 다음 날 우리는 지역 자동차 정비공과 목수의 도움을 받아 이글거리는 아프리카 태양 아래에서 땀을 비 오듯 흘리며 나무로 미로를 만들었다. 우리가 일하는 곳 주위에 모여든 마을 사람들은 웃기게 생긴 백인 남성들이 아무리 보아도 아이들 장난감 같은 것을 만드느라 낑낑대는 모습이 우스운지 키득거리며 손가락질했다. 하루 종일 고되게 일하고 미로 하나를 겨우 완성했다. 하지만 우리 솜씨가 형편없었던 탓에 미로가 풀리지 않았으므로 문제는 훨씬 심각해졌다. 미로가 없으니 다음 날 줄지어 서 있을 부족 앞에 나갈 일이 까마득했다.

이때 깜짝 놀랄 만큼 좋은 아이디어가 떠올랐다. 호텔로 가는 길에 유리가 테니스공과 양동이를 파는 상점을 보고, 참가자들에게 테니스공을 양동이에 던져 넣게 하는 방법을 생각해낸 것이다. 우리는 그 후에 실시한 많은 실험에서도 이 방법을 활용했다.

마을 사람들은 농구 같은 경기를 해본 적이 없으므로 연습 우위나 성별 우위가 없었다. 게다가 이 실험으로 개인의 초기 경쟁 성향을 손쉽게 판단할 수 있을 터였다. 테니스공을 양동이 안에 넣을 때는 조준만 잘하면 되기 때문이다.

아침에 우리는 테니스공과 자그마한 장난감 양동이를 챙기고 돈을 두둑이 가지고서 마을로 돌아가 마을 사람들을 두 집단으로 나누었다. 그리고 각 집단에서 한 사람씩 나와 연구팀원이 기다리는 비밀 장소로 간 다음에 3미터 거리에서 테니스공을 던져 양동이에 넣으라고 말하고 열 번의 기회를 주었다.

그리고 나서 두 가지 상금 가운데 하나를 고르라고 말했다. 첫째 방식에서 참가자는 공을 양동이에 넣을 때마다 하루 임금에 해당하는 1달러 50센트를 받았다. 둘째 방식에서는 성공할 때마다 4달러 50센트를 받지만 상대방보다 잘했을 때에 한해서였다. 양쪽이 모두 성공하면 1달러 50센트를 받았다. 하지만 최종적으로 상대방의 성적이 더 좋으면 돈을 한 푼도 받지 못했다. 다시 말해 참가자들은 두 가지 상금 가운데 한 가지를 선택할 수 있었다. 하나는 공을 양동이에 넣는 데 성공하면 상금을 받는 방식이고, 나머지 하나는 타인과 경쟁하여 상금을 받는 방식이었다.

젊은이, 특히 남성은 실험에 흥미를 보였지만 성별에 상관없이 장년층은 약간 미심쩍어했다(아마 당신이라도 의심을 품었을 것이다. 낯선 사람이 자신이 살고 있는 신록이 우거진 마을로 찾아와 일주일치 품삯을 주면서 우스꽝스러워 보이는 게임을 하게 했다고 상상해보라).

공을 던지겠다고 처음 나선 남성은 50대 후반으로 보이는 몸집이 크고 우람한 무룽가였다. 무룽가는 부족 원로로서 아내가 여섯 명이고 자녀는 서른 명이었으며 손자는 헤아릴 수 없을 정도로 많았다. 그는 경쟁하는 방식을 선택하고 팔을 뒤로 젖혔다가 밀면서 공을 양동이에 조준했다.

하지만 공을 약간 세게 던지는 바람에 첫 번째에 양동이에 넣지 못하자 그는 실망하여 탄성을 질렀다. 두 번째로 시도하자 이번에는 공이 양동이 가장자리를 맞고 튕겨나왔다. 세 번째로 던진 공이 마침내 양동이에 들어가자 매우 기뻐하며 입이 귀에 걸렸다. 무룽가는 내친김에 나머지 공 일곱 개를 내리 던졌다. 공 몇 개가 양동이에 들어갔고 경쟁자보다 많은 공을 양동이에 넣었으므로 돈을 받아 의기양양하게 걸어나갔다.

이내 몇몇 우스꽝스러운 미국인이 돈을 펑펑 준다는 소문이 마을에 돌았다. 결국 미리 선발한 155명이 공을 던졌다. 하루가 저물어가는데도 마을 사람들은 우리를 보내려 하지 않았다. 하지만 다른 마을에서 비슷한 실험을 하려면 돈이 필요했으므로 우리는 남은 돈을 챙겨 자동차에 거의 뛰어들다시피 간신히 마을을 빠져나왔다. 마을 사람들은 자동차를 계속 따라왔다.

몇 주 동안 여러 마을에서 실험을 실시하고 자료를 집계했다. 가부장적인 사회의 남성은 유럽, 이스라엘, 기타 선진국의 남성보다 훨씬 경쟁심이 강할까? 여성은 경쟁심이 떨어질까?

아래에 수록한 그래프에 그 결과를 표시했다. 간단하게 말해서 탄자니아의 남녀는 우리가 선진국에서 연구했던 남녀와 성향이 매우 비슷했다. 마사이족 남성의 50%가 경쟁방식을 선택한 반면에 여성은 26%에 불과했다. 선진국과 마찬가지로 탄자니아 여성 대부분은 경쟁을 피했지만 의외로 서구 문화에서 생활하는 여성보다 경쟁심이 많이 뒤떨어지지는 않았다.

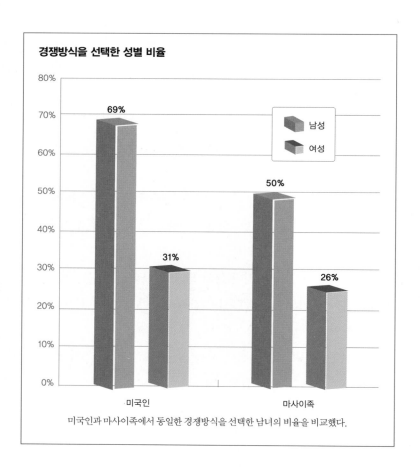

경쟁방식을 선택한 성별 비율

미국인과 마사이족에서 동일한 경쟁방식을 선택한 남녀의 비율을 비교했다.

그 직업의 적임자는
누구일까?

미국에 사는 리즈는 직업을 구하려고 백방으로 뛰어다녔다.

리즈는 42세 여성으로 뉴욕에 본사를 둔 다이렉트마케팅 기업의 크리에이티브 책임자 자리에 지원했다. 예전에 크리에이티브 부서를 이끌었던 것을 비롯해 해당 분야에서 일한 경험이 많았던 리즈는 지원한 자리에 적합한 자질과 능력을 고루 갖추었다. 하지만 채용과정은 길었고 지원자가 수백 명에 달할 정도로 경쟁이 치열했다.

인재를 가려내기 위해 고용담당 관리자와 인사담당 부서는 리즈를 포함한 상위권 지원자들을 대상으로 몇 차례에 걸쳐 면접을 보았다. 경쟁의 열기가 뜨거워졌다. 지원자들은 다이렉트메일을 넣을 수 있는 겉봉투를 한 시간 안에 디자인하라는 지시를 받았다. 제대로 하려면 실제로는 훨씬 오래 걸릴 일이었고, 20명으로 구성된 사내 디자인팀을 관리하는 실제 업무와는 관계가 거의 없었다. 이 테스트는 실제로 사용할 수 있는 봉투를 만들어내는 능력보다 경쟁적 환경에서 신속하게 일하는 능력을 시험하는 것이었다. 말하자면 현장 근무에 적합한지를 살피는 것이었다.

꼬박 하루 동안 진행된 채용과정을 거쳐 회사는 경쟁에서 두각을 나타낸 남성 지원자를 고용했다. 빈자리에 필요한 능력을 구체적으로 생각하지 않음으로써 자질이 더욱 뛰어난 지원자를 놓친 것이다. 리즈 입장에서는 자신보다 자질이 부족한 사람에게 '패배'했고, 회사 입장에서는 경쟁심이 좀 더 강한 직원을 선호하는 바람에 자질이 더 우수한 지원자를 놓쳤다.

▲▲▲

결과적으로 많은 고용담당자들은 직관과 관례(일반적으로 과거 상사가 시도했던 고용방식)에 근거해 직원을 고용한다. 오랜 관례에 따르는 고용 방식은 잘못되거나 시대착오적인 기준을 적용하는 경우가 많고 대개는 남성에게 유리하다. 많은 연구에서도 밝혀졌듯 전원이 남성인 이사회는 새 이사나 CEO를 선출해야 할 때 대부분 자신들과 비슷한 사람을 채용한다.[14] 2012년 데이턴 법학대학교가 발표한 논문에 따르면, 여성이 이사회에서 활동하는 기간에 기업의 주가가 상승하더라도[15] "최근 발표된 거의 모든 보고서나 연구 결과에서는 기업 이사회에서 여성 이사의 비율이 커지는 현상을 '정체'나 기타 이와 유사한 의미의 형용사로 묘사한다."[16]

그러나 탁월한 재능을 시장에서 오랫동안 억누를 수는 없는 법이다. 따라서 여성이 조만간 조직과 기업의 영역에서 정당한 지위를 누릴 날이 찾아올 것이다.

다음 장에서는 이 문제를 더욱 깊이 고찰하려 한다.

3

성별 격차를 좁히려면
어떻게 해야 할까?

기이한 모계사회, 카시족에게서 배운 교훈

THE
WHY
AXIS

앞에서 살펴보았듯 온라인의 크레이그스리스트에서, 테크니언에서, 초등학교 학생들의 달리기를 통해, 마사이족을 대상으로 실험을 실행한 결과, 여성은 남성보다 경쟁을 좋아하지 않고 경쟁적인 상황에서 남성과 다르게 반응한다. 이러한 결과 자체만도 성별 격차를 매우 흥미롭게 드러낸다.

하지만 그 이유는 무엇일까? 양육방식과 상관없이 이렇게 행동할 만큼 남녀는 선천적으로 다를까? 아니면 남녀의 경쟁적 성향에 사회가 중대한 영향을 미쳤을까?

우리는 이러한 근본적 질문에 대한 대답을 찾으려고 카시족의 모계사회를 찾아가 실험을 수행했다. 이제 카시족의 색다른 생활을 들여다보자. 앞으로 믿기 힘든 여행을 하게 될 테니 안전벨트부터 단단히 매자.

미놋(우리가 인도에 도착했을 때 공항에 마중 나왔던 운전사로 이 책의 프롤로그에서 소개했다)은 카시족의 모계사회로 우리를 데려간 최초의 안내자였다. 우리는 미놋과 함께 역방향 성차별주의의 기이한 세계로 들어갔다. 물론 미놋이 경제적 여력이 있는데도 집을 소유할 수 없고 개인적 기회를 억압당하는 처사는 우리의 관점에서는 불공정하지만, 이는 여성이 돈주머니를 차고 있는 문화에서 어떤 현상이 벌어지는지 살펴볼 수 있는 멋진 기회이기도 했다.

미놋이 인도 가우하티 공항에서 우리를 태우고 들어간 실롱 시는 거리마다 사람들로 인산인해였다. 각양각색의 사리를 입은 여성들, 면셔츠를 입은 검은 머리 남성들, 반쯤 벗다시피 누더기를 걸친 거지들, 아이들이 푹푹 찌는 더위에서 서로 밀고 또 밀쳤다. 다음 날 유리가 실험에 사용할 현금을 마련하려고 지역 은행을 찾자 뒤에 서 있던 사람들이 마치 기차에 오르려는 것처럼 유리의 어깨 너머로 몰려들었다(그곳에서 유리는 낙하산을 타고 내려온 돈 많은 서구인이었다). 유리가 여행자수표 6만 달러를 현금으로 바꿔달라고 요청하자 은행 직원은 매니저와 의논해야 한다며 자리를 떴다. 몇 시간 동안 협상과 토론을 벌인 끝에 유리는 결국 커다란 돈 자루를 받았고 은행에 있던 사람들이 모두 지켜보는 가운데 일일이 돈을 세기 시작했다.

유리는 뒤에서 등을 미는 사람들에게 돈 자루를 빼앗길까봐 겁이 났으므로 손으로 사람들을 헤쳐가면서 신속하게 은행을 나섰다(유명한 은행 강도인 보니와 클라이드가 은행을 털 때마다 어떤 희열을 느꼈을지 실감할 수 있었다).

미놋은 도저히 있을 법하지 않은 길로 차를 몰아 우리를 목적지에 데려다주었다. 그곳은 푸르른 언덕과 비옥한 들이 빙 둘러싼 평화로운 마을이었다. 자연환경은 풍요로웠지만 마을은 경제적으로 가난했다. 우리는 문에 고리조차 없는 집을 빌려 돈 자루를 포함해 짐을 들여놓고 마을 사람들을 만나러 나갔다. 붉은 옷을 입고 의심스러운 눈초리로 우리를 빤히 쳐다보며 서 있던 마사이족 전사들과 달리, 미소 띤 얼굴로 환영의 몸짓을 보이는 따뜻한 사람들이 우리를 맞았다.

카시족 여성의 생활 여건은 마사이족 여성보다 훨씬 좋았다. 카시족은 세계에서 몇 안 되는 모계사회를 구성하여 유산이 어머니를 거쳐 막내딸로 전해진다. 여성은 결혼하면 남편 집으로 들어가지 않고 오히려 남편이 자기 어머니 집을 나와 아내 집으로 들어온다. 따라서 카시족에게는 어머니의 집이 가족의 중심지이고 외할머니가 가장이다. 카시족 여성은 농사를 많이 짓지는 않지만 경제력을 장악하고 남성에게 엄청난 권한을 행사한다.

▲▲▲

탄자니아에서 실시했던 것과 같은 공 던지기 실험을 인도에서도 몇 주에 걸쳐 실시했다.

카시족 남성들이 마을에 있는 학교 건물 한편에 줄을 섰고, 연구자들은 탄자니아에서 했던 대로 참가자들에 관한 정보를 기재했다. 흰 셔츠에 청바지를 받쳐 입은 키르함이라는 이름의 청년은 비경쟁 방식을 선택했다. 그는 처음 테니스공을 쥐면서 부드럽게 미소를 짓고 약간 머뭇거리는 듯 보이다가 공을 던졌고, 공은 양동이 옆으로 빗나갔다. 약간 더 세게 던진 두 번째 공은 양동이 너머에 떨어졌다. 키르함은 눈에 띄게 실망하며 입술을 질끈 깨물었다. 세 번째로 던진 공은 양동이에 깔끔하게 들어갔다.

건물의 반대편에서는 한 여성이 줄 앞으로 나섰다. 그 당당한 모습이 인상적이었다. 샤이훈은 한 치의 망설임도 없이 경쟁방식을 선택했다. 소매를 걷어붙이고 테니스공을 움켜쥐고는 눈을 가늘게 뜨고 플라스틱 장난감 양동이를 향해 공을 조준했다. 팔찌가 달랑거리는 팔을 자신만만하게 뻗어 표적을 향해 공을 던졌다. 공이 양동이에 들어가지 않아도 샤이훈은 낙심하지 않았고 다음에 던진 공이 양동이에 들어가자 탄성을 질렀다. 그날 샤이훈은 몇 분 동안 공 5개를 양동이에 넣어 그 대가로 돈을 많이 받았다. 그녀는 놀랄 정도로 유능했고 자신만만했으며 주위 사람을 쥐락펴락했다.

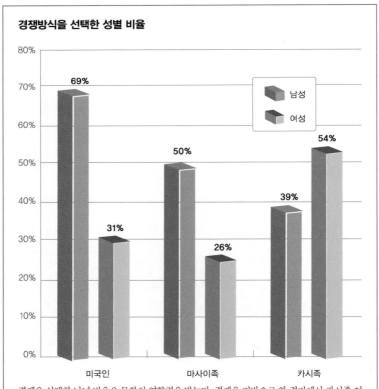

경쟁방식을 선택한 성별 비율

경쟁을 선택한 남녀 비율은 문화의 영향력을 받는다. 경쟁을 기반으로 한 경기에서 카시족 여성은 미국과 마사이족 여성은 물론 마사이족 남성보다도 경쟁방식을 선택하는 경향이 강했다.

우리는 성별의 관점이 매우 다른 세계에 발을 디뎠다. 다음의 실험 결과를 살펴보면 카시족의 경우 여성의 54%가 경쟁방식을 선택한 반면에 남성은 39%에 그쳤다. 경쟁방식을 선택한 카시족 여성의 비율은 극도로 가부장적인 마사이족 남성보다 높았다. 일반적으로 카시족 여성은 마사이족 남성이나 미국 남성처럼 행동했다.

카시족을 상대로 실시한 실험으로 성별 격차를 둘러싼 오랜 토론에 물꼬가 트였다. 물론 매우 특이한 사회에서 여성의 행동을 관찰했지만, 부계사회의 문화적 영향력을 최대한 배제한 사회라는 점이 중요했다. 카시족에서 여성이 경쟁방식을 선택하는 비율은 남성보다 훨씬 높았다. 좀 더 간단하게 표현해서 이 마을의 삶에 작용한 것은 남녀의 천성만이 아니었다. 양육이 지대한 영향을 미쳤다.

우리가 연구한 결과로 판단할 때 문화가 적절하다면 여성은 남성만큼이나, 많은 경우에는 남성보다 더 경쟁을 좋아하는 성향을 띤다. 남성이 여성보다 선천적으로 경쟁적이라는 진화론만이 경쟁심 정도를 결정하는 요소는 아니다. 문화적 인센티브만 적절하게 주어진다면 여성은 남성보다 강한 경쟁심을 보일 수 있다.

경쟁심이 높으면 흥정을 잘할까?

그렇다면 강력한 경제적 인센티브가 지배하는 시장에서 경쟁심리가 카시족 여성의 행동에 어떻게 영향을 미칠까? 이 점을 탐색하기 위해 우리는 카시족과 비 카시족이 섞여 거주하는 실롱 시의 노천시장을 찾았다.

세계 최대 노천시장의 하나인 실롱 노천시장은 삶이 꿈틀거리는 역동적인 곳이다. 군중 사이를 걷다보면 썩은 고기와 피에서 악취가 퍼져나온다. 물론 토마토·양파·고추의 신선한 냄새, 꽃·밀짚모자·면셔츠의 향내도 맡을 수 있다. 좌판에는 값싼 전자제품과 신발이 가득하다.

문화가 흥정방식에 어떻게 영향을 미치는지 관찰하기 위해 카시족과 비 카시족 남녀에게 각각 돈을 주고 시장에서 토마토 2킬로그램을 사라고 말했다. 토마토 가격은 흥정하기에 따라 킬로그램당 20~40루피였다. 흥정으로 가격을 깎는 경우에 실험 참가자들은 돈을 더 벌었다. 참가자들이 토마토를 살 때마다 상인이 부른 최초 가격, 흥정을 지속한 기간, 최종 가격을 기록했다.

이번 실험으로 우리는 중요한 사실 두 가지를 깨달았다. 첫째, 태어나서부터 자기 견해를 주장하고 자신감을 가지라고 교육받은 카시족 여성은 흥정에도 성공했다. 공 던지기 실험은 실제 시장에서의 행동을 예측하게 해주는 훌륭한 지표였던 것이다. 둘째 사실도 흥미로웠다. 가격책정 규칙을 세운 주체가 모계사회 여성인지 부계사회 여성인지에 따라 시장은 매우 다르게 돌아갔다.

비 카시족이 가격을 책정하는 시장에 카시족 여성이 들어간 경우에는 남녀가 나란히 서서 물건을 팔고 가격을 흥정했고 카시족 여성은 타고난 능력을 십분 발휘했다. 샤이훈도 그랬다. 그녀는 훌륭한 흥정꾼이어서 토마토나 아들에게 입힐 면셔츠를 정말 싸게 샀다. 하지만 흥미롭게도 샤이훈을 비롯한 동료들은 카시족만 가격을 결정하고 여성들만 물건을 사고파는 구역에 들어가자 그다지 가격을 열심히 깎지 않았다. 서구와 마찬가지로 물건 값은 정해져 있어서 흥정 대상이 아닌 것 같았다. 따라서 환경과 사회화는 사람들의 행동 방식을 나타내는 도구로 보인다.

두 가지 관찰은 관계가 있다. 여성은 남성과 유사한 방식으로 인센티브에 반응하고, 남성만큼 흥정하라고 양육받을 수 있다. 하지만 선택권을 쥐는 상황에서 카시족 여성은 자신들이 영향력을 행사하는 시장에서는 남성과 다르게 인센티브를 결정했다. 정찰가격을 설정하여 경쟁심과 공격성이 적은 환경을 만들고, 스스로 설정한 사회적 인센티브에 반응했다.

┌┛ 여성이 인류를 구원할 수 있을까?

또한 우리는 카시족에게 '여성이 권력을 쥐면 모두가 혜택을 입는 것 같다'는 사실을 배웠다.

1968년 생태학자 개릿 하딘Garret Hardin은 〈공유지의 비극The Tragedy of the Commons〉이라는 논문을 발표하고, 지나치게 많은 사람이 이용하여 공공자원이 고갈되는 경우에 발생할 사태를 설명했다.[1] 논문은 목동들이 가축에게 풀을 먹일 수 있도록 개방 공유지를 사용했던 중세 유럽의 상황을 서술했다. 목동들이 지나치게 많은 가축을 한꺼번에 목초지에 풀어놓지 않는다면 문제가 없었다. 하지만 욕심 많은 목동이 소를 많이 끌고 오면 목초지는 크게 손상을 입고 결국 황폐해져 가축이 더 이상 풀을 뜯지 못하는 사태가 벌어졌다(식사비용을 사람 수로 나눌 때 일어나는 부정적 외부효과를 기억해보자).

예를 들어 연안 어업권을 생각해보자. 많은 구역에서 남획으로 어족자원이 멸종위기에 처해 심각한 문제가 되고 있다. 생선 수요가 높다는 사실을 고려하면 어부에게는 최대한 많이 어획해야 한다는 동기가 있다. 하지만 모든 어부가 그렇게 한다면 미래 세대에 남겨줄 자원이 고갈되고 어느 시점에 이르면 어류 자체가 회복할 수 없을 정도로 감소할 것이다.

일반적으로 어류 자원이나 목초지를 비롯한 공공재에 여성이 남성보다 많은 관심을 기울인다고 알려져 있다. 우리는 경제학에서 '공공재 게임public goods game'으로 부르는 표준방법을 가부장적 부족인 아삼족과 카시족에게 사용하여 그러한 추정이 실제로 나타나는지 조사해보기로 했다(공공재 게임이라는 명칭이 붙은 까닭은 잘 관리한 국립공원과 깨끗한 공기처럼 모두에게 공공재를 제공하기 위해 돈을 지불했을 때 어떤 현상이 벌어지는지 판단하는 데 유용하기 때문이다).

우선 각 집단에게 "이 게임에서는 공동체에 투자할지 자신에게 투자할지 선택할 수 있습니다"라는 동일한 지시사항을 들려주었다. 일부 참가자에게는 다음과 같이 말했다.

"자기 자신에게 1루피를 투자할 때마다 1루피를 돌려받을 것입니다. 하지만 집단에 1루피를 투자하면 집단 구성원 모두에게 0.5루피씩 돌려줄 것입니다."[2]

이제 카시족 사회에 대해 알고 있는 사항을 총동원하면 카시족이 집단에 돈을 투자하는 성향을 보이리라 추측할 수 있을 것이다. 그렇다. 카시족 남녀는 아삼족보다 집단에 더욱 많이 투자했다. 실험 결과에 따르면 카시족은 기본적으로 성별을 불문하고 이기적 성향이 적었다. 이와 관련하여 우리는 '여성이 지배하는 사회는 현재 우리가 살고 있는 사회와 매우 다를까?' 하는 의문을 품었다.

구인광고와
급여 협상

뉴욕 광고계의 치열한 현실을 담은 텔레비전 시리즈 〈매드맨Mad Men〉을 보면 1960년대 이후 미국사회에서 성에 대한 인식이 얼마나 진보했는지 알 수 있다. 당시에 여성은 메릴린 먼로의 외모와 행동을 강요받았고, 남성은 랫 팩★Rat Pack, '친구들'을 가리키는 뉴욕 등지의 속어로 1950~1960년대 많은 영화에 함께 출연해 세련된 스타일을 선보였던 험프리 보가트, 프랭크 시내트라, 딘 마틴, 새미 데이비스 주니어 등의 할리우드 스타를 가리킨다처럼 보이고 행동해야 한다는 여론이 조성되어 있었다. 해당 시리즈는 여성운동, 흑인의 힘, 동성애자 해방운동 등을 꿈조차 꿀 수 없었던 시대에 사회가 남녀에게 어떤 행동방식을 가르쳤는지 보여주었다. 당시 사람들은 자신이 어떤 사람인지 파악하지 못하더라도 어떤 사람이 되면 안전하지 못한지는 확실하게 알았다.

그렇다면 21세기는 어떨까? 이제 경쟁적 인센티브에 남녀가 다르게 반응하고, 이렇게 되기까지는 문화의 영향이 크다는 사실을 알았다. 이러한 사회적 요소를 고려하면 직업에서 남녀의 지위와 급여 격차가 발생하는 원인을 설명할 수 있다. 카시족에게 배웠듯 여성이 남의 비웃음을 사지나 않을까 걱정하지 않고 스스로 경제력을 쥐고 자신이 무엇을 좋아하는지 표현할 수 있다면, 경쟁적 인센티브에 반응하는 방법을 배워 상당한 경제적 이익을 누릴 수 있고 사회의 진정한 지도자가 될 수 있다.

실험을 통해 밝혀진 두 가지 중요한 사실에는 다음과 같은 심오한 의미가 담겨 있다. 첫째, 여성은 남성만큼, 심지어 남성보다 훨씬 경쟁심이 강할 수 있다. 둘째, 여성이 경제적 영향력을 더욱 강력하게 행사한다면 사회에는 구성원끼리 훨씬 합의가 잘 이루어지고 공공심이 증가할 것이다. 여성들이 토마토 가격을 흥정하는 장면을 지켜보면서 경쟁적 직업에 지원하지 않거나 급여 인상을 요구하지 않는 미국 여성이 생각났고, 능력껏 무슨 일이든 성취하려는 여성을 가로막는 서구사회의 구조적 문제가 떠올랐다. 또한 여성이 운영하는 시장에 갈등이 적다는 사실을 직접 목격하면서 언쟁과 전시傳示 행동이 만연한 미국 의회가 생각났다.

따라서 더욱 경쟁심을 발휘하고 소득 창출력을 키우라고 여성을 독려하고 싶다면 어떤 변화를 좇아야 할까? 이러한 변화가 우리 딸들 모두에게 어떤 의미가 있을까?

예를 들어 유리의 열아홉 살짜리 딸은 자신이 미래의 직장에서 성공할 수 있으리라 믿는다. 그녀의 부모 또한 능력을 펼치는 데는 한계가 없고 원하는 것은 무엇이든 이룰 수 있다고 딸을 격려한다. 그러면서도 유리의 딸은 최소한 현재 자신이 거주하는 샌디에이고의 문화에서는 또래의 남성만큼 자유롭게 경쟁할 수 없다는 사실을 피부로 느낀다. 그렇다면 남성만큼 공격적으로 행동하지 않고서 어떻게 정상에 오를 수 있을까.

한편 존의 딸들이 거주하는 시카고의 남부도 상황은 마찬가지다. 체육시간에 교사들은 전력투구하지 않는 남학생들에게 "계속 계집애처럼 굴 거야?" "계집애처럼 해야겠어, 사내답게 해야겠어?"라고 꾸짖는다. 그래서 존의 딸들은 "그냥 고분고분하고 얌전하게 행동해야 할까요, 아니면 눈에 보이는 기회를 잡아야 할까요?"라고 묻는다.

이 장의 서두에서 말했듯 여성은 급여 협상을 회피하는 경향이 있다. 예를 들어 가상의 직장에 지원하는 실험을 실시했을 때 급여를 올려달라고 요구한 남성의 수는 여성의 9배에 달했다. 이러한 경향이 현실 세계에도 그대로 나타날까? 그렇다면 그 이유는 무엇일까?[3]

이 질문에 대한 대답을 찾기 위해 우리는 2장에서 설명한 크레이그스리스트 실험과 비슷한 실험을 실시했다. 2011년 11월부터 2012년 2월까지 미국 9개 주요 대도시에 사무직 조수를 찾는 온라인 '구인광고'를 18차례 올렸다. 직종은 성별에 영향을 받지 않는 기금을 모금하는 일이거나, 남성 지원자가 더 많이 몰리는 스포츠 관련 일이었다. 첫째 광고에는 시급이 17달러 60센트이고 협상이 가능하다고 적었다. 둘째 광고에는 협상의 여지에 대한 언급 없이 시간당 급여가 17달러 60센트라는 것만 명시했다.[4]

2,422명이 광고를 읽고 문의했다. 결과는 어땠을까?

첫째, 급여 액수를 협상할 수 있다고 분명하게 밝히지 않은 광고를 보고서도 급여를 올려달라고 협상한 남성은 여성보다 많았다. 하지만 협상가능성을 분명하게 언급한 광고를 보고 협상을 요청한 구직자에서는 남녀 차이가 나타나지 않았고 심지어 현상이 역전되어 협상을 시도한 여성이 남성보다 약간 많았다.

정리하자면 여성은 고용주가 급여를 협상할 수 있다고 말하면 손을 들고 협상 자리에 섰지만, 고용주가 그렇게 말하지 않아서 급여 결정 규칙이 모호하면 급여를 올려달라고 협상하는 경우가 남성보다 적었다.

누가 이 자리에 지원할까? 급여를 협상할 수 있다는 정보만 추가했을 뿐인데 구직 지원에서 드러난 성별 차이는 45%가량 줄어들었다. 이러한 경향은 일반적으로 남성 지원자가 더 많으리라 추측하는 소위 남성다운 직업에서도 그대로 나타났다.

여성은 채용 규칙이 불분명한 구인광고를 회피하는 반면에 남성은 그 상황을 받아들이고 지원했다. 따라서 고용주는 남녀를 막론하고 유능한 지원자를 고용하고 싶다면 직무와 급여, 보상 등을 상세하게 밝혀야 한다.

고용주가
할 수 있는 일

'급여의 협상 가능성' 실험은 구직자와 고용주가 대면하지 않은 상태에서 온라인상의 직무 설명에 대해 구직자가 보이는 반응과 관련된 것이었다. 여성은 급여액을 협상할 수 있는지 여부가 불분명하더라도 협상을 시도해야 한다. 이는 인재를 고용하려는 기업에게도 중요하다.

여성은 협상 테이블에 처음 올라온 제안을 덥석 받아들여서는 안 된다. 제안을 수정하고 대안을 제시해야 하고, 당당하게 "급여를 더 올려주세요"라고 말해야 한다. 남성들은 이미 그렇게 하고 있다.[5]

고용담당 관리자는 많은 여성이 위험을 회피하는 태도가 문화적으로 몸에 밴 탓에 기업의 승진 사다리를 오르지 못할 수 있음을 인식해야 한다. 능력이 부족하기 때문이 아니라 자기 의견을 주장하는 태도가 '여자답지' 못하다고 배웠기 때문에 급여 인상을 요구하지 못하거나 새 프로젝트를 맡지 못하는 경우가 많다. 기업은 고위 중역진에 올라가도록 여성을 격려할 방법을 찾아야 한다. 컨설팅 기업인 딜로이트Deloitte를 예로 들어보자. 딜로이트는 고위직 후보에 반드시 여성을 올려놓고 선임 경영진에서 여성이 차지하는 비율을 23% 이상으로 유지한다.[6] 이러한 정책을 실시하면 숨어 있는 진정한 인재를 발굴할 수 있고 실적에도 긍정적 영향을 미칠 수 있으므로 결국은 자사에 이익이 된다.

인재를 채용하는 사람들도 이러한 움직임에 동참해야 한다. 그들은 구직자가 실질적으로 어떤 자질을 지니고 있는지 파악하기보다는 대부분 직관에 의존하여 채용한다. 때로 남성을 선호하는 성별 편견이 존재할 가능성을 고려하지 않고서 적임자라 느끼는 사람을 고용하기도 한다.

성별 편견이 있을 가능성을 인식하는 기업은 채용과정에서 이를 걸러낼 방법을 도입해야 한다. 예를 들어 캠벨수프Campbell Soup Company(CEO 데니스 모리슨Denise Morrison은 여성이다)는 자사 제품을 구매하는 소비자 대부분이 여성이므로 성별 다양성을 기업의 판매전략으로 내세운다. 그러한 이유로 캠벨수프는 고객과 비슷한 사람들의 의사를 반영하기 위해 경영진의 여성 비율을 높였다.

기업은 여성이 경쟁적 인센티브에 반응하는 정도가 남성보다 떨어진다는 사실을 자사에 유리한 방향으로 활용할 수 있다. 예를 들어 카시족 시장에는 가격이 정해져 있어서 그다지 흥정할 여지가 없다는 사실을 미국의 자동차 판매시장에 적용할 수 있다. 자동차를 사려고 방문했을 때 딜러들이 "매니저와 의논해보겠습니다"라고 말을 바꾼다면서 진저리를 치는 여성이 많다. 고객의 이러한 불만을 해소하기 위해 혼다Honda 등은 제너럴모터스General Motors의 새턴 판매 부서에서 처음으로 나온 아이디어를 채택하여 새턴 판매가를 놓고 가격 흥정을 허용하지 않는 정책을 실시했다. 이제 새턴 판매부서는 사라지고 없지만 새턴은 당시에 구매자의 63%가 여성일 정도로 여성에게 크게 인기를 끌었다.

정책수립자, 교육자, 부모가 할 수 있는 일

성별 격차를 줄이기 위해 정책수립자가 할 수 있는 일도 있다. 정책수립자는 초기에 교정 수술을 해야 하는 오랜 상처를 붕대로 가리는 어리석은 짓을 해서는 안 된다. 여성 선수들이 출전한 경기장에 평등을 도입하려 고안한 '타이틀 9Title IX' 법안이 성 불균형을 바로잡는 방법이라고 장담할 수 없다. 차라리 '좀 더 공평한 사회를 만들기 위해 사회가 개입할 수 있는 적합한 지점이 무엇일까' 자문하라. 남녀의 경쟁심 차이는 부분적으로 문화적 영향력 때문이므로, 성 평등을 이루려면 여성 농구팀이 남성과 동일하게 경제적 지원을 받도록 투자하기보다는 오히려 조기 아동교육에 투자하는 편이 좀 더 바람직할 것이다.

또한 우리의 실험 결과에는 부모가 자녀를 제대로 키우는 데 필요한 지혜가 담겨 있다. 딸들에게 자신감을 불어넣어주는 행위는 은퇴를 대비해 투자하는 것과 매우 비슷하다. 성장하면서, 특히 사춘기 무렵에 좀 더 경쟁적 환경에 딸들을 노출시키는 것이 무척 중요하다.

매우 공들여 양육을 하더라도 자녀가 학교에 다니는 시기에는 성 편견이 나타날 수 있다. 우리가 연구한 결과로도 성 편견이 어린 나이에 나타나기 시작하여 뿌리 깊게 박혀 있음을 알 수 있었다.[7] 교육자와 부모는 매우 어린 아이들이 성 정형화★sex typing, 어떤 문화권 안에서 특정 행동을 남성적 혹은 여성적이라 말하고, 이러한 역할을 수행하도록 아동들을 의도적 혹은 비의도적으로 학습시키는 과정를 인식하는 수준을 높여주고 여기에 맞서도록 대책을 세워야 한다. 아이들 특히 여자아이들의 경쟁심을 주저하지 않고 북돋워주어야 한다. 부모, 교사, 아동 관련 분야의 종사자는 누구라도 생물학적 이유만이 아니라 사회화가 여자아이의 경쟁심을 결정한다는 사실을 깨달아야 한다. 수학을 잘하는지, 가지고 노는 장난감이 분홍색 인형인지 검은색 트럭인지, 학교에서나 운동경기에서 경쟁심을 발휘하는지는 선천적으로 정해져 있지 않다. 자녀가 인센티브에 반응하도록 사회화 방식을 바꾸면 자녀의 미래를 바꿀 수 있다.

남자아이와 여자아이의 사회화 양상을 철저하게 바꾸는 방법으로 우리가 생각해낸 묘책은 남녀공학 대신 남학교와 여학교를 분리하는 시스템으로 돌아가는 것이다. 여성의 경쟁심을 북돋우기 위해 청교도적 뿌리를 찾아가야 한다는 논리가 이상하게 들릴 수 있지만 직관적으로 생각하면 타당하다. 연구 결과를 살펴보더라도 여전히 여자아이보다는 남자아이들이 교사의 관심을 더 받고 있기 때문이다.

끝으로, 효과적으로 경쟁하는 능력을 갖추는 것이 중요하기는 하지만 행복해지는 열쇠는 아니다. 마음의 평정은 자신의 직위에서 찾는 것이 아니라 시민으로 부모로 이웃으로 살아가면서 찾는 것이기 때문이다. 무엇보다도 세상의 딸들이 이러한 사실을 깨닫기 바란다.

4장과 5장에서는 훨씬 범위를 넓혀 교육 전반에서 발생하는 불평등을 살펴보고, 인센티브를 적절하게 적용했을 때 부유한 학생과 가난한 학생 사이에 벌어진 교육 격차를 좁힐 수 있는지 짚어보려 한다.

4

학생들이 스스로 공부하게 만드는 방법은 무엇일까?

슬픈 은메달 수상자와 기쁜 동메달 수상자

THE
WHY
AXIS

우리는 일련의 실험을 거치면서 사람들이 특정 방식으로 행동하는 이유를 이해하는 것이 중요하다는 사실을 깨달았다. 인센티브는 제대로 실시하기가 까다로운데다가 사람들의 동기를 이해하지 못한다면 오히려 역풍을 맞을 수 있다는 사실도 알았다. 또한 환경의 영향을 배제하면 여성도 남성만큼 경쟁적 인센티브에 강력하게 반응하리라는 사실도 배웠다.

4장과 5장에서는 미국사회가 안고 있는 가장 해결하기 어려운 문제의 하나인 교육문제를 현장실험을 통해 깊이 있게 파헤쳐보았다. 미국은 공립 초등교육과 중등교육에 연간 6,000억 달러 이상을 지출한다. 총 학생 수가 5,470만 명이므로 학생 한 명당 평균 1만 1,467달러를 투자하면서도 그다지 눈에 띄는 성과를 거두지 못하고 있다.

그러나 학교를 혁신하면 수십 년 동안 쇠락의 길을 걸어온 교육제도를 반전시킬 수 있다. 우리는 아이들을 지켜보며 어떤 방법이 어째서 교육에 효과가 있는지 배우고, 아이들은 삶에서 성공하는 데 필요한 도구를 습득한다. 우리는 현장실험이라는 렌즈로 고찰하면서, 학교를 어떤 방식으로 활용하면 아이들을 효과적으로 교육하는 동시에 유용한 학습의 장을 제공할 수 있을지 대안을 제시하려 한다.

▲▲▲

어느 초가을 오후, 연구 조교인 조 사이들Joe Seidel이 시카고의 사우스사이드에 있는 웬트워스 초등학교를 찾았다. 우리가 진행하는 프로젝트에 관해 학교 행정담당 직원과 의논을 하고 계단을 내려가는데 쾅 하는 소리가 들렸다. 누군가가 책 더미를 떨어뜨린 것이려니 생각했지만 소리는 몇 번 연속적으로 났다. 걸음을 멈춘 조는 계단에 서 있던 한 교사의 얼굴에서 불길한 징조를 느꼈다. 교사의 눈은 휘둥그레졌고 마치 혼이 나간 것 같았다. 조는 총소리를 한 번도 들어본 적이 없었지만 그 교사에게는 이번이 처음은 아니었다.

이내 학교 문을 잠그겠다는 교내 방송이 들렸다. 그 후 한 시간 동안 경찰이 학교 건물 밖에 집결하고 증인을 심문하는 와중에도 교사들은 평상시처럼 수업에 들어갔다. 총격사건과 상관없이 교사들은 여느 때처럼 학생들에게 역사와 수학, 문장구조 등을 가르쳐야 했다. 이렇듯 어수선한 상황에서 학생들이 수업에 집중할 수 있을까?

미국의 저소득층 주거지역에 거주하는 상당히 많은 학생이 괜찮은 공교육을 받으려면 정말 운이 따라야 한다. 그런데도 미국이 세계에서 가장 잘사는 나라의 하나라는 사실은 비극일 뿐 아니라 얄궂기 짝이 없다. 2008년 불어닥친 금융위기와 뒤이은 불경기로 타격을 입기는 했어도 미국은 기대수명과 소득, 의료, 기술 등 일반적인 경제 기준에서 여전히 세계 정상에 서 있는데 말이다.

이렇듯 역사에 남을 만한 미국의 번영은 교육 분야에서 전례 없이 거두었던 성과와 밀접한 관련이 있다. 토머스 제퍼슨Thomas Jefferson이 미국을 건국하면서 공교육제도를 옹호했을 때 내세운 교육 목적은 모든 미국인에게 양질의 교육환경을 제공하는 것이었다. 19세기 후반 공교육제도가 형태를 갖추기 시작할 무렵, 정책수립자들은 국가의 교육 수준을 향상시키기 위해 모험을 단행하여 성공을 거두었다. 수십 년에 걸쳐 이루어낸 미국 초등학교의 발전은 대학교의 발전만큼이나 인상적이었다. 사실 미국 소재 대학교들은 세상의 부러움을 한 몸에 사서 지금도 다른 나라 학생들이 각종 학위를 받으려고 모여들고 있다.

하지만 지난 수십 년 동안 미국은 고등학생의 경우에 부유한 학생과 가난한 학생을 분리하여 별개의 교육제도를 발전시켜왔다. 부모가 경제력이 있어서 명문 고등학교를 다니는 학생들은 여러 과목을 균형 있게 교육받는 반면에, 그만큼 행운이 따르지 못한 학생들은 충격사건이 발생하고 전교생의 절반이 중퇴하는 학교에 다니는 경우가 많다. 저소득층 학생의 고등학교 중퇴율은 고소득층 학생의 4~5배에 달한다. 예를 들어 2008년 고소득층 학생의 중퇴율은 2%였지만 저소득층 학생은 9%였다. 또한 도심의 빈민가에 있는 학교의 중퇴율은 50%를 넘기도 한다.

미국 납세자들이 엄청난 자원을 공교육제도에 계속 쏟아붓는 덕택에 학생 한 명당 투자비용에서 미국은 세계 5위를 차지하고 있다. 이렇게 많은 투자를 하는데도 미국 공교육의 질은 떨어지고 있다. 시카고와 뉴욕 시 공립학교에 재학하는 9학년 학생의 문장 독해력은 명문 초등학교 3~4학년 학생의 수준이다. 미국 학생의 독해력, 수학과 과학 점수는 세계 10위 아래로 떨어졌다. 실제로 기본 문법과 고등학교 수학 부문에서는 기껏해야 보통 수준으로 평가받고 있다. 교육제도가 워낙 형편없어서 미국 학생들의 고등학교 졸업률은 교육에 투자하는 비용이 훨씬 적은 멕시코와 터키에 근접한 수준까지 추락했다.

미국의 도시 학교 교육은 잘못되어도 한참 잘못되었다. 많은 사람들이 정책을 통해 문제를 바로잡으려고 노력했지만 핵심은 건드리지 못했다. 대체 어떤 정책을 더 실시해볼 수 있을까? 결과를 개선하기 위해 교육제도에 투입되는 재정 인센티브를 다시 설정할 수 있을까?

공교육을 효과적으로 개선하는 방법

이러한 문제를 고민하기 시작했을 무렵, 우리는 시카고 교육청장으로 부임한 지 얼마 되지 않은 론 휴버맨Ron Huberman에게 점심식사 초대를 받았다(휴버맨에 대해서는 8장에서 자세하게 다룰 예정이다). 시카고에서 발생하는 청소년 폭력과 10대 임신을 억제하기 위한 아이디어를 주고받으며 대화하는 동안 휴버맨은 연방정부가 시카고 소재 공립학교의 교육을 개선할 목적으로 수백만 달러를 지원하는 방안을 검토하고 있다고 언급했다. 그러면서 단도직입적으로 "내가 그 지원금을 받으면 대체 무엇을 해야 하죠?"라고 물었다.

우리는 한마디로 대답할 수가 없었다. 자녀를 공립학교에 보내는 부모 입장에서는 교사를 양성하고 그들의 급여를 늘리는 데 전액을 투자해야 한다고 조언할 수도 있었다. 방과 후 교실 프로그램 등에도 어느 정도 돈을 쓰고 방과 후 교사와 멘토의 수도 늘려야 할 것이다. 이러한 방법 가운데 몇 가지는 이미 시도해본 적이 있고 일부는 학업성적 향상에 효과가 있다는 점이 입증되기도 했다.

하지만 휴버맨은 시카고 교육청이 직면한 엄청난 난제에 대해 확실한 자료에 근거한 깊이 있고 포괄적인 해결책을 찾고 싶어했다. 그는 시정부와 약속한 대로 연방정부의 지원금을 반드시 현명하게 사용해야 하고, 실질적인 정책에 눈에 띄는 영향을 미칠 수 있어야 한다고 강조했다.

이 말에 귀가 솔깃해진 우리는 루이 파스퇴르Louis Pasteur가 예방접종의 가치를 실험으로 입증한 이야기를 휴버맨에게 들려주었다. 1882년 파스퇴르는 양 50마리를 골라 25마리는 통제군으로, 나머지 25마리는 예방접종을 하는 실험군으로 나누었다. 그리고 양 전체에 치사량의 탄저균을 투입했다. 이틀 후 통제군에 속한 25마리는 모두 죽었지만 예방접종을 한 25마리는 모두 건강하게 살아 파스퇴르의 이론이 옳다는 사실을 입증해주었다. 마음속에 품은 계획이 파스퇴르보다 극적이지는 않았지만 휴버맨은 자신의 임무가 폭력과 무지, 빈곤에 대항하여 도심 빈민가 학교 아이들을 '예방접종'시키는 것이라는 사실을 절감했다.

교육에 대해 연구할 때 경제학자들은 어떻게 서로 다른 '영향인자(투입input)'가 결합하여 '특정 결과(산출output)'를 이끌어내는지 생각한다(전문용어로는 '교육생산함수education production function'라고 한다). 예를 들어 좋은 성적이라는 원하는 결과를 달성하려면 어떤 인자를 투입해야 할까? 우선 이 문제에 관계하는 여러 사람을 생각해볼 수 있다. 교육과정에서는 당연히 학생의 노력(투입)이 매우 중요한 요소이지만, 교사·학교행정가·부모 등이 기울이는 노력(기타 투입)도 상당히 중요하다. 또한 교육에 대해 생각하려면 다음 질문을 던져보아야 한다. 학생과 교사, 부모의 노력을 어떻게 모아야 바람직한 결과를 얻을 수 있을까? 성적 향상, 졸업률 증가, 좋은 직장 등의 결과를 거두려면 무엇을 투입해야 할까? 프리스쿨부터 초등학교, 고등학교 중에서 학생과 부모, 교사의 노력을 증가시켜서 효과를 가장 크게 거두는 시기는 언제일까?

교육 연구가들이 이러한 질문에 대한 대답을 이미 알아냈으리라 생각할지 모르겠다. 교육을 둘러싼 논쟁은 아리스토텔레스Aristoteles 이후로 끊이지 않았고 미국 공교육의 역사는 100년을 넘어섰다. 하지만 어떤 방법이 정말 효과가 있는지, 얼마나 어째서 효과가 있는지 밝혀내기 위한 체계적인 현장실험은 실시되지 않았다. 간단히 말해서 추측과 사례에 의존하지 않고 미국 전역에 퍼져 있는 교육구 수천 개를 실험실로 활용하여 과학을 토대로 교육정책을 수립하는 데는 실패한 것이다.

시카고하이츠,
교육문제의 축소판

미국 전역에는 과거에 제조업으로 번창했지만 지금은 생산기지를 해외로 옮기는 오프쇼어링offshoring과 실업, 절망의 피해지로 전락한 도시가 군데군데 퍼져 있다. 이러한 도시를 자동차로 지나다보면 녹슨 배수탑과 문이 굳게 닫힌 공장들이 보이고 근처에는 정원에 잡초가 마구 자라고 유리창이 여기저기 깨져 있는 작은 주택들이 눈에 띈다. 기찻길 너머로는 판자로 창문을 막은 가게와 담보로 넘어가 텅 비고 낙서로 뒤덮인 집들이 있다. 큰 도로를 지나니 두 중년 남자가 나무상자에 걸터앉아 갈색 종이봉투로 감싼 술병으로 술을 들이켜며 하루하루를 연명한다. 그 남자들도 한때는 괜찮은 직업에 종사하면서 생활비를 벌고 아내에게 주려고 장미를 사들고 귀가했을지 모른다.

인구가 3만 명이 넘는 시카고하이츠는 이러한 사람들이 사는 지역으로, 미국이 안고 있는 가장 심각한 교육문제의 축소판이다. 이 지역은 시카고에서 남쪽으로 50킬로미터쯤 떨어져 있고 1인당 소득은 빈곤선을 한참 밑돈다. 이곳에서 성장하는 아이들은 대부분 주린 배를 안고 잠이 든다. 부모는 빚에 허덕이고 체납된 청구서 때문에 괴로워하면서 분노에 휩싸여 생활한다.

사업가로 활동하다가 시카고하이츠 학군 170을 관리하게 된 톰 아마디오Tom Amadio는 자신이 관할하는 학군에 속한 학생의 50%가 히스패닉계이고 40%는 아프리카계 미국인이라고 설명했다. 90% 이상은 저소득층 식비 지원을 받는 가난한 가정 출신으로, 많은 아이들이 위탁가정에서 성장하고 대부분 점심식사를 무료나 감면된 가격으로 제공받는다. 다른 도시 학교와 마찬가지로 고등학생의 50%가량이 졸업하기 전에, 상당수는 9학년과 10학년 사이에 학교를 그만둔다.

아마디오는 사업가적 본능이 뛰어나고 열정적이었으며 솔직했다. 주식투자가로 활동하면서 돈을 잘 벌다가 학교 관리자가 된 사람은 그가 유일하지 않을까 싶었다. 하지만 전형적인 월스트리트의 주식투자가답지 않게 아마디오는 사회적으로 경제적으로 혜택을 받지 못하는 학생들의 처지를 마음 깊이 아파했다. 시카고하이츠처럼 열악한 환경에서 성장하는 아이들은 틀림없이 인생 낙오자가 되리라 생각하는 부류의 사람들에게 분노하며 그는 이렇게 말했다.

"사람들은 이 아이들이 성공할 수도 없고 성공할 마음도 없다고 생각합니다. 그렇게 말하는 사람들에게 '엿이나 먹어라'라고 면박을 주고 싶어요. 우리 아이들에게도 일부 부자 학군과 같은 자원을 달라는 겁니다. 똑같은 기회를 달라는 거죠."

2006년 부임했을 당시에 아마디오는 교육위원회를 상대로, 가난한 도심지 빈민가 아이들과 이보다 재정상태가 나은 학군에 속한 아이들이 보이는 학업성취도 차이를 좁히려면 특단의 조치를 취해야 한다고 주장했다.

"'우리 아이들의 시험성적을 보세요. 이 아이들에게는 정말 도움이 필요해요'라고 교육위원들에게 말했습니다. '정말 과감한 대책을 실시해야 합니다. 여기는 미국이에요. 아이들이 학교를 그만두고 중 노동에 시달리게 해서는 안 됩니다. 누구에게든 장애물은 있기 마련 이지만 아이들이 속한 현재 상태는 도저히 용납할 수 없습니다.'"

아마디오의 호소는 헛되지 않았다. 시카고하이츠에서 정형외과 의사로 활동하는 세인트제임스 병원의 윌리엄 페인William Payne 박사 가 이 문제를 해결하기 위해 팔을 걷어붙이고 돕겠다고 했다. 지역 사회에 대한 자부심이 대단한 페인 박사는 이렇게 말했다.

"병원에 찾아오는 고등학생들에게 꿈과 소망이 무엇인지 물었습 니다. 한 학생의 아버지는 가족을 부양하고 아들의 대학 등록금을 마련하기 위해 세 군데 직장에서 일했답니다. 아들의 학업성적은 좋 았지만 아버지는 아무리 노력해도 아들을 좋은 대학교에 보낼 만큼 돈을 모을 수가 없었고 결국 그 학생은 재교육에 초점을 맞춘 2년제 대학교에 진학해야 했습니다. 그 학교에 가기에는 아까울 정도로 똑 똑한 학생이었지만 달리 선택의 여지가 없었어요. 아버지가 재정 지 원을 받거나 교육제도를 파악해서 아들의 진로를 이끌어주는 방법 을 몰랐기 때문이죠. 이 사건을 계기로 내가 사는 도시의 고등학교 중퇴율을 조사하고, 이 문제를 해결하기 위해 무엇을 할 수 있을지 고민하기 시작했습니다."

페인 박사는 2007년 가을 시카고하이츠의 학생들을 도와달라고 우리에게 도움을 요청하면서 특히 학생들이 학업을 계속할 수 있는 방법을 찾아달라고 했다. 또한 지역사회에서 중요한 위치에 있는 정책결정자들을 소개해주면서 학교 경영진과 협력하기 시작했다. 우리는 일단 시카고하이츠 학군에 속한 고등학생의 졸업률을 높인다는 목표를 세웠다.

졸업은
복권 당첨

우리가 학교 중퇴율이 높은 까닭을 이해하지 못하는 한 가지 이유는 학교를 중도에 그만두는 것이 마치 당첨이 확실한 복권을 포기하는 것과 같기 때문이다. 학생은 학업을 1년 놓칠 때마다 소득 창출력이 12%가량 떨어진다. 2009년 고등학교 중퇴자의 연간 수입은 평균 1만 9,540달러였고, 고등학교 졸업자는 2만 7,380달러였다.[1] 이 액수에 20년을 곱하면 소득 격차는 15만 6,800달러까지 벌어진다. 이 정도 격차라면 미국의 많은 지역에서 집을 한 채 살 만한 돈이므로 고등학교 졸업은 복권에 당첨되는 것이나 마찬가지다.

물론 학교를 중도에 그만두느냐 나중에 집을 살 만큼 돈을 버느냐 중에서 선택하는 것보다는 문제가 좀 더 복잡하기는 하다. 게다가 교육을 받으면 경제적 보상이 따른다는 사실을 깨달으려면 여러 해가 지나야 한다. 어떤 일이고 힘들게 일한 데 따르는 보상은 늦게 주어지기 마련이다. 사람들은 지체했다가 만족을 얻기보다는 즉각적 보상을 받고 싶어한다. 그래서 해야 할 일을 미루고, 은퇴자금을 충분히 모으지 못하고, 지나치게 많이 먹으면서 운동을 게을리한다.

학생들에게도 단연코 이러한 성향이 있다. 어렸을 때를 떠올려보라. 쓰디쓴 약을 삼키게 하려고 부모가 애원하던 기억이 날 것이다. 약을 삼키면 어떤 효과가 기다리고 있는지 깨닫지 못했지만, 입속에 약을 넣는 순간 치러야 하는 대가가 무엇인지는 너무나 잘 알았다. 그래서 제약회사가 아동용 약을 맛있게 만들려고 노력하는 것이다 (풍선껌 맛이 나는 아동용 타이레놀을 생각해보라).

미래에 얻을 보상을 생각하지 못하는 성향은 아이들이 사춘기로 접어들면서 더욱 심해진다. 아마도 두뇌의 신경배선이 미숙한 탓이겠지만 이러한 성향은 10대에 훨씬 두드러지게 나타난다.[2] 한마디로 10대는 즉각적인 보상에 중독된 상태다. 미래에 투자하는 행위가 가치 있다고 인식하지 못하므로 학교를 중퇴하는 것이 상당히 괜찮은 선택이라 느끼기도 한다.

게다가 엎친 데 덮친 격으로, 미래에 투자하고 인내심을 발휘하며 타인에게 신뢰감을 주고 협력하는 비인지적 기술을 자녀에게 가르쳐야 한다는 사실을 모르는 부모도 많다. 이러한 능력은 살아가면서 나중에 헤아릴 수 없을 만큼 귀중한 자산으로 밝혀지지만 대부분의 부모가 그 의미를 과소평가한다.

스스로 두뇌가 아직 완전히 발달하지 못하고, 가난하고, 과다하게 분비되는 호르몬을 주체하지 못하는 여드름투성이 10대라고 상상해보라. 매일 충격적인 사건이 터지는 시카고하이츠 같은 도심지역에서 살아간다. 머릿속을 맴도는 것이라고는 즉각적 만족뿐이다. 고등학교를 졸업하고 나서 찾아올 삶이란 마치 화성에서 생활하는 것만큼이나 아득해서 실감이 나지 않는다. 자신의 욕구를 지금 당장 채우고 싶다. 현재 정신상태와 미래의 보상을 연결할 수 있는 길이 있을까?

⌐ 미끼가
통할까?

유레일 킹Urail King은 9학년으로, 시카고하이츠 소재 블룸트레일 고등학교에 다니는 열네 살짜리 흑인 남자아이였다. 어머니인 테레사는 고등학교를 졸업하지 못했다. 에너지가 넘치고 활달한 성격에 똑똑한 유레일이지만 학교생활에는 도통 취미를 붙이지 못해 성적은 늘 C와 D 언저리를 맴돌았다. 공부할 때는 눈에 띄게 속임수를 쓰지는 않았지만 꾀를 부렸다. 책 한 권을 처음부터 끝까지 읽지 않고 쪽지시험에 나올 만한 내용을 찾아가며 대강 훑었다. 유레일은 아슬아슬하게 경계에 서 있었다. 학교를 마치겠다고 결심할 수도 있고, 까딱하면 좀 더 부정적인 길을 선택할 수도 있었다.

역시 9학년인 케빈 먼시Kevin Muncy는 짙은 색 머리카락을 짧게 깎고 귀에는 모조다이아몬드로 피어싱을 한 백인 학생이었다. 스케이트보드를 타고, 비디오게임을 하고, 물건을 발명하는 것을 좋아하는 똑똑한 학생으로 무엇이든 궁리하여 개선하기를 좋아했다. 전동칫

솔과 짧게 자른 기타줄을 이용하여 발명한 도구로 문신을 그려줘서 여자아이들의 인기를 한 몸에 받기도 했다. 어머니는 슈퍼의 제빵 코너에서 일했다. 케빈은 학업을 걱정하기보다는 친구들과 바깥에 나가 돌아다니며 노는 것을 좋아했다. 수업시간에는 책상 밑으로 작은 게임기를 가지고 놀면서 늘 딴청을 피웠다. 고등학교는 졸업하고 싶지만 성적이 점점 나빠져서 과연 졸업할 수 있을지 의문이었다. 졸업을 하지 못한다면 군대에 자원하여 복무하면서 검정고시를 치를 생각이었다.

성적이 좋지 않은 이 두 학생이 학교를 무사히 마치게 하려면 학교는 어떤 인센티브를 주어야 할까? 성적을 향상시키도록 유레일과 케빈에게 또는 부모에게 돈을 지급하는 것이 좋을까? 먼저 자신이 원하는 일을 타인에게 시킬 때 어떤 방법을 즐겨 사용하는지 생각해 보자. 타인에게 재활용을 더욱 열심히 하게 하거나 친환경 자동차를 사게 하려면 통상적으로 금전적 인센티브를 제공한다. 그렇다면 학생들에게도 성적을 올리라고 돈을 줘도 될까?

우리가 학생들의 성적을 향상시키기 위해 돈을 줘보자는 아이디어를 내자, 시카고하이츠의 학교 이사회는 경멸에 가까운 반응을 보였다. 결국 어른들이 보인 태도는 학생은 공부를 위해 공부해야 한다는 것이었다. 하지만 공립학교에 다니는 학생 수백만 명은 그렇게 생각하지 않는다. 우리가 학교 이사회에서 지적했듯 학생들은 자기 방을 청소해야 하지만 그렇게 하지 않는다. 양치질을 해야 하고 항상 부모 말에 따라야 하지만 그렇게 하지 않는다. 과자 말고 과일을

먹어야 하고, 마땅히 배우는 것을 좋아해야 하지만 그러지 않을 때
가 많다.

그때 학교 이사회 위원 한 명이 배우는 것을 즐기거나 학교생활을
잘하는 것 같은 내적 동기가 돈 같은 외적 인센티브에 밀린다는 연구
결과를 인용하면서 우리 주장이 공감을 얻기 시작했다(어디서 들어본 소
리인가? 해당 위원은 우리가 1장에서 설명했던 연구 결과를 포함하여 심리학과 경제학
분야에서 발표한 연구 결과를 인용했다). 우리는 내적 동기의 중요성과 여러
연구에 깃든 정신도 존중하지만, 마땅한 동기가 없다면 돈이 영향력
을 발휘할 수 있다고 재빨리 덧붙였다. 자신이 관할하는 학군이 심
각한 위기에 처해 있음을 인식한 이사회 위원들 사이에서 한숨이 터
져나왔다. 그들은 성공률이 반만 되더라도 무슨 조치든 시도할 의향
이 있다고 마지못해 수긍했다.

교육에서 금전적 인센티브를 둘러싼 논란은 워낙 많으므로 인센
티브를 가장 효과적으로 실천하는 방법은 아직 제대로 규명되지 않
았다.[3] 우리가 주장한 첫째 아이디어는 다소 이른 시점에 인센티브
를 제공하는 것이었다. 성과가 좋을 경우에 한 학기나 한 학년이 끝
나고 인센티브를 제공하는 대신에, 성취하는 순간에 가까운 시점에
인센티브를 제공하면 즉각적 만족을 선호하는 학생들의 욕구를 충
족시킬 수 있기 때문이다(앞에서 설명했듯 행동경제학자들은 목표를 달성하고 나
서 지불하는 인센티브보다 당장 지불하는 인센티브에 더욱 적극적으로 반응하는 사람이
많다고 주장한다).

행동의 측면에서 생각해낸 둘째 아이디어는 복권을 사용하여 학

생들에게 인센티브를 지불하는 것이었다. 일반적으로 사람들은 확률이 낮은 사건에 비중을 크게 두는 경향이 있으므로 복권은 행동을 실험하는 멋진 도구이다. 예를 들어 미국에서 판매하는 파워볼Power-ball 복권에 당첨될 확률은 일반적으로 100만분의 1보다 낮지만 사람들은 어쨌거나 복권을 산다. 실제로는 확률이 더 높다고 믿기 때문이다(사실 대부분의 주에서 파워볼 복권에 당첨될 확률은 번개에 맞을 확률보다도 낮다). 우리는 상금의 액수는 크지만 당첨가능성은 적은 방법인 복권을 활용할 수 있다면 학생들에게 더욱 적절하게 보상할 수 있으리라 생각했다. 학생들은 복권에 당첨될 가능성이 실제보다 크다고 생각해서 더욱 열심히 공부할지 모른다.

마지막으로 '교육생산함수'에 무엇을 투입할지 궁리하다가 강력하게 떠오른 아이디어는, 인센티브를 통해 부모를 개입시켜 자녀의 학업성과에 어떠한 영향을 미치는지 관찰하자는 것이었다. 부모에게 돈을 지불하면 성취를 높이는 가장 효과적인 방법에 대해 더욱 많이 파악할 수 있으리라 생각했다. 부모를 개입시켜 자녀의 공부를 돕게 하면 다른 자녀에게도 유익할 수 있었다.

하지만 중대한 문제 하나가 남았다. 이러한 아이디어를 시험하기 위해 현장실험을 실시하는 것이었다. 이 작업은 결코 쉽지 않고 비용도 많이 들기 마련이었다.

⌐┘ 그리핀 부부의
선물

2008년 봄 자선사업가인 케네스 그리핀Kenneth Griffin과 앤 그리핀Anne Griffin 부부에게 전화를 받았다. 케네스 그리핀은 세계 최대 헤지펀드의 하나인 시타델Citadel의 설립자로 앤과 함께 우리 연구에 관심을 보였다. 그리핀 부부는 자선재단을 설립하는 데 도움이 필요하다고 말하면서 우리가 실행하고 있는 연구에 대해 만나서 의논하면 어떻겠냐고 물었다. 그 전화 한 통이 우리 삶을 바꾸리라고는 꿈에도 생각하지 못했다.

우리는 시카고 도심에 있는 시타델 건물을 찾아갔다. 13만 평방미터의 사무실 공간을 갖추고 철재와 유리로 만든 거대한 건물은 시카고의 경제 중심지에 우뚝 서 있었다. 벽이 대리석인 로비를 지나 승강기를 타고 37층을 눌렀다. 귀가 먹먹해지고 온몸이 약간 긴장되었다. 승강기 문이 조용히 열리자 비서가 우리를 맞아 고상한 분위기의 회의실로 안내하고 커피를 가져다주었다.

그리핀 부부에게 받은 첫 인상은 〈뉴욕타임스〉의 일요판 패션란을 장식하는 결혼사진의 주인공 같다는 것이었다. 외모가 준수하고 예리한 케네스는 탁월한 사업가였다. 그는 공립학교를 다녔고 대학교 기숙사에 틀어박혀 거래에 대해 공부했다. 앤은 프랑스 출신으로 5개국어를 구사하고 남편처럼 공립학교에서 교육을 받았으며 어머니가 교사였다.

그때까지도 우리는 상황을 제대로 판단할 수 없었다. 좋은 의도를 가진 부유한 기부자들은 대부분 연구에 쓰라고 거액의 수표를 써주면서 "다음에 저녁식사를 하면서 연구 결과에 대해 이야기합시다"라고 말한다. 하지만 그리핀 부부는 달랐다.

우리는 행동경제학 이론을 설명하기 시작해서 현재 실시 중인 연구의 일부 내용을 정리하고, 시카고하이츠 학군에 속한 학생들을 도우려면 어떤 종류의 인센티브가 필요한지 검토했다. 이야기를 듣고 있던 그리핀 부부의 눈에 생기가 돌기 시작했다.

그리핀 부부에게 몇 시간은 아마도 수천 달러의 가치가 있을 테지만 두 사람은 시간을 들여 우리의 실험 내용을 꼼꼼하게 파악하고 놀랍도록 해박한 지식과 통찰력을 보여주었다.

"사람들이 적은 가능성에 무게를 두는 이유가 무엇이라고 생각하세요? 그렇게 많은 젊은이들이 졸업을 중요하게 생각하지 않는 이유는 무엇인가요?"

두 사람 모두 끊임없이 질문하고 자기 생각을 이야기함으로써 우리의 아이디어를 더욱 연마해주었다. 그들도 어떤 인센티브를 사용하든 측정가능해야 하고, 이론에 굳게 뿌리를 내려야 하며, 비용효율이 높아야 한다고 생각했다.

그리핀 부부는 이내 우리 연구를 지원하기로 결정했다. 그들은 미국 공교육제도를 개선할 수 있다고 열정적으로 믿었고, 그렇게 하는 것이 미국인의 삶과 경제를 전반적으로 향상시키는 유일한 방법이라고 생각했다. 아울러 도심 빈민가 아이들의 교육 격차를 해소하고 미국 교육 수준을 전반적으로 끌어올리는 데 기여하고 싶어했다.

　회의를 마칠 무렵이 되자 케네스와 앤이 학자의 길을 걸었다면 우리와 비슷하거나 더 높은 수준에 도달했으리라는 생각이 들었다. 내용이 충실한 실험을 설계하고 헤어진 지 만 하루도 지나지 않아 그리핀 부부는 실험을 가동하는 데 필요한 초기 지원금으로 40만 달러를 보내주었다.

　그날 회의를 하기 전부터 그리핀 부부는 세계를 바꾸고 싶다는 커다란 열망을 품었고, 우리는 운이 따른 덕분에 적시적소에 나타날 수 있었다. 이사벨라Isabella I 여왕이 신세계를 발견할 자금을 주겠다고 약속했을 때 콜럼버스Christopher Columbus가 어떤 기분이었을지 실감할 수 있었다. 우리는 기부자를 찾았을 뿐 아니라 친구를 새로 얻었고, 현재 미국이 직면한 가장 중요한 문제의 하나에 도전할 지원군이 생겼다.

아이들에게 공부하라고 돈을 줘도 될까?

　어느 날 샐리 새도프Sally Sadoff가 9학년 케빈 먼시를 상담실로 불렀다. 호리호리한 몸에 상담교사처럼 친절하고 온화한 샐리는 당시 우리가 주관하는 실험을 실시하는 대학원생이었다.[4] 케빈이 들어오자 샐리는 환하게 미소를 지었다.

"새 학교에는 잘 적응하고 있니?"

"학교가 좋아요. 수업도 따라가기 쉬워요."

"수업이 정말 쉬워? 어디 성적표를 볼까?"

샐리는 케빈의 형편없는 성적을 훑어보면서 부드러운 목소리로 물었다.

"어떤 과목의 점수를 올리고 싶니?"

"모든 과목요."

"네가 매달 새 성취 기준을 충족하면 어떤 보상을 받을 수 있는지 알고 싶지? 무단결석하지 않고, 정학을 맞지 않고, 모든 수업에서 C학점 이상을 받아야 한다."

샐리는 서류철을 꺼내 케빈에게 주었고 케빈은 서류를 열어보고는 말했다.

"50달러요?"

샐리는 씩 웃었다.

"점수를 올리면 매달 50달러를 받을 수 있어."

"일단 숙제부터 시작하는 아이들이 많아지겠네요."

"너는 어떻게 할래?"

케빈은 상상의 나래를 폈다.

"한 달에 50달러를 받으면 뭘 할 수 있을까요? 스케이트보드도 살 수 있고, 졸업할 때까지 후원자를 구하는 셈이고, 옷이랑 물건도 살 수 있어요."

이 인센티브에 대해 듣자 케빈의 엄마도 50달러를 주겠다고 했다.

월별 기준까지 성적을 올리면 케빈은 매달 100달러를 벌 수 있다. 인센티브는 그뿐이 아니었다. 게다가 샐리는 구미 당기는 인센티브를 케빈에게 제안했다. 실제로 우리는 생각해낼 수 있는 모든 방법을 끌어냈다. 프로그램이 진행되는 8개월 동안 매달 말이 되면 학생들은 무료 피자와 지급되는 돈을 받으려고 학교 카페테리아에 줄을 섰다. 샐리를 포함한 연구자들은 학생들을 차례로 불러 성적을 검토하고 이야기를 나누었다. 실험 처지집단에 속한 학생이나 학부모는 현금을 손에 쥐고 기뻐하며 자리를 떴다. 물론 순전히 현금 때문만은 아니었다.

이보다 훨씬 흥미진진한 인센티브는 규모가 크고 스릴이 넘치는 복권 뽑기였다. 우리는 매달 이름 10개를 뽑았다. 당첨된 학생(실험집단에 따라서는 학생들의 부모)이 성취 기준을 충족했다면 현금 500달러를 받고 전용 운전사가 딸린 흰색 리무진을 타고 집에 갈 수 있었다. 리무진에는 편안한 가죽 좌석에 푸른색과 녹색의 자그마한 실내등이 켜져 있고 텔레비전과 냉장고가 비치되어 있는 등 실내가 화려했다. 리무진을 본 유레일 킹은 흥분을 감추지 못하고 소리를 질렀다.

"우와! 굉장하네요! 멋져요! 물론이죠. 성적을 A로 죽 깔아볼게요! 기사 아저씨, 집까지 태워다주세요."[5]

샐리를 포함한 연구자들은 월별 기준을 충족하지 못한 학생들에게 기준을 따라잡기 위한 방법을 제시하고, 일일이 확인 전화를 걸어 학교생활을 어떻게 하고 있는지 묻기까지 했다. 물론 부모도 자녀를 격려하면서 목표를 달성하기 위해 함께 노력했다. 자녀가 큰 보상을 받는다는데 그렇게 하지 않을 부모가 있겠는가?

그렇다면 학생들과 학부모는 이렇게 값비싼 인센티브에 어떻게 반응했을까? 즉각적인 만족을 바라는 10대의 두뇌구조를 생각해볼 때 보상을 받기까지 한 달 동안 기다리라고 요구하는 것은 무리였을까?

전반적인 실험 결과는 상당히 고무적이었다.[6] 실험집단에 속한 400여 명 중 경계에 있는 학생 50명 정도가 프로그램의 도움을 받아 9학년 성취 기준을 달성한 것으로 추정되었다. 낙제할 위기에 처해 있던 학생의 성취도는 40%가량 상승했다. 다행스럽게도 이 학생들은 프로그램이 끝난 후에도 인센티브를 받지 않은 다른 동급생보다 성취도가 여전히 높았다. 우리의 추산에 따르면 프로그램이 실시되지 않았다면 학교를 중퇴했을 학생 40여 명이 프로그램 덕택에 고등학교 졸업장을 받을 수 있었다. 또한 학생의 성취도는 학생보다 학생의 부모에게 보상했을 때 약간 더 상승했다.

고등학교에서 보내는 1년마다 평생 수입이 12% 증가하므로 중퇴율이 높은 고등학교 1학년 학생들에게 인센티브를 제공하는 것은 명쾌하면서도 비용효율적인 대책이다. 또한 프로그램을 실시한 덕택에 학생들이 학교를 그만두거나 거리를 배회하지 않고 학교에서 시간을 보낸다는 점까지 생각한다면 프로그램은 훨씬 성공적이었다. 우리는 아슬아슬하게 경계에 있는 아이들에게 도움의 손길을 뻗칠 방법을 찾아냈다. 하지만 그렇게 도울 수 있는 아이들은 정말 일부에 불과했다.

손실 프레이밍과
획득 프레이밍

톰 아마디오는 실험 결과에 감동했지만 아이들을 학교에 붙잡아
두는 것 이상의 문제, 즉 어떻게 하면 학생들의 시험성적을 올릴 수
있을까?를 놓고 고민했다. 학생에게 중요한 발판으로 미래에 거둘
결과와 관계가 있는 것은 결국 시험성적이었다. 또한 시험성적을
근거로 시정부와 주정부가 교육구에 주는 지원금의 액수가 정해진
다. 애석하게도 현재 소수집단 학생의 성적은 백인 학생에 미치지
못한다. 인종에 따른 학업성취도 격차는 상당히 벌어져 좁혀지지
않고 있으며 많은 도시 학교가 그 격차를 줄이는 데 실패하고 있다.

아마디오가 제기한 난제를 해결하기 위하여 우리는 시카고와 시
카고하이츠 소재 여러 초등학교와 고등학교에 재학 중인 학생
7,000명 이상을 대상으로 현장실험을 실시하기로 했다. 학생들은
연간 세 차례에 걸쳐 각 학교의 컴퓨터실에서 표준화 시험을 치렀
다.[7]

우리가 세운 실험의 전제를 이해하려면 우선 2008년 하계올림픽
경기에서 활약했던 두 체조선수의 이미지를 떠올려보자. 두 선수 모
두 승자였다. 시상대에 섰을 때 둘은 강렬한 감정에 휩싸였다. 충분
히 그럴 만했다. 시상 순간을 위해 몇 년 동안 훈련했고, 최고의 실
력에 도달하기 위해 평범한 삶을 희생했다. 메달 시상식이 끝나고
사진기자들이 사진을 찍었다. 한 선수는 은메달을, 다른 선수는 동

메달을 목에 걸고 있었다. 사진이 보도되었을 때 한 선수는 활짝 웃고 있었지만 한 선수는 애써 눈물을 참고 있는 듯 보였다.

누가 은메달을 따고 누가 동메달을 땄을까?

은메달이 동메달보다 좋다는 것은 누구나 알지만 전후 상황은 달랐다. 금메달을 놓친 은메달 수상자는 실의에 빠졌고 그 얼굴은 마치 신 레몬을 씹고 있는 것 같았다. 하지만 아슬아슬하게 시상대에 오를 수 있었던 동메달 수상자의 얼굴에는 기뻐하는 기색이 역력했다.[8]

지난 40년 동안 심리학자 대니얼 카너먼Daniel Kahneman과 아모스 트버스키Amos Tversky는 사람들이 생활하며 매일 내리는 결정을 둘러싼 인간의 감정을 다루는 혁신적 이론을 수립했다. 행동경제학의 두 대가는 사람들이 세계를 이해하는 것은 현상을 해석하는(또는 구성하는) 방식과 관계가 있다고 주장했다. 사람들의 말은 무언가를 구성하는 방식에 따라 타인의 행동에 다양하게 영향을 미친다. 부모는 자녀에게 "그 콩을 안 먹으면 키 크고 튼튼하게 자랄 수 없단다"라고 말할 수 있다. 행동주의 심리학자들은 이를 가리켜 '손실 프레이밍loss framing'이라 부르고 손실과 처벌을 언급한다. 이와는 대조적으로 같은 말이라도 좀 더 긍정적으로 표현할 수 있다. "그 콩을 먹으면 키 크고 튼튼하게 자랄 수 있단다." 이는 '획득 프레이밍gain framing'으로 이익이나 보상을 언급한다.

▲▲▲

열세 살짜리 남학생이 표준화 시험을 치르려고 컴퓨터실에 들어왔다고 상상해보자. 멋진 가을날 남학생은 긴장되고 배도 약간 고프며 머릿속에 떠오르는 생각이라고는 좋아하는 비디오게임과 뒤에 앉은 예쁜 여학생뿐이다. 지루한 컴퓨터실에 처박혀 앉아 하찮은 시험을 보고 있으려니 기가 막힌다.

조금 있다가 학교의 평가담당자인 벨빌 씨가 들어와 정신을 집중해 시험을 치르라고 말한다(벨빌 씨는 학교의 독해담당자이자 기술 분야를 지휘하고 있다. 그는 혼자서도 학교를 운영할 수 있을 정도로 현재 직위에 넘치는 자격을 갖추었으며 지나칠 정도로 헌신적이다). 떠들지 못하게 하느라 시간이 걸리기는 했지만 여하튼 조용해졌다.

벨빌 씨는 말을 이었다.

"오늘 여러분이 볼 시험은 봄에 치렀던 표준화 시험의 다음 단계입니다. 하지만 이번에는 방식이 다릅니다. 오늘 본 시험 점수가 지난번보다 좋으면 20달러를 상으로 받게 됩니다."

컴퓨터실에 모인 학생들이 눈을 휘둥그레 뜨며 고개를 든다.

"와! 굉장한데."

누군가가 탄성을 지른다. 학생들 사이에 웅성거리는 소리가 커지자 벨빌 씨는 즉시 학생들을 조용히 시킨다.

"자, 시험을 시작하기 전에 여러분에게 20달러씩을 주겠습니다. 나눠주는 영수증에 돈을 받았다고 적어넣으세요. 그리고 받은 돈으로 무엇을 할 예정인지 쓰세요. 돈은 시험을 치르는 동안 책상 위에 올려놓습니다. 성적이 오르면 20달러를 가질 수 있지만 성적이 오르지 않으면 가질 수 없어요."

이렇게 말하고 벨빌 씨는 학생들에게 20달러와 영수증을 나누어 준다.

학생들은 시키는 대로 영수증 양식을 채우고 20달러로 무엇을 하고 싶은지 생각한다. 스케이트보드를 새로 장만하면 좋을 것 같다. 영수증 양식에 자신의 꿈을 쓰고 20달러를 컴퓨터 키보드 앞에 놓는다. 20달러 지폐가 눈에 들어올 때마다 입가에는 저절로 미소가 번진다. 새 스케이트보드가 눈앞에 어른거린다. 스케이트보드 가게에 들어가 돈을 꺼내는 장면을 상상한다.

벨빌 씨가 컴퓨터실 앞으로 돌아오자 학생들의 공상은 깨진다.

"이제 2분 있다가 시험을 시작합니다. 컴퓨터에 이름을 입력하세요."

이름을 치자 시계가 돌아간다. 시작할 시간이 다가오자 학생들은 초조하다.

"준비됐죠? 시작!"

예전에는 시험에 별로 관심이 없었기 때문에 문제를 건성으로 읽으면서 모르면 빈칸으로 남기기도 했지만 이번에는 눈앞에 20달러가 놓여 있으므로 신중하게 생각하며 답을 고른다. 처음에 몇 문제가 제대로 풀리지 않았지만 답을 대강 쓰고 넘어가지 않고 정답을 곰곰이 생각하기 시작한다.

한 시간이 지나자 벨빌 씨가 시간이 다 됐다고 말한다. 학생들은 조금이라도 문제를 맞혀보려고 안간힘을 쓰다가 '제출'을 클릭한다. 이와 거의 동시에 교사의 컴퓨터 화면에 각 학생들의 성적이 뜨면서 지난봄에 보았던 시험성적과 비교한 결과가 산출된다.

실험은 어떻게 진행되었을까?

해당 현장실험에서는 학생을 다섯 집단으로 나누었다. 앞에서 서술했듯 첫째 집단의 학생들에게는 20달러씩을 주고 점수가 예전보다 낮으면 다시 빼앗겠다고 말했다. 이것은 '손실 프레이밍' 집단으로서 기준을 충족하지 못하면 받은 20달러를 내놓아야 한다.

둘째 집단은 '획득 프레이밍' 집단으로서 점수가 예전보다 오른 학생은 시험 결과가 나온 즉시 20달러를 받으리라 말하고 20달러를 미리 주지는 않았다. 이 집단에 속한 학생들은 20달러를 눈앞에 둔 상태로 시험을 보지 않고 나중에 받는다.

셋째 집단의 학생들에게는 예전보다 점수가 오르면 20달러를 주되 시험이 끝나고 한 달 후에 주겠다고 말했다. 넷째 집단에게는 점수가 예전보다 오른 경우 3달러짜리 기념품을 주었다. 대부분의 실험과 마찬가지로 여기서도 통제집단이 있었고, 이 집단에게는 점수를 향상시키라고 격려만 했을 뿐 금전적으로 보상하지는 않았다.

우리가 제공한 인센티브는 학생들 점수에 엄청난 영향을 미쳤다. 전반적인 점수가 100점 만점에서 5~10점 향상하여 부유한 교외지역 학생들과의 격차가 훨씬 좁혀졌다. 이것은 놀라운 성과였다. 시험을 보기 직전에야 인센티브가 있다는 사실을 알았는데도 점수는 눈에 띄게 좋아졌다. 따라서 인종에 따른 성취도 격차는 지식이나 능력의 차이 때문이 아니라 단순히 시험을 치르는 동안 학생들의 동기부여 때문에 일어나기도 한다는 사실을 알 수 있다.

이러한 실험 결과는 무엇이 학생들에게 동기를 부여하는지 파악하는 데 중요한 단서가 된다. 학생들은 시험을 치르는 데는 그다지 흥미가 없었지만 금전적 인센티브를 받을 수 있다는 생각에 점수가 높아졌다(그렇다면 금전적 인센티브를 주고 나서 시험에 대비하여 공부할 시간을 주면 어떤 현상이 일어날지 생각해보라). 해당 실험의 목적은 학교에서 사용할 인센티브 계획을 세우는 것이 아니라, 학생들의 점수 격차가 지식 차이 때문인지 시험을 치르는 자세 때문인지를 파악하는 진단 도구를 마련하는 것이었다. 이렇게 산출한 진단 도구는 학생들의 점수 격차를 줄이는 적절한 방법을 설계하는 데 유용하다.

인센티브는 집단마다 다르게 작용했다. 특히 고학년이 돈에 더욱 민감하게 반응한 반면에 저학년은 기념품을 좋아했다. 초등학교 2~4학년에게 시험 전 3달러짜리 기념품을 주자 점수가 12점 향상했다. 이러한 효과는 한 학급당 학생 수를 3분의 1로 줄이거나 교사의 자질을 상당히 향상시키는 효과와 비슷할 정도로 큰 편이었다. 인센티브는 반드시 돈의 형태가 아니어도 된다. 대상과 상황에 따라 기념품(또는 꽃이나 초콜릿 등)도 인센티브의 역할을 할 수 있었다.

예측한 대로, 학생들에게 시험을 보기 전에 인센티브를 주고 나서 점수가 나아지지 않을 때는 다시 뺏겠다고 위협하면, 시험을 보고 난 후에 돈을 주겠다고 했을 때보다 점수가 훨씬 높아진다. 실제로 시험을 보고 나서 한 달 후 20달러를 주겠다는 약속을 들은 학생들의 점수는 전혀 높아지지 않았다. 따라서 '가지고 있는 것을 잃는' 조건이 '가지게 되지만 나중에 얻는' 조건보다 효과가 있어 보인다. 이 사실을 이해하려면 학생의 입장에 서보자. 점수가 오르는 조건으로 금전적 보상을 미리 받으면 심지어 시험을 치르기 전이라도 새 스케이트보드를 사는 상상을 함으로써 점수가 훨씬 높아진다. 우리는 저학년 아동이나 10대의 세상은 온통 현재가 지배한다는 사실을 실험으로 밝혀냄으로써 그들에게 동기를 부여하는 요소를 파악할 수 있었다.

▲▲▲

이러한 노력을 거치면서 우리에게 가능했던 선은 조금 더 열심히 공부하도록 학생들을 설득하는 데까지였다. 따라서 고민은 여기서 끝나지 않았다. 시간이 흐르면서 학생의 행동에 미치는 인센티브의 영향력이 약해지면 어떡할까? 다시 말해서 몇 번은 학생들을 좀 더 열심히 공부하게 만들 수 있겠지만 종국에 가서는 인센티브가 힘을 쓰지 못할까봐 염려스러웠다. 그때가 되면 학생들은 인센티브를 받을 때만 노력하지 않을까? 20달러가 걸려 있지 않으면 공부 자체를 포기하지는 않을까?

교육자와 부모, 정책수립자는 금전적 인센티브가 단기적으로는 성적을 향상시키는 효과를 발휘하지만 장기적으로는 학생들에게 해를 미칠 수 있다고 우려한다. 학생들이 보상을 받지 않으면 성적을 향상시킬 노력을 하지 않으리라는 것이다.[9] 그러나 실제로 우리는 일회성 보상이 미래의 시험 점수에 악영향을 미친다는 증거는 찾지 못했다. 물론 예측한 대로 일회성 인센티브만으로는 지속적인 학습효과를 거둘 수 없었다. 하지만 간단한 단기 실험을 실시한 결과, 학생들은 표준화 시험에서 과거에 비해 훨씬 성적이 좋았다.

물론 다음 단계는 우리가 사용한 행동경제학 방식을 확대 적용하는 것이었다. 자기주도적 독서활동 등을 하는 학생에게 학기 내내 매주 보상을 하면 어떨까? 따라서 우리는 일곱 학교 학생들을 대상으로 한 학기 동안 책 한 권을 끝까지 읽을 때마다 2달러(또는 같은 값어치의 비금전적 인센티브)를 주는 실험을 실시했다. 책을 읽고 나서 '액셀러레이티드 리더Accelerated Reader'라는 온라인 프로그램을 사용해 책의 내용에 관한 퀴즈를 풀게 함으로써 학생의 독서 정도를 계속 추적했다. 퀴즈는 그다지 어렵지 않지만 책을 읽지 않으면 좋은 점수를 얻기가 힘들다. 학생이 책 한 권을 읽고 퀴즈를 풀어서 80점 이상을 득점하면 보상을 주기로 결정하고 매주 그렇게 했다. 시험 인센티브 연구와 마찬가지로 학생들에게 주초와 주말에 인센티브를 주고 결과를 비교했다. 두 경우 모두 인센티브를 제공했을 때 독서 퀴즈 점수는 37% 올랐지만 별도로 책을 더 읽었을 때는 시험 점수에 영향이 없었다.

학생에게 통한 방법이
교사에게도 통할까?

물론 학생들은 외부의 영향이 차단된 환경에서 학습하지 않는다. 따라서 인센티브가 교사에게도 효과가 있는지 알아야 했다. 결국 학생들이 버릇이 없거나 무심하거나 겁을 먹었거나 굶주렸거나 결석을 하면 학급을 운영하기가 힘들다. 또한 자신이 가르치는 9학년 학생들의 독해 실력이 4학년 수준이라는 사실을 받아들이거나, 그토록 애써서 가르치려는 아이들의 절반 정도가 졸업을 못한다는 현실을 직면하기는 더욱 힘들다.

공교육에 쏟아지는 심각한 비난 중에는 인센티브에 근거한 급여가 부족하다는 주장이 있다. 많은 민간부문 기업에서 고용인이 받는 급여는 성과를 근거로 결정된다. 대학교에서 경영학을 전공한 사람이 판매직으로 경력을 시작하고 싶다고 가정해보자. 직업을 잡으면 일반적으로 기본급여에 인센티브로 상여금을 받는다. 1년 동안 업무 성과가 좋으면 추가로 보상을 받거나 승진까지 할 수 있다. 물론 다른 종류의 인센티브도 받는다. 판매팀에 속해서 목표 판매량 이상을 팔면 팀 상여금도 받는다. 회사 전체의 성과가 좋으면 특별 성과급을 받을 수 있다.

하지만 공립학교 교사들(또는 일반적으로 공공부문 종사자)에게는 이러한 인센티브가 거의 없다. 교사의 급여를 결정하는 조건은 자격증 수준과 학력, 근무 햇수뿐이다. 그냥 오래 버티기만 하면 부지런하든 게으르든 급여는 올라간다.

교사에게 인센티브가 어떻게 효과를 발휘하는지 알 수 없었던 주요 이유로는 교원 노조가 성과급제도의 채택을 싫어했다는 사실을 들 수 있다. 우리가 시카고 교육청장 론 휴버맨에게 제시한, 시카고 교육청 소속 교사들에게 인센티브를 제공하자는 아이디어는 정곡을 찔렀다. 해당 계획에 따르면 교사는 좋은 성과를 거둘수록 기본급여 외에 8,000달러까지 벌 수 있었다. 하지만 교원 노조는 "절대 안 됩니다. 이러한 제도가 성공할 리 없습니다"라고 주장하면서 일제히 반기를 들었다. 론 휴버맨이 나서서 실험을 실시하게 해달라고 교원 노조를 설득하려 애썼지만 속수무책이었다.

하지만 우리 편에는 시카고하이츠의 독불장군인 톰 아마디오가 있었다. 톰의 설득으로 시카고하이츠 소속 교원 노조와 협정을 맺을 수 있었다. 다행히도 이 지역 교사들은 학생들을 돕는 일이라면 무엇이든 시도할 열의가 있었다.

우리는 시카고하이츠의 교사 150명 이상에게 특별 상여금을 받을 수 있는 기회를 제공했다.[10] 한 실험집단에서는 교사가 목표를 달성하면 8,000달러의 상여금을 받는다. 다른 실험집단에서는 두 교사가 한 팀을 이루고 상여금도 둘로 나누어 받는다(팀티칭에서는 학습 계획과 아이디어를 두 교사가 공유한다). 또한 컴퓨터실에서 학생들에게 사용했던 손실 프레이밍과 획득 프레이밍, 당근과 채찍을 사용한 동기부여 방법을 적용했다. 학기가 시작하기 전에 몇몇 교사에게 평균 보상액인 4,000달러 짜리 수표를 써주고, 학생들의 성취도가 향상되지 않으면 전액이나 일부를 돌려줘야 한다는 조건을 달았다. 또한 2인 팀을 이룬 교사에게도 같은 조건으로 4,000달러짜리 수표를 각각 써주었다 (시카고하이츠 소속 교사들의 평균 연봉이 약 6만 4,000달러임을 고려하면[11] 상여금으로 받는 4,000달러는 상당히 큰 액수였다. 이 거액을 9월에 받았다가 다음 해 6월에 다시 돌려줘야 한다고 상상해보라).

이미 받은 상여금을 잃을 수 있다는 말을 교사가 들었을 때, 학생들의 성취도는 수학에서 100점 기준 약 6점, 독해에서 약 2점가량 상승했다. 이러한 형태의 인센티브는 교사들이 팀을 이루어 일할 때 효과가 특히 좋았다. 전반적으로 팀티칭을 받은 학생들의 성취도는 4~6점 향상했다.

이러한 결과는 정말 놀라웠다. 시카고하이츠의 저소득층 소수집단 초등학생들이 매년 이 정도로 점수를 높일 수 있다면, 교외지역에 거주하는 좀 더 부유한 백인 학생과의 성취도 격차도 줄일 수 있을 것이다.

⌐ 학생, 부모 교사
모두에게 인센티브를

우리는 서로 분리한 상태로 부모와 학생, 교사에게 동기를 부여하는 방법을 알아냈으므로, 이 세 집단이 협력하여 학업성취도를 향상시키려 노력하면 어떤 현상이 벌어질지 살펴보고 싶었다. 세 집단이 함께 노력하면 학생들의 성적이 오르고, 졸업률이 높아지고, 직업 적응력이 개선될까? 사람들은 그저 직관으로 그러하리라 생각할지 모르지만 실증은 부족한 형편이다.

따라서 우리는 시카고하이츠에서 주정부가 제시하는 기준을 충족하지 못할 위기에 빠져 있는 초등학교 학생들을 참여시켜 현장실험을 실시했다.[12] 우선 독해와 수학을 담당하는 교사 23명을 선정하여 1~8학년 학생 581명을 소그룹으로 나눠 100일간 가르치게 했다. 5개의 처치집단은 교사에게만 인센티브를 준 집단, 학생에게만 인센티브를 준 집단, 부모에게만 인센티브를 준 집단, 학생과 부모에게 인센티브를 준 집단, 학생과 부모와 교사 모두에게 인센티브를 준 집단이었다.

학생의 성취도는 두 달에 한 번 평가했고, 성취도 기준을 모두 충족한 학생에게는 90달러를 보상으로 지급했다. 다른 처치집단에서는 인센티브를 나누어서 학생, 부모, 교사에게 각각 30달러씩 주었다. 학생과 부모가 보상을 나누는 경우에는 45달러씩 지급했다. 기준을 충족한 학생에게는 시험을 마치는 즉시 보상금을 지불했다.

다른 학교에서 실험을 실시했을 때와 마찬가지로 학생들은 적극적으로 실험에 참여했다. 하지만 실험 대상은 성취도 기준에 미달하는 학생으로 제한했으므로 그렇지 않은 학생들은 실망했다(실험에 참여하기 위해 일부러 시험성적을 낮추려는 학생이 있다는 말을 들었다. 이러한 정보를 들었을 때는 난처하기도 했지만 인센티브가 학생의 행동을 바꾸는 데 미치는 영향력에는 하등 관계가 없다).

또한 성적을 향상시킬 수 있도록 자녀를 돕는 도구를 부모들에게 제공하고 싶었으므로 교사는 금요일마다 학생들에게 부모와 함께 완성할 수 있는 숙제를 내주었다. 평가가 끝나면 부모들을 초청하여 학교에서 피자 파티를 열었다. 그 자리에서 학생들이 거둔 성과를 검토하고, 기준을 충족한 부모들에게 보상하고, 인센티브 프로그램을 계속 추진하리라는 사실을 확인시켰다.

인센티브를 학생과 부모, 교사에게 각각 30달러씩 나누어 지불했을 때 학생이 거둔 성취도 향상 정도는 상대적으로 작았다. 관계자 모두에게 인센티브를 주었지만 영향력은 그만큼 따라가지 못한 것이다. 하지만 각자에게 90달러를 지불했을 때는 효과가 상당히 컸다. 90달러를 받는 사람이 학생이든, 교사든, 부모든 상관없이 인센티브는 영향력을 발휘했다. 한 학생을 교육하려면 교사와 부모가 힘을 합쳐야 하지만, 한 사람에게 돌아가는 인센티브가 클수록 결과에 미치는 파급력은 컸다.

학생들의 시험 결과는 어땠을까? 시험 점수는 아무에게도 인센티브를 제공하지 않을 때보다 50~100% 증가했다. 이러한 결과는 급진적으로 보인다. 인센티브 덕택에 시카고하이츠 학생의 평균 시험 점수가 부유한 교외지역 학군에서만 전형적으로 나타나는 점수와 비슷해졌기 때문이다.

▲▲▲

공교육을 개선하기 위한 방법을 찾으면서 우리는 현장실험과 경제적 추론을 결합하는 것이 중요하다는 사실을 배웠다. 또한 학생들은 즉각적 보상에 반응하고, 나중에 보상하겠다고 말하기보다는 보상을 미리 주었다가 빼앗아간다고 위협하는 방법이 학생에게도 교사에게도 더욱 강력하게 영향을 미쳤다. 독해와 수학을 가르칠 뿐 아니라 인내 같은 비인지적 기술의 가치를 알게 하고, 미래를 위해 투자하면 나중에 더욱 크게 보상받을 수 있다는 사실을 학생에게 인식시키는 데는 부모의 참여가 유용하다는 사실도 배웠다.

반면에 케빈 먼시처럼 일부 학생, 특히 고등학생은 변화시키기가 비교적 힘들다. 케빈은 블룸트레일 고등학교에 입학할 무렵 이미 학교에서 마음이 떠났고 결국 모든 과목에서 낙제했다. 하지만 유레일 킹의 태도는 훨씬 좋아졌다. 유레일처럼 경계에 있는 학생들은 현금과 복권에 훨씬 쉽게 마음이 움직였다. 자칫 졸업하지 못했을 학생 수십 명이 졸업에 성공했다는 점에서 우리가 고등학교에서 달성한 성과는 장래성이 있기는 했지만, 극적이지는 않았다. 고등학생들의 경우에는 처음에 바랐던 만큼 쉽게 동기를 유발시킬 수 없었다.

이상의 실험 결과를 토대로 중요한 사실을 깨달았다. 케빈 같은 학생은 어려운 수학문제를 푸는 조건으로 100만 달러를 받는다 하더라도 결코 문제를 풀 수 없을 것이다. 왜 그럴까? 9학년에 해당하는 14세 무렵이면 성향이 이미 한쪽 방향으로 기울어져 있기 때문이다. 중요한 학습발달 시기를 놓쳤으므로 특정 과목에서 높은 수준의 성취도를 달성하기 어렵다. 학생에게는 초기 경험이 이미 깊이 각인되어 있는데다가 부모는 영향력과 강제적인 수단을 휘두를 힘을 상당히 상실했다. 독해력이 초등학교 3학년 수준에 머물러 있다면 제 학년 수준까지 끌어올리기는 정말 힘들다.

수업에 집중하고, 스스로 문제를 풀고, 곤란한 상황을 피하는 방법을 9학년이 될 때까지 배우지 못했다면 학업에서 성공할 확률은 낮다. 케빈처럼 학교에서 마음이 떠난 학생들에게는 좀 더 적극적으로 개입하는 편이 적절하다.

이렇게 생각해보자. 누군가가 2차 선형미분방정식 문제를 주면서 해당 문제를 풀면 100만 달러를 준다고 말한다면 학생은 문제를 풀수 있을까? 이러한 종류의 수학문제를 풀도록 훈련받지 않은 학생이라면 100만 달러의 인센티브를 준다고 해도 전혀 효과가 없을 것이다. 여러 해 동안 학업에 소홀해서 높은 수준의 문제 해결력을 갖추지 못했다면 뒤늦게 제공하는 인센티브는 전혀 영향력을 미치지 못한다.

그렇다고 이러한 아이들을 포기해야 한다는 뜻이 아니다. 오히려 그 반대이다. 생동감 넘치는 세계 경제에는 누구나 생산적으로 활동할 수 있는 영역이 있기 마련이다. 하지만 좀 더 나이가 어린 학생들에게 사회가 개입하면 어떤 현상이 벌어질지에 대해서는 알아볼 필요가 있다. 조기 아동교육은 누구나 사회의 최고 수준으로 향하는 문을 열 수 있도록 기회를 제공한다.

5

가난한 아이들이 부유한 아이들을
몇 달 만에 따라잡을 수 있을까?

세계 최대 조기 아동교육 프로젝트

미국이 가난에 대처하기 위해 가장 오랫동안 운영하고 있는 프로그램의 하나로 헤드스타트Head Start가 있다. 이는 1965년 린던 존슨 Lyndon Johnson 대통령이 '빈곤퇴치 전쟁'의 일환으로 설립한 이후 수백만 명의 아동에게 도움의 손길을 주었다. 헤드스타트의 원래 의도는 찬사를 받을 수 있을지 모르겠지만, 경제적으로 불우한 네 살짜리 아동들의 인지적 기술과 사회성 기술을 향상시키기에는 그 효과가 턱없이 부족했다. 몇몇 학자가 헤드스타트 프로그램을 해부하여 몇 가지 결점을 찾았다. 교사들은 대부분 교육 수준과 소득 수준이 낮은 어머니들이었고 학사학위 소지자도 30% 미만이었다.[1] 헤드스타트는 교육부가 아닌 보건사회복지부 소관이어서 교육을 향상시키기보다는 부적절한 교육의 영향을 보완하는 데 더욱 치중했다. 합리적인 사람들이 증거를 충분히 검토한다면 반드시 헤드스타트의 효용성을 의심하리라 생각한다.

특히 헤드스타트에 들어가는 비용을 생각하면 몹시 실망스럽다. 아동 한 명의 탁아비용은 9,500달러에 불과한 반면에 헤드스타트 프로그램으로 1년 동안 관리하는 비용은 약 2만 2,600달러에 이른다. 〈타임〉의 칼럼니스트인 조 클라인Joe Klein은 헤드스타트를 이렇게 비판했다. "정유회사를 지원하든 헤드스타트를 지원하든 이익을 내지 않는 프로그램에 돈을 흥청망청 쏟아부을 여력은 없다."[2] 우리는 이 말에 전적으로 동의한다. 문제는 어떻게 개선할 수 있느냐이다.

앞 장에서 설명한 현장실험의 결과를 정리하고 나서 우리는 동료인 스티븐 레빗과 하버드 대학교의 롤런드 프라이어Roland Fryer와 함께 톰 아마디오와 그리핀 부부를 만나 허심탄회하게 이야기를 나누었다. 실험 대상이었던 학생들이 상당한 성적 향상을 기록했지만 아직 목표에 도달할 정도는 아니다. 예를 들어 9학년이 되어서 학생들을 맡으면 고등학교를 졸업하도록 도와줄 수는 있지만 더 나아가 엔지니어로 성공하게 도와주는 등의 영향력을 미치기에는 개입 시기가 늦는다.

따라서 한 가지 방법은 매우 어린 아동에게 필요한 지원을 제공하는 것이다. 과학적 과정을 따르면서 이러한 목적을 달성하는 최적의 방법은 실험학교를 세워 자체적으로 아동교육 과정을 살핌으로써 어떤 방법이 효과가 있는지, 언제 왜 효과가 있는지 파악하는 것이다.

우리 같은 학자에게 학교를 직접 세워 조기 아동교육에 관해 배우는 것은 처음부터 연구소를 새로 짓는 것과 같다. 이것이 아동교육처럼 중요한 문제를 해결하는 데 가장 적절한 방법이라는 결론을 내렸지만,[3] 이러한 목적으로 학교를 짓는 것이 우리에게는 새롭게 등장한 난제였다. 가장 먼저 해결해야 하고 아마도 가장 중요할 도전은 자금문제였다. 우선 시카고하이츠 교육구가 거의 자립할 수 없는 상태라는 건 금세 깨달았다. 주변 지역사회의 프리스쿨 ★preschool, 취학전 만 2~5세 아동을 위한 시설로, 만 5세 아동을 위한 미국 정규 교과과정의 하나인 Kindergarten과 구별된다 아동에게까지 교육의 손길을 뻗는 것(실험에 필요한 샘플 크기를 확보하기 위해 필요하다)은 고사하고 자기 교육구의 아이들을 가르칠 자금조차 거의 없었다.

다시 한 번 그리핀재단이 어린 아동들과 그들의 부모를 대상으로 한 실험에 1,000만 달러를 쾌척했다. 이렇게 하여 그리핀 조기아동교육센터Griffin Early Childhood Center가 탄생했다. 이 교육센터는 시카고에서 가장 가난한 지역에 있는 프리스쿨 두 군데로 이루어졌는데, 교육계에서 규모가 가장 큰 통제된 실험이 실시되는 현장실험의 심장부이다.

그리핀 조기아동교육센터 소속 프리스쿨은 포괄적인 현장실험을 장기간 실시하여 매우 어린 아동에게 어떤 방법이 왜 효과가 있는지 배워나간다. 교육과정과 학습경험에 관한 모든 요소를 통제하여 몇몇 소규모 상호보완적 실험을 실시함으로써 학습효과가 발생한 이유를 더욱 잘 파악할 수 있었다. 여기서 학교는 실험실이 되어 '교육 생산함수'가 매우 어린 아동에게 어떻게 효과를 미치는지 추적할 수 있었다.

그리핀 조기아동교육센터의 프리스쿨

최첨단 사립 프리스쿨 두 군데를 머릿속에 그려보자. 각 시설의 입구에는 알록달록한 간판이 걸려 있고 잘 다듬어진 잔디를 따라 화분이 줄지어 놓여 있다. 내부의 환한 노란색 벽에는 집과 꽃을 그린 상큼한 그림들이 걸려 있다. 책장에는 아동용 서적이 가득 꽂혀 있고, 플라스틱 상자마다 장난감·게임도구·미술재료가 넘쳐난다. 학교마다 교실 다섯 개, 교사 다섯 명, 보조교사 다섯 명이 있어 교사 한 명당 아동 수는 약 일곱 명이다.

하지만 다른 프리스쿨과 비슷한 점은 여기까지이다. 깊이 들어가 보면 즉각적이고 급격한 차이를 감지할 수 있다. 그리핀 조기아동교육센터의 프리스쿨 중 한 군데가 사용하는 소위 '정신의 도구Tools of the Mind' 교과과정은 사회성 기술과 구조화된 놀이를 바탕으로 짜여 있다. 여기서 프리스쿨 아동은 만족을 뒤로 미루는 방법을 학습한다. (보상을 받기까지 기다릴 수 있다면 임무에 더욱 집중하게 되고 전반적으로 성취도가 높아질 가능성이 크다.) 이 프리스쿨에 다니는 아이들은 '도시'에서 일하고 거리를 걸으면서 서로 다른 역할을 맡는다. 여자아이는 '빵집' 구역에서 손님으로 뽑힌 남자아이에게 컵케이크를 판다. 제빵사를 맡은 남자아이는 장난감 스토브에서 파이와 케이크를 굽는다. '학교' 구역에서 한 아이는 교사이고 나머지는 학생이다. '병원' 구역에서는 간호사와 의사가 환자를 맞이한다. 아이들은 놀이를 통해 발레리나처럼 한 다리로 서기도 하고, 묵묵히 임무를 수행하는 경호원이 되어보기도 한다.

이러한 교육방식으로 아이들은 사람을 사귀고 인내심을 키우고 결정을 내리고 지시에 따르며 타인의 말을 경청하는 등 사회에서 성공적으로 기능하는 데 중요한 비인지적 기술을 발달시킨다. 이러한 기술을 습득하는 것이 아동의 미래에 어떻게 영향을 미칠까? 우리는 그 점을 파악하기 위해 아동들을 성인기까지 추적하여 연구할 것이다.

근처의 다른 프리스쿨(좀 더 큰 학교에 부속해 있는)은 알록달록하고 따뜻한 분위기는 앞의 프리스쿨과 비슷하지만 교과과정은 좀 더 전통적이고 학구적이다. 이 학교 아이들은 숫자와 문자를 익히고 기본 독해를 배운다. 소집단별로 교사와 책상에 둘러앉아 형형색색의 커다란 포스터를 이용해 모양과 색깔을 익힌다. 몇몇 아이들은 구석자리에 꾸민 아늑한 독서공간에서 서로 책을 읽어주고, 교사는 교실을 걸어다니며 도움이 필요한 아이들에게 다가간다. 첫 주의 주제는 동화작가인 에릭 칼Eric Carle의 《배고픈 애벌레The Very Hungry Caterpillar》인데, 아이들이 나름대로 이야기를 해석하고 형형색색의 실로 벌레가 지나가는 경로를 그린다. 이 특별한 실험집단에 속하는 학생들이 거치는 교과과정은 '속성 언어표현Literacy Express'이다.

실험에서는 두 교과과정을 학습하는 아동을 성인기까지 추적하여 프리스쿨 프로그램이 삶에 영향을 미쳤는지 확인한다.

또한 부모아카데미Parent Academy를 열었다. 여기에서 부모들은 한 달에 두 번 집단회의에 참석하고 프리스쿨에서 시행하는 두 가지 교과과정 중 하나에 대해 듣는다. 부모는 자녀의 발달 정도는 물론 출석과 참여도를 근거로 연간 7,000달러까지 금전적 인센티브를 받는다. 이러한 금전적 인센티브는 단기적인 것도 있고 장기적인 것도 있다. 예를 들어 '현금'을 인센티브로 받는 부모는 정기적 평가 결과가 나오면 돈을 받는다. '대학교' 학자금을 인센티브로 받는 부모는 자녀의 대학교 계좌로 지원을 받았다가 자녀가 대학교에 등록하면 돈을 학자금과 기타 비용으로 사용할 수 있다. 자녀가 대학교에 진학하지 않으면 돈은 돌려줘야 한다. 우리는 인센티브 제도가 장기로 실시될수록 당장 아이들을 도울 수 있을 뿐 아니라, 아이들이 나이가 들어도 계속 격려할 수 있도록 부모들을 유도할 수 있다고 생각했다.

우리는 실험을 계속 실행함으로써 부모와 아이들의 행동 변화를 촉진할 수 있는지 타진할 수 있었다. 공교육이 자유방임주의를 따르는 탁아시설로 전락한 경우가 너무나 많다. 부모들은 하루 종일 아이들을 학교에 보내고 일하러 나갔다가 지친 몸을 이끌고 퇴근해서는 전자레인지로 간편하게 요리한 저녁식사를 아이들과 텔레비전 앞에서 먹는다. 많은 부모들이 학습처럼 험난한 물결을 항해하는 임무를 교사에게 맡기거나 자녀가 제멋대로 하게 놔둔다. 마치 교회와 정부를 가르듯 부모의 역할과 학교의 역할이 분리되어 있다고 생각하는 것 같다.

두 역할은 분리되어서는 안 된다. 하지만 이러한 생각은 옳을까? 교사와 부모, 학생이 협력하여 교육에 힘쓴다면 아동의 삶이 바뀔 수 있을까? 이 질문에 대한 대답을 찾기 위해서는 부모를 실험에 포함하고, 아동의 발달과정에 좀 더 적극적 역할을 맡도록 설득해야 했다.

프리스쿨,
행운의 도박

2010년 봄, 시간이 참으로 촉박했지만 우리는 몇 가지 과제에 착수했다. 우선 도시 학군과 같은 방식으로 직원과 교사를 채용하고 두 프리스쿨에 적절한 도구·장난감·수업 자료를 갖추었다. 부모와 학생을 그리핀 조기아동교육센터 프로그램에 끌어들이는 방법을 강구하고 나서 현장실험을 시작해야 했다. 톰 아마디오의 도움을 받아 완벽한 지리적 위치, 원칙, 직원의 조건을 구비한 학교의 명단을 뽑아 교사들의 수업 장면을 관찰한 후에 학교를 선정했다.

학생을 선발하기 위해 시카고하이츠에서 발행되는 신문에 2개 언어로 광고를 게재하고, 식료품점 광고판에 광고문을 부착했다. 또한 우편물을 대량으로 발송하고, 학생과 교사 회의에 참석하여 홍보하고, 교회에 브로슈어를 배포했다. 2010년 여름 첫 설명회에 500명이 넘는 부모가 참석하여 추첨번호를 받았다. 행운의 숫자를 뽑으면 자녀를 우리가 실행하는(아마도 아이의 미래 궤적을 결정하는) 프리스쿨 프로그램에 등록시키고, 그렇지 못하면 통제집단에 등록시켜야 했다. 통제집단은 몇 번의 명절 파티에 초대받는 것을 제외하고는 프리스쿨 프로그램에서 아무 혜택도 받지 못한다. 설명회를 시작하면서 학부모들에게는 이렇게 말했다.

"아이들이 학교에서 뒤처지는 모습을 더 이상 방관할 수가 없습니다. 그리핀 조기아동교육센터는 여러분과 여러분 자녀의 삶을 바꿀 수 있는 프리스쿨 교육을 무료로 제공합니다. 이는 여러분과 자녀에게 엄청나게 좋은 기회입니다. 오늘 추첨에 참석해주셔서 대단히 감사합니다. 행운을 빕니다!"

부모들이 **빙빙** 돌아가는 추첨용 공을 간절한 시선으로 뚫어져라 쳐다보았다.

"52번! 부모아카데미!"

"우리가 됐어!"

뒤에서 두 사람이 일제히 소리쳤다. 롤리타 맥키니Lolita McKinney와 드웨인 맥키니Dwayne McKinney 부부는 세 아들과 함께 강당 앞으로 달려와 막내아들 게이브리얼을 등록시켰다. 게이브리얼은 현재 네 살이고 운 좋게 부모아카데미 당첨자 120명에 들어갔다. 게이브리얼의 가족은 기쁨을 감추지 못했다.

드웨인과 롤리타 부부는 모두 시카고 주변 지역 출신으로 롤리타는 그나마 운이 좋아 엄격한 가톨릭계 학교교육을 받을 수 있었지만 드웨인은 많은 흑인 청년들과 마찬가지로 지원을 거의 받지 못했다. 일하는 어머니와 할머니의 손에서 자란 드웨인은 험악한 로즈랜드 근처 동네에 살면서 자신이 총격사고의 희생자가 될지도 모른다는 위협에 시달렸다. "열 살 남짓할 때까지 밖에 나가서 놀 수가 없었습니다"라고 드웨인은 회상했다. 그는 학교에 다니면서 많은 것을 얻겠다는 생각은 하지 못했다. 다만 목숨을 부지하고 싶었다.

요사이 드웨인과 롤리타는 자녀들의 삶을 개선하려고 전력을 기울이고 있다. 격주 토요일마다 부모아카데미에 출석하여 양육기술을 토론하고 집에서 자녀를 가르치는 방법을 배운다. 게이브리얼이 과제·출석·성취도 평가에서 거두는 성적에 따라 대가로 연간 7,000달러까지 벌 수 있었다. 드웨인은 이렇게 털어놓았다.

"금전적 인센티브가 없다면 프로그램을 신청할 수 없었을 겁니다. 숙제 인센티브 덕택에 크게 용기를 낼 수 있었어요."

앞에서 설명했듯 대학교 학자금을 인센티브로 제공받는 집단에 속한 많은 부모도 마치 복권에 당첨된 것처럼 느꼈다.

종일반 프리스쿨 학생을 선발하는 추첨용 공이 돌아가다가 숫자 20이 튀어나왔다.

"대박이에요!"

다섯 살짜리 레기를 혼자 키우는 20세 타마라가 소리를 질렀다. 타마라는 교육이 중요하다고 생각했지만 열다섯 살에 임신하고 고등학교를 중퇴하면서 정상교육의 궤도를 영영 벗어나고 말았다. 하지만 레기는 프리스쿨 프로그램 학생 149명에 뽑혔다.

세 번째 추첨 숫자에 해당하는 아동은 통제집단에 들어갔다. 부모들의 얼굴에 실망하는 기색이 역력했다. 우리는 단지 운의 문제일 뿐이고 다음 해에 다시 기회가 있으리라고 부모들을 위로했다. 하지만 부모들은 좋은 기회에서 배제되었다고 느꼈다. 우리도 안타까웠지만 실험을 아동 전부에게 실시할 만한 자금은 없었다.

위험한
현장

　물론 소중하게 여기는 대상은 부모마다 다르다. 단순하게 먹고사는 데만 관심을 쏟는다면 자녀의 교육에 대한 걱정은 우선순위에서 밀릴 수밖에 없다. 게이브리얼의 경우에는 부모가 자녀교육에 열정이 있고 헌신적이었으므로 학교에 등록시키기가 쉬웠다. 하지만 우리가 부모들의 교육열을 부추기려고 애를 쓰는데다 기회를 놓친 부모들은 실망을 하는데도 정작 당첨된 아이들을 모두 등록시키는 일은 결코 쉽지 않았다.

　프리스쿨에 등록할 기회를 잡은 아동 150명 중 22명은 프로그램을 가동하기 3주 전, 우리가 학교 문을 열기 위해 한창 준비에 열을 올리고 있는 사이에 사라졌다. 다른 부모들은 등록에 필요한 서류를 제출했다. 우리는 이것이 아이들에게 정말 일생일대의 기회라고 믿었으므로 그 기회를 놔버린 아이들이 안타까웠다. 게다가 '사라져버린' 아이들의 대부분은 교육적으로 가장 크게 도움을 받아야 하는 가정의 아이들이었다. 뿐만 아니라 아이들 전원이 프로그램에 참여하면 우리가 실시하는 통계 검사의 신뢰성을 더욱 높일 수 있으므로 몸으로 부딪치며 문제를 해결하기로 했다.

　우선 회의를 소집하고 학교 설립에 관련한 사람들 전원에게 사라진 아이들을 물색하여 그들이 어디에 있든 무슨 수를 써서라도 학교에 등록시켜야 한다고 요청했다. 아이들을 도와주려면 아이들이 있어야 했다!

우리가 일꾼으로 지목한 사람은 체육교사 제프였다. 키가 크고 신체가 건장한 24세 젊은이인 그는 결코 만만치 않은 동네 사람들과 자칫 험악한 상황에 놓였을 때 헤쳐나갈 수 있는 적임자이고, 위기에 빠진 아이들을 상대할 수 있는 완벽한 인물로 여겨졌다. 누구도 그를 함부로 대할 수 없을 테니까 말이다.

▲▲▲

이제 제프의 입장에 서보자. 제프는 사랑하는 가족과 친구들에 둘러싸여 성장했고 관심사를 탐색하면서 대학교육을 마친 축복받은 중산층 백인 젊은이다. 위스콘신 주의 목가적인 선프레리 지역에서 자라면서 자신이 얼마나 축복을 받았는지 실감하지 못했다. 위험한 동네에서 오래 시간을 보낸 적도 없었다.

여름 오후 시카고하이츠의 날씨는 뜨거웠다. 제프는 실험적인 프리스쿨에서 체육교사로 근무하겠다고 지원한 터였다. 당첨되었지만 등록하지 않은 학생 22명 중 한 명의 집 앞에 상사(고모부이기도 한 존 리스트)가 제프를 내려주면서 스페인어로 적힌 등록서류 뭉치를 건넸다. 그러고는 이렇게 말했다.

"가서 문을 두드리게. 누구냐고 물으면 게이브리엘러를 학교에 등록시키고 싶어 왔다고 말하게."

제프는 시카고하이츠 중에서도 이 동네가 특별히 험악하다는 경고를 익히 들었다. 이곳은 주민 다수가 총으로 무장하고 있고, 위험해서 경찰관조차도 마을 사람을 피할 정도라고 했다. 대부분의 소수 집단은 단기 체류자로 집세를 내지 못하면 짐을 싸서 떠났다. 영어를 못하는 가정이 많고, 부모가 일하러 나간 동안 아이들은 집에 홀로 남아 스스로를 보호해야 하거나 술이나 마약에 전 친척에게 맡겨졌다. 제프에게 이곳은 별천지이다.

그렇다면 제프는 무엇을 해야 할까? 우선 마음을 단단히 먹고 자동차 밖으로 나서야 할까, 아니면 가지 않겠다고 거부해야 할까? 이런 상황에서 제프는 존에게 말한다.

"못하겠어요."

존은 시선을 아래로 떨구고 잠시 생각을 하더니 자동차 문을 연다. 그리고 차에서 내리면서 크게 심호흡을 하며 말한다.

"소심하기는!"

집 쪽으로 걸어가는 존의 뒤통수에 대고 제프는 "제정신이 아니군요"라고 소리치고는 얼른 자동차 문을 잠근다.

존은 성큼성큼 걸어가 현관문을 두드린다. 아무 인기척도 없다. 깨진 유리창으로 내다보던 성미 고약하게 생긴 이웃 사람에게 걸어간다. 클린트 이스트우드가 출연한 〈평원의 무법자High Plains Drifter〉에서 곧장 튀어나온 듯한 머리가 희끗희끗한 사람이다. 존은 말을 꺼낸다.

"게이브리엘러를 만나러 왔는데요. 어디 있는지 아세요?"

그 이웃은 존을 뚫어져라 쳐다본다. 자동차에서 기다리는 제프는 휴대전화를 손에 쥐고 여차하면 경찰에 신고할 기세다. 그때 한 중년 여성이 창가에 모습을 드러내더니 이렇게 대꾸한다.

"그 사람은 영어를 못해요."

존이 말한다.

"저는 학교에서 일합니다. 게이브리엘러가 학교에 입학할 수 있게 되었어요. 이 서류를 게이브리엘러의 어머니에게 전달해야 합니다."

"집 뒤쪽으로 가보세요. 파란색 차가 세워져 있으면 사람이 집에 있는 거예요. 차가 없으면 글쎄요."

그 후로 2주 동안 제프와 존은 이곳을 열 차례나 찾은 끝에 겨우 파란색 차를 본다. 존은 문을 두드리고 게이브리엘러의 어머니에게 서류를 건넨다.

학생 하나는 확보했으므로 이제 21명이 남았다.

다음 집에서도 제프가 나서지 못하겠다고 말했으므로 존이 나서서 현관문을 계속 두드린다. 텔레비전 만화 〈도라 디 익스플로러Dora the Explorer〉에 나오는 도라의 목소리가 제프가 앉아 있는 자동차까지 들린다. 틀림없이 누군가 집에 있다. 존이 집 뒤쪽으로 사라진다. 제프의 머릿속에는 차라리 존하고 함께 갈 걸 잘못했다는 생각이 든다. 공포가 본격적으로 밀려오기 전에 다행히도 존이 나타나서 문을 다시 두드린다.

"커밀라, 문 열어라. 서류를 문 밑에 넣을게. 이 서류를 엄마에게 드리렴."

존은 제자리에 그대로 서 있다. 문 밑에 밀어넣은 서류가 아주 천천히 안쪽으로 들어간다.

나중에 존은 창문으로 집 안을 들여다보려고 집 뒤쪽으로 갔던 거라고 말해주었다. 이웃 사람들이 모여 존의 행동을 지켜보며 히죽댔다. 존이 그들에게 말했다.

"커밀라가 틀림없이 안에 있어요. 우리 아이들도 저 만화를 보거든요. 그런데 왜 대답을 하지 않죠?"

이웃 하나가 아마도 혼자 있어서 그럴 거라고 대답했다.

이제 20명 남았다.

다음 날 존과 제프는 릴리애너가 사는 지역으로 갔다. 살인과 폭력사건이 심심찮게 일어나는 곳이다. 집을 찾아 돌아다니는 동안 덩치 큰 남성이 자동차를 타고 따라온다. 릴리애너가 사는 곳을 찾은 존이 차를 주차한다. 뒤따라오던 남자도 차를 세운다. 자동차에서 내리기가 겁이 나지만 그냥 차 안에 혼자 있기는 더 무섭다. 그래서 제프는 존을 따라나서기로 마음먹는다. 두 사람은 아파트까지 걸어가 현관문을 두드린다. 뒤를 돌아보니 따라오던 남자가 뜰에 서서 의심스러운 눈초리로 존과 제프를 감시한다.

문이 열리자 십여 명의 아이들이 구경거리가 생겼다는 듯 우르르 몰려나온다. 눈이 피로로 찌든 할머니가 모습을 드러낸다.

"릴리애너가 여기 사나요?"

뒤따라오던 남자가 등에 칼을 찌를 것만 같아 겁을 먹은 제프가 묻는다.

"네. 그래요."

머리에 피가 묻은 붕대를 칭칭 두른 10대 초반의 흑인 여자아이가 대답한다. 왜 다쳤을까? 넘어졌을까? 맞았을까? 왁자지껄한 아이들 틈으로 예쁘고 눈이 커다란 세 살짜리 여자아이가 문 쪽으로 타박타박 걸어나온다. 제프는 몸을 웅크리고 앉아 릴리애너의 눈동자를 들여다보며 묻는다.

"너 학교 가고 싶니?"

"네. 학교에 가고 싶어요."

작은 여자아이는 또박또박 대답한다.

"내가 등록시켰어요."

붕대를 두른 10대 여자아이가 자랑스럽게 말한다.

"얘는 내 동생이에요. 아주 똑똑해요. 내가 못 가진 기회를 동생에게 주고 싶어요. 동생은 할 수 있어요."

제프는 등록서류를 10대 언니에게 건네고 등을 돌려 뜰로 걸어나온다. 위협적으로 보이는 흑인 이십여 명이 존과 제프를 쏘아보면서 있다.

"당신네들 여기서 뭐 하는 거야?"

존이 말한다.

"릴리애너가 학교에 갈 수 있는 행운을 잡아서 온 겁니다. 좋은 프로그램에 들어갈 수 있게 되었어요. 공립학교 입학 전에 무료로 갈 수 있는 프리스쿨입니다."

"그애는 그딴 것 필요 없어. 지금으로도 충분해."

누군가가 말한다. 하지만 존과 제프를 그냥 가게 놔둔다.

일단 안전하게 자동차가 있는 곳까지 오자 제프는 고모에게 문자를 보낸다.

"고모부는 정말 제정신이 아니에요."

　┌┘ 실험은 얼마나
　　진척되었을까?

그리핀 조기아동교육센터의 프리스쿨과 부모아카데미는 현재 가동 중이다. 앞에서 말했듯 아동이 나중에 성공하려면 초기 아동기에 어떤 핵심 기술을 습득해야 하는지 알고 싶었다. 그리핀 부부가 지속적으로 기금을 지원한 덕택에 우리는 학생들의 교육과 경력의 궤적을 성인기까지 추적할 수 있을 것이다. 1960년대와 1970년대 사회실험의 황금기 이후 경제학자들이 실시한 프로젝트로는 최대 규모다.

모든 아동의 현황을 파악하기 위해 여러 집단의 아동을 대상으로 연간 세 차례에 걸쳐 포괄적인 평가를 실시하여, 학문적·인지적 기술(어휘, 쓰기와 철자, 기본적인 문제 해결, 산수, 패턴 맞추기 등)과 실행기능 기술(또는 충동성 같은 비인지적 기술)을 평가했다.

또한 시카고하이츠에 거주하는 매우 어린 아동들을 유치원에 얼마나 잘 적응시킬 수 있는지 알아보고 싶었다. 집단으로 판단할 때 프로그램 시작 전 해당 아동들은 인지발달에서 하위 30~34%에 머물러 전국 평균을 밑돌았다. 실험 프로그램을 수료하고 나면 격차가 줄어들까? 평균보다 뒤떨어진 상태로 유치원 과정을 시작하면 그 이후의 학업성취도에도 지장이 생기므로 이는 상당히 중요한 질문이다.

그리핀 조기아동교육센터 실험은 여전히 초기 단계에 머물러 있고 많은 아동이 학교에 오기 전후에 속한 환경이 불안정하고 끔찍하기는 하지만, 현재까지 실험한 결과는 전망이 상당히 밝다.[4] 릴리애너의 언니에 따르면 학교에 다닌 지 몇 달이 지나자 릴리애너는 책을 읽고 이야기를 만들 수 있었고 말하기 기술을 습득했다. 게이브리엘러와 커밀라, 게이브리얼 모두 학교생활을 잘하고 있다.

전반적으로 프리스쿨의 두 교육과정은 순조롭게 진행되고 있다. 프로그램을 가동하고 첫 10개월 동안 '속성 언어표현' 프로그램에 속한 학생들의 인지 점수는 19개월 학습량을 따라잡는 수준으로 발전했다. 평균 프리스쿨 연령대 아동의 학습에 비해 2배로 효과적이었던 것이다. 즉 한 달이 지날 때마다 학생들은 두 달분 자료를 습득했다. 우리는 이러한 결과가 나온 것에 자부심을 느꼈다. '정신의 도구' 프로그램에 속한 학생들의 인지 점수도 상당히 증가했다. 그들의 인지 점수는 국내 평균에 육박했고 자기통제 같은 비인지적 기술에서도 좋은 성적을 기록했다.

요컨대 과학적 방법을 거쳐 적절한 종류의 인센티브를 제공하면 가난한 아이들도 10개월이면 부유한 아이들만큼 성취도를 보일 수 있다.

▲▲▲

　부모아카데미는 어땠을까? 부모가 이 프로그램에 등록한 게이브
리얼 같은 아동도 성취도가 향상되어 국내 평균에 도달했지만 프리
스쿨의 두 교육과정에 속한 아동만큼은 아니었다. 여전히 단기 인센
티브는 매우 강력한 영향력을 발휘하여, 부모가 현금을 인센티브로
받는 아동이 대학교 학자금 지원을 인센티브로 받는 아동보다 성취
도가 높았다.

　한 가지 기분 좋은 결과는, 부모가 부모아카데미에 등록한 아동은
프로그램이 끝난 후에도 궤도를 벗어나지 않았다는 것이다. 즉 학교
에 다니지 않는 여름에도 성취도가 퇴보하지 않았다. 따라서 부모아
카데미 프로그램에 속한 아동의 성취도는 프리스쿨 소속 아동만큼
증가하지는 않더라도 장기적으로는 결국 앞서는 것으로 보인다. 그
이유는 부모아카데미에 등록한 부모가 자녀를 교육하는 도구를 갖
추어, 우리가 직접적으로 개입하고 나서도 오랫동안 지속적으로 자
녀를 교육하기 때문이다. 실제로 장기적인 대학교 장학금 인센티브
를 받은 부모들은 여름 동안 자녀교육에 많이 투자했다.

　예상하지 못한 결과였지만 모든 프로그램 전반에 걸쳐 가장 큰 발
전은 프로그램을 시작한 지 첫 몇 달 동안 일어났다. 이것은 흥미로
운 사실로서 유치원 이전 교육이 통상적으로 생각하는 것보다 훨씬
짧은 기간에 효과를 거둘 수 있다는 뜻이다. 따라서 유치원 과정이
시작하기 직전이자 교사와 학교공간을 바로 활용할 수 있는 여름 동
안 '유치원 준비' 프로그램을 실시하면 유익할 것이다(우리는 현재 이

계획을 시험하는 첫해를 맞고 있다).

그리핀 부부가 조기 아동교육에 몇 년 동안 투자한 결과, 성취도 순위가 늘 바닥이었던 아동들이 평균을 넘어서기 시작했다. 이러한 효과가 계속될까? 부모를 개입시키는 방법이 영향력 면에서 조기 아동교육에 대한 투자보다 나을까? 유치원 준비 프로그램을 가동하면 아동들이 오늘날 세계 경제에서 경쟁할 때 필요한 능력을 키울 수 있을까? 이러한 질문에 대한 대답은 시간이 지나면 알 수 있을 것이다. 그리핀 부부 덕택에 우리는 실험을 거쳐 그 해답을 밝힐 수 있다.

공립학교를 구하라

다음 사람들의 공통점은 무엇일까? 앨버트 아인슈타인, 빌 클린턴, 마틴 루서 킹 주니어, 스티브 잡스, 마크 저커버그, 스티븐 스필버그, 샤킬 오닐, 마이클 조던, 오프라 윈프리……

그들은 모두 공립학교를 다녔다.

1840년대까지는 부유한 집 아이들만 교육을 받을 수 있었다. 지금도 그렇다면 미국 인구의 대부분이 문맹일 것이고, 전부는 아니더라도 대부분은 육체노동을 하며 살아가야 할 것이다. 하지만 19세기 들어 놀라운 일이 일어났다. 미국이 모든 아동에게 공교육을 무료로 제공하기 시작한 것이다. 오늘날은 미국 인구의 85%가 글을 읽고 쓸 줄 안다. 이러한 맥락에서 생각하면 공교육은 정말 놀라운 성공을 거두었다.

하지만 가난한 동네에 거주하는 아이들의 고등학교 졸업률이 과거만큼 낮다는 사실을 알고 나면 앞으로 교육에 더욱 신경을 써야 한다. 공교육은 가난한 아동이 가난에서 벗어나 경제 사다리를 오를 수 있는 유일한 방법이다. 공립학교가 없다면 많은 도심 저소득층 아이가 성공할 기회를 잡을 수 없다. 하지만 공립학교는 교육의 표면만을 건드릴 뿐이어서 수백만 명에 달하는 아동들이 괴롭고 빈곤한 삶에서 헤어나지 못한다.

우리는 이 실험에서 무엇을 배웠을까?

수십 년 동안 공교육은 진부한 정치의 진원지였고 현상에 얽매인 사고의 수렁에 빠져 있었다. 대통령 후보마다 많은 아이디어를 쏟아내고 주위에 모여든 똑똑한 조언자들이 공교육을 바로잡기 위해 혁신적 제안을 했지만 아직까지 어떤 방법도 효과를 발휘하지 못했다. 지난 수십 년 동안 실행했던 교육개혁을 뒤돌아보더라도 쇄신을 위한 쇄신을 해서는 학생들의 학업성취도 격차를 줄일 수 없다.

하지만 궁핍한 시카고하이츠에서 이룩해낸 성과를 보면 이러한 난국에서 빠져나갈 길이 있다는 희망을 품을 수 있다. 프리스쿨부터 9학년까지 학생과 부모, 교사는 격려를 받으면 각자의 역할에 더욱 충실할 수 있다. 전후 상황을 고려해 바람직한 행동의 틀을 정하고 적절한 인센티브를 제공하면 공교육을 크게 바꿀 수 있다.

우리는 간단한 인센티브의 예를 들어 손실 프레이밍이 어떻게 교육성과를 끌어올리는지 파악했다. 아이들은 미끼에 반응하지만 행동조작behavioral manipulation에는 더욱 잘 반응한다. 시험을 잘 보라고 아이들에게 20달러를 주고 성적이 기준에 미달하면 다시 뺏겠다고 경고할 때 학생들의 성적은 훨씬 좋아진다.

이와 마찬가지로 교사가 팀으로 활동하거나 이미 받은 큰 액수의 상여금을 내놓아야 한다는 위협을 받을 때 학생들의 성취도는 급상승하여 교육 격차를 효과적으로 줄인다. 학생과 부모, 교사에게 보상하는 방법을 파악하면 학생의 시험성적을 50~100% 올릴 수 있다. 그러면 사회적 경제적으로 혜택을 받지 못하는 아이들의 성적이 부유한 백인 아이들과 같아질 수 있는 것이다.

인센티브에 대한 반응이 조건반사처럼 보이기는 하지만 효과가 있다. 시카고하이츠에서 교육 격차를 줄일 수 있었다면 미국의 어느 곳에서도 그럴 수 있다.

그리핀 부부는 이 점을 깨닫고 돈을 기부했고 시카고하이츠의 아동들에게 탄탄한 교육기반을 마련해주려고 최선을 다했다. 우리는 두 사람에게 도움을 받아 프리스쿨과 초등학교에서 좀 더 바람직한 방향으로 교육에 개입함으로써 도시 청소년의 고등학교 졸업률을 높였을 뿐 아니라 학습과정을 흥미진진하고 재미있게 구성할 수 있었다.

그렇다면 한 나라가 어디까지 교육을 개선할 수 있을까? 학교는 단지 아이들을 가르치는 곳이 아니다. 어떤 방법이 효과가 있는지 어른들에게도 가르침을 준다. 하지만 사회는 여태껏 이 중대한 방정식의 한쪽에만 관심을 기울였다. 공립학교는 아이들을 실용적인 시민으로 키울 목적으로 행동방식을 가르치고 지식을 전수하는 기관만이 아니다. 실제로는 연구자와 부모, 교사, 관리자, 학생을 포함하여 모두가 배우는 실험실이다.

더욱 많은 사람이 효과적인 교육방법을 찾기 위해 현장실험을 실행하기 시작한다면 얼마나 많은 사실을 발견할 수 있을지 상상해보라. 공교육을 염려하는 사람 모두가 현장실험에 참여한다면 엄청난 양의 시간과 돈을 절약할 수 있고 그만큼 고민도 줄어들 것이다. 나라 전체에 실시하기 전에 어떤 혁신적 방법이 가장 장래성이 있는지, 그 방법을 어떻게 적용해야 하는지 파악할 수 있다. 유치원부터 고등학교까지 교육제도가 성공적으로 혁신되면 학생만이 아니라 국가 전체에 막대한 이익을 안겨줄 것이다.

다음 장에서는 현장실험을 통해 다른 사회적 불공평의 숨은 원인을 찾아내는 방법을 살펴보겠다.

6

사람들이 차별하는 진짜 이유는 무엇일까?

사실 당신을 싫어하지 않아요. 그냥 돈이 좋을 뿐이에요.

THE
WHY
AXIS

몇 년 동안 마케팅 분야에서 일하다가 잠시 쉬고 MBA를 따기 위해 학교로 돌아갔다고 생각해보자. 일류 대학교에서 새로 학위를 받고 다국적 대기업에 속한 마케팅 부서의 중요 직책에 지원하여 채용 후보자 최종 명단에 들었다. 이제 마지막 면접을 기다리고 있는데, 다른 두 후보와 함께 CEO를 만나야 한다. 직업에 대한 지식으로 보나 전반적인 전문기술로 보나 당신이 채용될 가능성이 높아 보인다.

복장을 말끔하게 갖춰 입고 20층으로 올라가는 승강기 버튼을 누를 때도 자신감이 넘친다. '자, 힘내자.' 당신은 속으로 다짐한다.

승강기 문이 열리고 비서의 안내를 받아 책장과 가족사진으로 멋지게 장식된 커다란 사무실로 들어간다. CEO가 성큼 다가오면서 미소를 머금으며 손을 내민다.

"앉으시죠."

의자에 앉아 몸을 뒤로 젖히며 CEO가 말을 시작한다.

"우리 회사의 신제품을 세계시장에 판매하는 임무를 수행하는 자리입니다. 마케팅 방면에서 당신이 쌓은 성과가 매우 인상적이군요. 중동과 유럽에서 한동안 일한 경험도 있네요."

칭찬을 받자 기분이 살짝 들떠 대답한다.

"그렇습니다. 독일어와 프랑스어를 포함해 몇 가지 언어도 구사할 수 있습니다."

"음, 그렇군요. 훌륭합니다. 하지만 지금부터는 사생활에 대해 이야기해봅시다. 결혼을 했고 어린 자녀가 둘 있네요. 시간과 에너지를 상당히 투입해야 하는 풀타임 직업에 종사한다면 가정에는 시간을 어느 정도나 쏟아야 한다고 생각하나요? 이번 직무를 수행하려면 해외 출장도 상당히 많이 다녀야 할 텐데요."

CEO의 이 질문에 어떻게 대답해야 할까? 남편이자 아버지로서 어떻게 대답할까? 아내이자 어머니로서 어떻게 대답할까?

질문과 그에 대한 대답은 성별에 따라 다를 것이다. 여성은 이러한 종류의 질문을 받을 확률이 남성보다 높다. 여성이 이러한 질문¹을 받고 가족을 위해 시간을 확보해야 한다고 대답한다면, 이 시나리오의 모델인 유리의 아내가 그랬듯 직장에 대한 '헌신도가 부족한' 사람으로 낙인찍힐 수 있다.

이 책의 2장과 3장에서는 성별 차이가 사회에 얼마나 뿌리 깊이 작용하는지, 경쟁에 대한 개념 차이가 여성의 기회에 얼마나 영향을 미치는지 살펴보았다. 4장과 5장에서는 가난한 마을의 아이들이 교육 불평등으로 얼마나 불이익을 당하는지 검토했다.

이제 성별과 빈곤의 영역을 넘어 차별의 영향력에 대해 좀 더 폭넓게 생각해보자. 인종차별, 동성애혐오, 그 밖의 편견들은 어떤 영향을 끼칠까? 그러한 편견이 발생하는 원인은 무엇일까? 모든 형태의 차별은 타인을 향한 강한 반감에 뿌리를 내리고 있을까? 아니면 다른 이유가 있을까?

6장과 7장에서는 일련의 현장실험을 거쳐 이러한 질문에 대한 대답을 탐색하려 한다. 차별이 시장과 개인에게 유발하는 현상을 포함하여 차별을 전반적으로 더욱 면밀하게 살펴볼 것이다. 전 세계에서 일어나는 다양한 종류의 차별을 분류하는 데 현장실험이 유익하다는 점을 입증할 것이다. 전통적 방식으로 자료를 분석하면 해당 시장에서 차별이 어느 정도로 발생하는지는 알 수 있지만, 차별의 종류와 동기는 파악할 수 없다. 사회가 차별에 종지부를 찍으려면 차별 뒤에 숨은 동기를 이해하는 것이 매우 중요하다.

차별의
다양한 형태

다음 상황을 생각해보자.

- 자동차 판매원은 백인보다 흑인에게 비싼 가격을 제시한다.
- 자동차 판매원은 자동차를 사러 다니는 동성애자 커플을 무시한다.
- 자동차 정비공은 비장애인보다 장애인에게 수리비를 더 많이 청구한다.
- 사람들은 혼잡한 거리에서 흑인 남성이 길을 물었을 때는 잘못된 방향을 알려주지만, 백인 여성에게는 정확하게 알려준다.

• 직장에서 임산부는 같은 기술을 지녔더라도 승진에서 남성에게 밀린다.

자신이 이처럼 차별받는 상황에 처한다면 화가 나고, 좌절하고, 심지어 분노할 것이다. 이러한 편견을 없애기 위해 할 수 있고 해야 하는 일은 무엇일까?

우선 사람들이 차별하는 이유를 파악해야 한다. 편견에 휩싸인 사람들의 동기는 무엇일까? 이 질문에 대한 대답을 안다면 개인의 행동과 새로운 법으로 차별에 맞서 싸울 수 있다.

▲▲▲

미국을 포함하여 세계에서 역사가 길고도 추했던 유태인 배척사상을 살펴보자. 예를 들어 미국 남북전쟁 동안 율리시스 그랜트Ulysses Grant는 테네시 주, 켄터키 주, 미시시피 주에서 유태인을 추방하라는 명령(에이브러햄 링컨Abraham Lincoln이 폐지했다)을 내렸다.[2] 20세기 초반만 해도 유태인들이 종사하기 힘든 직업이 많았다. 유태인은 뉴욕애슬레틱클럽이나 기타 상류층 사교클럽에 가입할 수 없었다. 아이비리그 소속 대학교는 유태인 입학생의 수를 제한했다. 미국 백인우월주의자 극우 폭력단체인 KKK와 가톨릭의 보수적인 찰스 코글린Charles Coughlin 신부의 인기 있는 라디오 연설은 유태인을 공격하라고 선동했다. 미국은 국내로 들어오는 유태인의 수를 제한했고, 홀로코스트가 일어나는 동안 나치의 만행에서 도망쳐 나온 난민을 실은 배를 외면했다. 헨리 포드Henry Ford는 '유태인의 위협'에 대항해 목소리를 높였고 1차 세계대전의 발생을 유태인 탓으로 돌렸다. 우익 이론가들은 유태인이 프랭클린 루스벨트Franklin Roosevelt 행정부를 좌지우지했다고 주장했다.[3]

이러한 종류의 차별은 단지 이민자와 유태인에게만 영향을 미친 것이 아니라 많은 지역의 문화와 역사에 깊이 스며들어 있다. 남아프리카의 인종차별 정책인 아파르트헤이트apartheid, 르완다의 집단 학살, 오스트레일리아와 미국 원주민을 향한 차별대우, 미국의 노예제도 등 굴욕과 잔학행위를 예로 들자면 끝이 없다.

▲▲▲

유태인 게리 베커Gary Becker도 유태인을 배척하는 환경에 놓였다. 그러나 그는 현대에 들어 세상이 차별현상에 눈을 뜨게 하는 데 기여한 인물이다.

게리 베커는 1930년 펜실베이니아 주 탄광촌인 포츠빌에서 태어나 뉴욕 시에서 성장했다. 사업가인 아버지 루이스는 음악 관련 도소매 사업을 성공적으로 일으켰다. 양친 누구도 중학교 이상 학교를 다닌 적이 없었고 집에는 책도 많지 않았지만, 가족들은 늘 세상 돌아가는 생생한 이야기를 주고받으며 지냈다. 베커가 설명했다.

"할아버지는 독립심으로 똘똘 뭉친 분이었고 루스벨트를 강력하게 지지했어요. 가족들은 집세 통제, 세금 부과, 남부에서 흑인이 받는 대우, 가난한 사람을 돕는 방법 등 사회 정의와 정치에 관해 이야기했어요."

　당시에 뉴욕에는 미국 최대 규모의 유태인사회가 형성되어 있었지만 가족들은 여전히 차별을 당했다. 유태인은 인종적 경멸의 표적이었다. MIT에서 화학공학으로 학위를 취득한 베커의 형은 화학회사에 뿌리를 내리고 싶었지만 승진을 할 수 없어 결국 자신의 회사를 세웠다. 유태인은 인종차별 때문에 사회에서 앞서나가지 못하도록 제지당했지만, 베커는 "아버지는 열심히 공부하면 차별을 극복할 수 있다고 자주 말씀하셨습니다"라고 회고했다.

　베커는 열심히 공부해 프린스턴 대학교에 입학했다. 처음에는 수학을 공부할 생각이었지만 사회에 기여하는 일에 강한 의욕을 품으면서 신입생 때 우연히 수강한 경제학에 빠져들었다. 베커는 관심이 있는 사회문제와 경제학을 연결하는, 어찌 보면 약간 얼토당토않은 개념을 발전시켰다. 졸업한 후에는 시카고 대학교에 진학해 일찍이 베커에게서 천재성을 감지한 밀턴 프리드먼Milton Friedman의 제자가 되었다. 베커는 차별의 경제학을 연구하기 시작했다. 그는 과거를 회상했다.

　"나는 차별이 독립적인 단순한 문제가 아니라고 생각했습니다. 소득과 고용을 포함해 차별은 사회의 여러 방면에서 드러났습니다. 예를 들어 고용주가 흑인 직원에게 편견을 품고 있다면 동등한 기술을 소유한 백인과 비교했을 때 그의 처지는 어떻겠습니까?"

　베커는 노동자, 고용주, 고객, 온갖 종류의 집단이 품고 있는 편견을 포착해내는 방법을 파악하고 이를 통해 사회현상을 분석하는 방법을 터득했다. 어떤 의미에서 사람들을 차별하게 만드는 동기를 알아냈던 것이다. 그가 기억을 더듬었다.

"하지만 참고할 만한 연구 결과가 전혀 없는 상태에서 탐구해야 했습니다. 문제가 심각한데도 연구는 전혀 되어 있지 않았습니다."

베커를 가르쳤던 경제학 교수들은 베커의 논문에 의구심을 품으면서 사회학 교수를 박사학위 위원회에 포함시키라고 요구했지만, 사회학자들은 베커의 연구에 하등 관심을 보이지 않았다.

물론 베커의 연구는 모두 경제학에 관련한 것이었지만 경제학자들에게도 생소했다. 경제학과 사회학을 융합한다는 개념은 경제학적 사고의 전통에서 생각할 때는 사소한 단계가 아니라 완전히 새로운 방향을 가리켰다. 베커는 사람들이 차별할 때 시장과 경제적 상호작용에 어떤 현상이 벌어지는지 연구했다. 한 기업이 편견을 근거로 직원을 채용하면(예를 들어 특정 종류의 직종에 여성만을 뽑거나 남성만을 뽑는다면) 노동시장에 어떤 현상이 벌어질까? 이 질문에 적절하게 대답할 수 있다면 아마도 경제를 움직이는 중요한 요소를 파악할 수 있을 것이다. 하지만 경제학자들은 차별이라는 맥락에서는 그 대답을 알지 못하는 것 같았다.

회의론을 펼치는 사람이 많았지만 베커는 프리드먼 등의 지지를 받으며 자신의 신념을 꺾지 않고 박사학위를 받았고 컬럼비아 대학교에서 교편을 잡았다. 27세가 되던 1957년 자신의 논문을 토대로 《차별의 경제학The Economics of Discrimination》을 발표하면서 다른 사람을 향한 증오나 반감을 '선호에 의한 차별taste for discrimination'이라는 용어로 설명했다. 이는 단지 인종이나 종교, 성별이 싫다는 이유로 상대방을 피하거나 상대방에 적대적으로 행동할 때 나타나는 차별을 가리킨다.

베커가 연구한 인센티브는 돈만이 아니었다. 어떤 사람에 대한 증오도 그 사람을 차별하는 강력한 인센티브가 될 수 있다. 베커의 이론에 따르면, 이러한 종류의 반감을 품은 사람은 상대방을 그냥 미워하는 것이 아니라 자신의 편견을 뒷받침하기 위해서라면 이익과 임금, 소득 등 돈을 기꺼이 포기할 것이다. 예를 들어 흑인에 반감을 품고 있는 백인은 흑인과 함께 일하며 시간당 10달러를 받는 것보다 차라리 백인과 함께 일하면서 시간당 8달러를 받으려 한다. 이러한 경우에 '반감 인센티브'는 금전적 인센티브를 누른다.

베커가 세계를 다니며 저서인 《차별의 경제학》을 소개할 때 다른 경제학자들은 처음에는 "이것은 경제학이 아니다"라는 반응을 보였다. "우리는 이 연구가 흥미롭지 않다거나 중요하지 않다고 말하는 게 아니다. 이것은 심리학자와 사회학자의 몫이다"라고 베커를 비판했다. 하지만 1960년대 인권운동이 대두하면서 상황이 바뀌기 시작했다. 사람들은 차별과 경제학에 첨예하게 관심을 보이기 시작했고 이 문제를 진지하게 다룬 책은 베커가 쓴 책이 유일했다.

"영향력이 큰 사람들이 책을 읽으면서 상황이 급격하게 변하기 시작했습니다."

베커가 회상했다. 그의 책은 1971년 2차 개정판이 나오고 사람들이 차별을 이해하는 방식을 완전히 바꾸어놓으면서 고전으로 자리

매김하고 있다. 1992년 노벨위원회는 베커에게 노벨경제학상을 수여하면서 특별히 《차별의 경제학》에 찬사를 보냈고 언론에 발표한 보도자료에 이렇게 언급했다.

> 게리 베커의 분석은 종종 논란의 대상이 되어 초기에는 의혹과 심지어 불신을 받았다. 하지만 베커는 이에 굴복하지 않고 연구를 더욱 발전시켜 경제학자들 사이에서 점차 자신의 개념과 방법을 인정받았다.[4]

편견이
줄어들고 있다

반감에 근거한 차별이 여전히 위세를 떨치고 있다. 마음대로 욕을 할 수 있는 라디오 프로그램에 귀를 기울인 사람은 누구든 들어보았을 정도로, 충격적인 농담이 공공연하게 표출되기도 한다. 백인과 흑인이 세계 모든 나라에서 잘 어울려 지내는 것은 아니다. 동성애자 또한 여전히 위협을 당하거나 매를 맞거나 총격에 쓰러진다.

그런데도 우리는 차별에서 점점 멀어져왔다. 일반 미국인이 1957년에 혼수상태에 빠졌다가 요즈음 깨어난다면 그동안 바뀐 사회 태도에 깜짝 놀랄 것이다. 문화의 측면에서 보면 현대의 삶은 과거와 달라서 사람들의 사회적 성향과 선호도도 진화했다. 예를 들어 여성이 남성보다 열등하다거나, 여성의 삶이 남편·자녀·가정을 중심으로만 돌아가야 한다는 광범위한 전제는 더 이상 통하지 않는다. 가정 밖에서 일하는 여성이 교사나 간호사를 비롯해 소위 핑크칼라로 분류되는 여성 전담직에 한정되지도 않는다. 2013년 하버드 대학교 경영대학원 졸업생 중 여성이 차지하는 비율은 약 39%로 역대 최고였고, 2011년에는 석사학위 수여자의 수에서 여성이 남성을 앞질렀다.[5] 실제로 많은 고용주가 능력 있는 여성을 채용하려고 애쓰고 있으며, 임신한 여성을 회사에 계속 붙잡아둘 목적으로 출산휴가를 기꺼이 제공하는 실정이다.

이에 덧붙여 흑인을 향한 백인의 내재적 반감도 전반적으로 줄어드는 추세다.[6] 〈USA 투데이〉와 갤럽이 2011년 공동으로 실시한 여론조사에 따르면, 대중은 다른 인종 간의 결혼에 과거보다 우호적인 반응을 보여 미국인의 43%는 사회에 유익하다고 응답했고 44%는 같은 인종 간의 결혼과 다르지 않다고 말했다. 조사 대상자의 3분의 1 이상은 친척이 타인종과 결혼했다고 대답했고, 거의 3분의 2는 가족이 타인종이나 타민족과 결혼하더라도 상관없다고 응답했다.[7]

많은 아프리카계 미국인은 공공정책에서 더 이상 주변 인물이 아니다. 정책수립자들은 백인 자녀와 소수인종 자녀의 학업성취도 격차를 줄이는 데 심혈을 기울이고 있다. 심지어 미국인은 흑인 대통령을 두 번이나 선출했다. 간단하게 말해 우리는 더 이상 20세기에 살고 있지 않으며 이는 타인종에 대한 반감을 해소하는 청신호이다.

떠오르는 문제, 경제적 차별

증오를 근거로 타인을 차별하는 행위의 동기가 문화적으로 진화하는 것은 좋은 현상이지만 요즈음은 베커가 젊은 시절 겪었던 반감과 매우 다른 종류의 차별이 새롭게 부상하고 있다. 경제학자들이 '경제적 차별'[8]이라고 부르는 이러한 종류의 편견은 인종차별 · 동성애혐오 · 성차별보다 미묘한 성격을 띠고 점차 확산하면서 여러 형태를 취하기 때문에 분석하기 어렵고 매우 사악할 때가 많다. 또한 이러한 차별은 전적으로 경제적 사리사욕에 근거하여 '자기 이익만' 생각한다. 반감도 사리사욕과 관계가 있지만 특정한 인종을 혐오하는 사람은 돈보다는 타인을 해치려는 욕구를 채우는 데 더욱 관심을 쏟는다.

보험료나 대출금 청구서에 적힌 금액만 보더라도 경제적 차별이 존재한다는 사실을 알 수 있다. 건강보험사는 경제적 의미에서 치료 비용이 비싼 질병에 걸릴 위험성이 더 높다는 이유로 흡연자에게 더욱 많은 보험료를 청구한다. 은행은 신용등급이 좋지 않은 고객이 상대적으로 채무를 이행하지 않을 위험성이 크다고 말하면서 대출 이자를 더 높게 책정한다.

경제적 차별을 노골적으로 드러낸 사례로 자동차보험이 있다. 남성 운전자는 보험담보 범위가 같은데도 여성 운전자보다 자동차보험료를 20% 이상 초과 납부한다. 이렇듯 불평등한 처사가 불법은 아닌지 궁금할지도 모르겠다. 인권법은 인종과 성별 같은 임의적 특징을 근거로 차별하는 행위는 불법이라고 분명히 규정하고 있기 때문이다. 하지만 여성은 남성보다 평균적으로 자동차사고를 적게 낸다. 따라서 법원은 보험사가 여성에게 지불하는 보험금이 남성보다 적으므로 여성에게 자동차보험료를 적게 청구하는 것은 합법이라고 판결했다.

사회는 보험처럼 서비스 제공에 드는 비용의 차이를 근거로 행하는 차별은 괜찮다고 인정하는 것 같다. 하지만 해외에서는 이러한 경제적 차별을 제지하려는 움직임이 일어나고 있다. 예를 들어 유럽연합은 자동차보험에서 발생하는 경제적 차별을 금지시키려고 논쟁을 벌이고 있다. 자동차보험사의 예측에 따르면, 이러한 시도가 성공하면 남성이 내야 하는 보험료는 10%가량 감소할 것이다(물론 이 경우에는 여성의 보험료가 인상되므로 보험회사는 잃을 것이 없다).

경제적 차별도 정확하든 정확하지 않든 타인의 경제적 상황에 대한 정보를 자신이 확보하고 있다고 믿는 데서 파생한다. 여러 이유로 사람들과 기업들은 경제적 이익을 더욱 많이 취하기 위해 개인을 차별할 인센티브가 자신에게 있다고 믿을지 모른다. 예를 들어 건설업자는 백만장자 CEO가 소유한 멋진 주택의 지붕을 수리하면서 평범한 주택의 소유주보다 돈을 많이 지불할 수 있으리라 생각하고 수리비를 20% 부풀려 청구할 수도 있다. 기업은 주주들의 수익 기대치를 충족시키려면 소비자가 지불하는 가격을 올려야 한다고 생각할 수 있다. 이러한 유형의 차별은 반감에 근거하지 않고 냉정하고 순수하게 금전적 인센티브를 토대로 한다.

더 많은 비용을 청구받은 사람이라면 이러한 종류의 명백한 불공평에 불쾌감이 들겠지만 그렇다고 건설업자가 그에게 특별히 큰 반감을 품고 있는 것은 아니다. 건설업자는 단지 자신에게 돌아올 순이익에만 관심을 기울이기 때문이다. 건설업자나 보험사가 인센티브를 지향하여 취하는 관점에 따르면 경제적 차별은 돈을 더 많이 버는 한 가지 방법일 뿐이다.

▲▲▲

겉으로 보기에 현대처럼 거래 기반 경제에서 발생하는 경제적 차별은 사회에서 완전히 용인되지만, 경제적 차별이 일어나고 있다는 사실을 피해자가 모르는 경우가 많으므로 특히나 끔찍할 수 있다. 경제적 차별은 사람들에 대해 넘쳐나는 정보와 더불어 인터넷 탓에 더욱 확산하고 있는 실정이다. 인터넷기업들이 매일 수집하는 엄청난 양의 개인정보를 생각해보라. 기업들은 쉽사리 자료를 분석하고 통합하여 양호한 고객을 가려낸다. 이러한 자료를 충분히 활용하여 경제적 차별을 실시함으로써 자사의 순익을 늘리는 것이다.

일례로 미주리 주 퍼거슨 시에 거주하는 65세의 로버트 콜Robert Cole의 사례를 생각해보자. 콜은 당뇨병을 앓는 친구를 도와줄 심산으로 당뇨병에 관한 정보를 웹사이트에서 찾아 친구에게 전해주었다. 얼마 지나지 않아 당뇨검사 용품의 온라인 광고와 우편 홍보물이 도착하기 시작했다. 대체 누가 콜에 관한 개인정보를 포착한 것일까? 그가 구글에 찾아본 검색어는 어떻게 추적되고 분석되고 이용될까? 콜은 기자에게 이렇게 말했다.

"내가 누군가의 데이터베이스에 당뇨병 환자로 올라가 있는 건가요? 나는 당뇨병 환자가 아닌데요. 대체 이 사태를 어떻게 바로잡아야 하는지 모르겠어요."[9]

매우 으스스한 이야기다. 물건을 구매한 이력, 최근에 방문한 웹사이트, 재정상태 등 자신이 남긴 전자지문이 자신에게 불리하게 사용되면 어떤 사태가 벌어질까?

실제로 대부분의 인터넷 사이트는 소비자가 이해하지 못하는 방식으로 검색 정보를 사용한다. 자동검색로봇이 웹을 휩쓸면서 소비자 정보를 취하고, 브로커가 사용자의 예상 온라인 행동을 실시간으로 판매하는 한편, 웹사이트는 쿠키와 브라우저 지문을 사용하여 사용자를 추적한다. 소비자가 온라인에서 쇼핑을 할 때마다 전자지문이 남으므로 기업은 해당 소비자의 소비 이력, 최근에 방문한 웹사이트, 재정상태에 관한 상세한 정보를 수집할 수 있다. 많은 웹사이트가 이러한 정보에 가격을 설정하고, 기업은 이러한 정보를 사용하여 소비자의 인센티브를 파악하고 그에 따라 행동함으로써 이익을 늘린다.[10]

이러한 경제적 차별에 가담한 온라인기업은 시간을 두고 구매 상황을 추적하여 특정 소비자의 재정상태를 분석하고, 다른 소비자보다 돈을 더 많이 지불할 수 있는 사람이라고 판단을 내릴지 모른다. 해당 소비자가 다른 사람보다 경제적으로 여유가 있거나 검색을 게을리한다면 경제적 차별에 희생될 가능성이 크다.

하지만 이러한 종류의 차별이 어째서 문제일까? 현실에서 소비자들이 지불하는 가격은 저마다 다르지 않은가? 항공권을 구매하거나, 호텔 객실을 예약하거나, 자동차를 대여할 때면 누구나 경제적 차별에 부딪힌다. 기업은 고객마다 다른 가격을 제시하면서 자사 제품을 구매하게 하려면 고객에게 어떤 인센티브를 제공해야 할지 고민한다. 단 하루 진행하는 회의에 참석하기 위해 시카고에서 샌프란시스코까지 비행기 편을 이용하는 돈 많은 여성 사업가는 주머니가 얄팍한 10대 승객보다 가격에 둔감할 수도 있다. 그렇다면 항공사가 부유한 여성 사업가에게 항공료를 더 많이 청구하지 말아야 할 이유가 있을까?

온라인 세계가 안고 있는 문제는 고객이 가격 차이를 알 수 없는 탓에 자신이 차별행위의 대상이나 피해자라는 사실을 모른다는 것이다. 비싼 옷을 입고 자동차 대리점에 걸어 들어가서 전시장에 진열된 가장 비싼 자동차에 대한 설명을 들은 사람은 현재 어떤 상황이 벌어지고 있는지 파악하고, 가격표에 적힌 가격이 앞으로 흥정하는 출발점이 된다는 사실을 알고 있을 개연성이 크다. 하지만 같은 사람이라도 온라인으로 항공권을 구매할 때는 자신의 높은 연봉과 고급 생활방식 때문에 항공료가 더욱 비싸게 책정된다는 사실을 모를 수 있다. 한마디로 이러한 종류의 차별에 대해 속수무책이다.

웹사이트는 컴퓨터 알고리즘을 기반으로 가격을 설정하는데, 여기에는 쇼핑 이력 · 집 주소 · 소비 패턴 · 신용카드 계정 등의 정보가 포함된다. 게다가 이러한 프로그램은 놀라울 정도로 능숙하게 사람들의 미묘한 차이를 인식하고 활용하기까지 한다. 웹사이트에서 같은 항공권을 다른 소비자에게 더욱 저렴한 가격에 판매한다는 사실을 알아내더라도 고객은 이러한 정보를 이용하여 가격을 흥정할 수 없다. 웹사이트가 더욱 저렴한 가격에 항공권을 구매하도록 허용하지 않기 때문이다.

그렇다면 이렇게 말할지도 모르겠다. "그게 뭐 어떻단 말인가? 부자가 돈을 더 많이 지불할 여력이 있다면 내야 하는 것 아닌가?" 하지만 이렇게 생각해보자. 전통적 소매 매장이 여성·소수집단·장애인 등에게 다른 소비자보다 높은 가격을 제시했다면 부당하다고 생각할 것이다. 경제적 차별이 인권법 아래에서 이도저도 아닌 애매한 영역이기는 하지만 사람들은 대부분 이러한 행동이 불공정하다고 믿는다.

경제적 차별은 반감과 마찬가지로 온갖 종류의 일상 상황에서 발생한다. 거리에서 길을 물을 때, 온라인이나 오프라인으로 쇼핑할 때, 구직활동을 할 때, 자동차를 정비소에 맡길 때 등이 그렇다. 차별 여부를 판단하기 힘들 때가 많지만 이를 구별하는 것이 중요하다. 정책수립자는 차별하는 행위를 부추기는 요인을 파악해야 비로소 편견에서 사람들을 보호할 수 있기 때문이다.

따라서 반감이 뿌리인 편견과 경제적 차별은 어떻게 구별할 수 있을까? 우리는 이 점을 파악하기 위해 거리로 나갔다.[11]

성공을 부르는
옷차림

10대 자녀를 둔 50세에 접어든 중년 여인 잰은 머리가 희끗희끗하고 금테 안경을 썼으며 날씨가 추운 탓에 코가 빨개졌다. 짙은 파란색 코트를 입고 목에 베이지색 머플러를 칭칭 감아 중무장한 잰은 우리에게 임무를 부여받은 비밀요원이었다. 우리는 그녀에게 길거리에서 무작위로 행인들을 골라 시카고에서 유명한 장소인 윌리스타워로 가는 길을 물으라고 지시했다. 잰이 처음 잡은 중년 백인 여성은 조금만 가면 타워 입구라고 말했다.

"여기서 두 블록을 걸어 내려가서 미시건 애비뉴를 만나면 횡단보도를 건너세요. 다시 한 블록을 걸어 밴뷰런이 나오면 오른쪽으로 입구가 있어요."

중년 여성은 친절하게 길을 가르쳐주었다. 잰은 고맙다고 인사하고 걷기 시작했다. 그렇다면 그 여성이 가르쳐준 길은 맞을까?

다음 비밀요원인 타이론은 20세 흑인 남성으로 헐렁한 바지를 허리에 낮게 걸치고 후드티를 받쳐 입었다. 타이론은 다른 중년 백인 여성에게 공손하게 다가가 길을 물었다. 중년 여성은 쏜살같이 "몰라요"라고 대꾸했다. 30대 남성 직장인에게 길을 묻자 타이론을 멀거니 쳐다보더니 틀린 길을 알려주었다.

실험을 통해 우리는 나이 · 성별 · 인종이 다른 사람이 길을 물었을 때 어떤 종류의 반응에 부딪히는지 알고 싶었다. 타인을 기꺼이 도우려는 마음이 차별 때문에 달라질까? 점잖은 백인 중년 여성이 길을 물으면 행인은 어떻게 반응할까? 젊은 흑인 남성에게는 어떻게 반응할까? 젊은 백인 여성에게는? 젊은 백인 남성에게는? 흑인 중년 남성의 경우는 어떨까? 아래 표에서 볼 수 있듯 우리는 나이와 성별, 인종이 다른 사람에게 도와달라고 부탁했다. 실험 결과는 어땠을까? 각 '비밀요원'이 유용한 반응을 얻은 것은 몇 차례일까? 행인이 대화에 들인 시간은 평균적으로 얼마였을까?

'비밀요원'	'도와준' 응답자의 비율	대화시간
20세 흑인 여성	60%	20초
50세 흑인 여성	63%	20초
20세 흑인 남성	31%	13초
50세 흑인 남성	61%	20초
20세 백인 여성	75%	24초
50세 백인 여성	63%	18초
20세 백인 남성	52%	16초
50세 백인 남성	59%	20초

　　표에 적힌 숫자를 살펴보면 흥미롭다. 여성, 특히 젊은 여성이 길을 물었을 때 도움을 받을 확률이 높다. 중년 남성의 경우에 도움을 받을 확률은 흑인이 백인보다 약간 높다. 하지만 젊은 흑인 남성이 도움을 받을 확률은 인종을 불문하고 젊은 여성·중년 남녀보다 낮으며 젊은 백인 남성보다 낮아서, 통행인에게 길을 묻느니 차라리 GPS를 지니고 다니는 편이 낫다.

　　흑인 남성에게 길을 알려주지 않은 행인들을 인종차별주의자로 생각할 수도 있고 일부는 그럴 것이다. 하지만 자료를 검토해보면 중년 흑인 남녀와 젊은 흑인 여성에게는 길을 가르쳐준 것으로 보아 일반적으로 흑인에 대한 반감이 원인은 아닌 것 같다. 대체로 흑인을 도와줄 의향은 있지만 특정 젊은 흑인 남성에게 얼마간 위협을 느끼는 것은 경제적 차별일 수 있다.

행인이 타이론을 무시한 근거는 증오가 아니라 두려움이고 자신을 보호하려는 욕구이다. 불행히도 다른 집단에 비해 젊은 흑인 남성의 범죄율이 높으므로 행인의 타이론에 대한 두려움 이면에는 범죄에 대한 두려움이 도사리고 있을 수 있다. 같은 논리를 적용하여 머리를 빡빡 밀고, 목이 긴 부츠를 신고, 나치의 상징을 문신으로 새긴 젊은 백인 남성을 같은 거리에 세워놓는다면 행인은 그 사람 역시 쏜살같이 피해갈 것이다.

이러한 결론이 맞는지 확인하기 위해 실험에 경제적 요소를 추가하기로 했다. 타이론과 다른 젊은 흑인 남성을 이번에는 정장을 입혀 거리로 내보냈다. 행인의 반응이 인종에 대한 반감에서 생겨나는 것이라면 젊은 흑인 남성들은 여전히 냉랭한 대우를 받으리라 전제했다. 이와는 달리 복장이 행인에게 영향을 미친다면 이들은 안전한 사람으로 보여 길 안내를 받을 수 있을 터였다.

이 실험에서 젊은 흑인 남성은 행인에게 친절한 대우를 받고 젊은 여성과 마찬가지로 양질의 정보를 들었다. 우리 마음에 들지는 않았지만 어쨌거나 결론은 명쾌했다. 복장은 백인보다 흑인에게 중요했다. 젊은 흑인 남성은 차별을 적게 당하려면 옷을 차려입어야 한다.

이러한 결과는 명백히 논란거리이다. 2012년 플로리다에 있는 폐쇄적 주택단지에서 무기를 소지하지 않은 10대 흑인 트레이본 마틴Trayvon Martin이 히스패닉계 혼혈 자경단원인 조지 지머먼George Zimmerman이 쏜 총탄에 맞아 사망했다. 당시 마틴이 후드티를 입고 있었다는 정황에 따라 폭스TV 진행자인 제랄도 리베라Geraldo Rivera는 소년이 사망한 데는 복장 탓도 있으리라 생각하고, 〈폭스 앤 프렌즈Fox & Friends〉에서 이렇게 주장했다.

"흑인과 라틴계 부모들은 자녀가 외출할 때 특히 후드를 입히지 말기를 촉구한다. 트레이본이 사망한 데는 조지 지머먼만큼이나 후드도 책임이 있다."12

리베라의 이러한 발언이 방송을 타면서 토크쇼 진행자가 피해자를 탓한다며 시청자들의 비난이 빗발쳤다. 아마도 리베라는 사람들이 후드 입은 유색인종을 사회에 위협적인 존재인 '갱단'으로 인식하기가 쉽다는 생각을 밝힌 것 같다. 하지만 과연 마틴이 유색인종이고, 후드를 입었다는 점이 사망의 원인이었을까? 애석하게도 시카고 거리에서 실험을 실시해보니 젊은 흑인 남성의 경우에는 옷차림에 따라 대우받는 방식이 크게 달라졌다.

리베라가 사과하자 마틴의 아버지는 이렇게 항변했다.

"후드 운운하는 문제에 대해 한 가지만 덧붙이겠소. 사람들이 이 사실을 모르고 있는 모양인데, 사건 당일에는 비가 내리고 있었어요. 따라서 내 아들은 충분히 후드를 쓰고 있을 만했단 말이오. 비를 피하려고 후드를 썼던 거죠. 후드를 쓰고 빗속을 걷는 게 범죄라면 세상이 잘못되어도 단단히 잘못된 거요."

이 사건을 좀 더 넓은 시각으로 바라보자. 100년 전만 해도 트레이본 마틴의 사망 같은 끔찍한 사건은 흑인을 차별하는 남부의 '백인 세상'에서는 전혀 뉴스거리가 되지 않았을 것이다. 하지만 50년 전인 1963년 시민운동가 메드거 에버스Medgar Evers가 총격으로 사망하면서 인권운동에 불길이 붙어 유색인종이 정의를 위해 하나로 뭉치기 시작했다. 오늘날은 무기를 소지하지 않은 10대 흑인 소년의 사망이 사회에 한바탕 분노를 일으켰고 모든 유색인종이 한마음으로 일제히 일어나 정의를 외치는 계기가 되었다. 그토록 많은 사람들이 목숨을 걸고 싸워 일구어낸 보다 관대한 사회도 그만큼 쉽게 방향이 바뀔 수 있다. 시카고 거리에서 실시한 실험을 토대로 판단해볼 때, 대개 반감과 인종차별주의는 이보다 훨씬 민감한 주제인 경제적 차별로 진화했다. 하지만 이따금씩 반감과 인종차별주의는 교묘하게 뒤섞여 끔찍한 결과를 초래한다.

휠체어를 탄 조, 정비소에 가다

결국 우리는 실험을 거치면서 경제적 차별과 반감을 구별하는 기준 하나를 찾아낼 수 있었다. 반감의 근거는 '다른 사람을 향한' 증오인 반면에, 경제적 차별의 근거는 '자기 이익만 생각하는' 태도이다. 우리는 여기에서 그치지 않고 다른 종류의 차별로서 장애인에 대한 차별대우를 고찰해보기로 했다.

조는 휠체어에 앉아 생활해야 한다. 어렸을 때 병을 앓은 탓에 두 다리를 쓸 수 없기 때문이다. 지금은 아침 여섯시 삼십분이고 1월인 바깥의 기온은 영하 6도이다. 조는 시카고 도심에 있는 아파트 건물 7층에 산다. 자명종이 요란하게 울리자 스위치를 끄고 팔로 몸을 지탱하면서 상체를 일으켜 이불을 젖히고 침대 끝에 있는 옷을 끌어당겨 입고 양말을 신는다. 너무 힘이 들어 잠시 쉬면서 기력을 회복한다. 그러고는 엉덩이를 좌우로 움직이며 침대에서 몸을 굴려 두 다리를 침실 바닥에 떨군다.

간신히 몸을 움직여 전동휠체어에 몸을 싣는다. 오렌지주스, 커피, 머핀으로 아침을 급하게 먹고 휠체어를 굴려 승강기를 타고 건물 1층으로 내려간다. 통로와 주차장에 쌓여 있던 눈은 치워졌지만 얼음이 얼어 길이 미끄럽다. 여기저기 흠집이 난 장애인용 밴이 있는 곳으로 휠체어를 조심스럽게 몬다.

자동차 열쇠에 달린 버튼을 눌러 밴의 옆문을 열고 작은 리프트를 내린다. 휠체어를 리프트에 올려 밴에 오른 후 운전석 쪽으로 회전시킨 다음에 열쇠를 꽂고 시동을 건다. 수동 조작기를 조심스럽게 움직여 밴을 운전해 주차장을 빠져나와 거리에 나선다.

15분 동안 밴을 몰아 장애인 지정 주차공간이 있는 자동차정비소에 세운다. 밴에서 리프트를 내리고 아직 눈을 치우지 않은 통로를 거쳐 휠체어용 경사로로 들어선다. 바닥에 얼음이 얼어 움직이기가 힘들지만 가까스로 앞으로 나간다. 결국 경사로의 끝에 도착하여 정비소의 문을 두드린다.

일련의 묘사를 읽기만 해도 고통스럽다면, 일상생활을 하느라 비장애인이 상상하는 이상으로 애를 써야 하는 수백만 장애인의 심정이 어떨지 생각해보라.

하지만 장애인에 대한 차별문제를 연구하는 사람은 소수에 불과하다. 노인과 마찬가지로 장애인의 수도 전 세계적으로 증가 추세라는 현실을 고려하면 놀랄 만한 현상이다. 물론 이 이야기에 등장하는 조는 우리의 비밀요원이다. 조는 무슨 일이든 전투를 치르듯 해야 한다. 휠체어를 실을 수 있는 택시가 많지 않으므로, 힘들여서 자동차정비소까지 밴을 몰고 왔더라도 집에 가는 차편을 마련해야 하는 숙제가 여전히 남아 있다.

자동차 수리비는 얼마나 될까? 조는 여러 정비소를 다니면서 수리비 견적을 비교했을까? 아니면 이곳저곳 가격을 알아보기가 힘들어서 처음 찾아간 정비소에서 그냥 고치기로 했을까?

자동차정비소에 가면 대개는 어떤 작업이 필요하고 비용은 얼마나 들지 모른다(엔진오일을 갈거나 배기가스를 점검하는 등 일상적인 작업이 아니라면). 정비공들은 자신의 판단뿐 아니라 필요한 작업의 난이도를 근거로 수리비를 책정한다. 현장연구를 실시할 목적으로 우리는 29~45세 남성 몇 명을 자동차정비소에 보냈다. 이들 중 절반은 조와 형편이 비슷하여 평소에 휠체어를 사용하고 장애인용으로 특별히 설계한 차량을 운전한다. 우리는 이 사람들을 보내 서로 다른 차량을 고치는 비용을 알아보게 했다. 절반의 경우에는 장애인이 정비소에 직접 차를 몰고 가서 수리비를 물었다. 나머지 절반은 비장애인이 같은 차를 몰고 가서 수리비를 물었다.

평균적으로 정비소가 장애인 남성에게 제시한 수리비 견적은 정상 남성보다 30% 비쌌다. 대체 이유가 무엇일까?

이 질문에 대한 대답을 생각해보기 위해 우선 자동차정비소 직원의 입장에 서보자. 조가 정비소로 휠체어를 타고 들어온다. 두 사람 사이에 다음과 같은 대화가 오간다.

> **직원:** 안녕하세요! 오늘 아침은 날씨가 쌀쌀하네요.
>
> **조:** (투덜대듯) 그러게요. 밴을 손봐야 해서요. (손가락으로 밴을 가리키며) 바깥에 세워놓았어요. 수리비가 얼마나 들까요?
>
> **직원:** (조를 쳐다보며) 오늘 많이 바쁜데요. 하지만 되도록 빨리 봐달라고 하겠습니다.
>
> **조:** 알겠습니다. 기다릴게요.

조가 휠체어를 밀고 대기실에 들어가는 동안 직원은 머릿속으로 재빨리 계산한다. 정비소에 올 때까지 무척 힘들었겠다고 생각하니 안쓰럽다. 대기실에서 한숨 돌리고 쉬어야 할 것처럼 보인다. 다른 한편으로 또 한 번 이러한 수고를 하며 다른 정비소에 가서 가격을 물어볼 확률이 얼마나 될지 가늠한다.

30분 후 정비공에게 수리하는 데 걸리는 시간과 비용을 듣고 나서 직원은 조에게 수리비가 1,415달러 정도 들 것이라고 말한다. 이것은 비장애인에게 청구하는 금액보다 30% 많다. 실제로 우리가 사람을 시켜 자동차정비소에 들러 수십 번 비슷한 실험을 하고 내린 결론에 따르면, 평균적으로 장애인에게 부르는 수리비 견적은 비장애인보다 약 30% 많다.

정비공은 인센티브에 반응한 것일까? 아니면 그저 장애인을 도와주기 싫어서일까? 우리의 직관으로는 조가 달리 선택의 여지가 없다는 사실을 정비공이 간파했기 때문이다. 정비공은 조가 밴을 몰고 오느라 이미 진이 빠졌으므로 이제 와서 다른 정비소를 찾아가 견적을 다시 뽑는 수고를 하지 않으리라 추측하고 수리비를 좀 더 많이 청구하기로 마음먹었다. 한마디로 정비공은 장애인에게는 수리비를 좀 더 많이 받을 수 있다고 생각한 것이다.

우리의 직관이 맞는지 검증하기 위해 사람들을 완전히 새로 교체하여 정비소에 보내되 장애인과 비장애인 모두에게 이렇게 말하라고 시켰다.

"오늘 세 군데를 들러 가격을 알아보고 왔습니다."

무슨 일이 벌어졌을까?

이번에는 장애인과 비장애인 모두 같은 금액의 견적을 받았다. 따라서 우리는 정비공이 단순히 경제적 차별을 했다고 결론을 내렸다. 그들은 이런 식으로 고객의 장애를 이용하여 수입을 올림으로써 뻔뻔스럽고 불공정하게 경제적 차별에 가담하고 있었다. 정비공은 더 많은 돈을 벌 수 있는 기회라는 인센티브에 반응한 것이다.

▲▲▲

앞에서 살펴보았듯 경제적 차별은 단순한 계산에 근거한다. 사람과 기업은 이런저런 이유를 들어 자신에게 개인을 차별할 동기가 있다고 믿을 가능성이 있다. 아마존닷컴Amazon.com은 수익에 대한 주주의 기대치를 충족하기 위해 일부 고객이 지불하는 요금을 인상해야 한다고 생각할지 모른다. 보험회사는 흡연을 하느라 건강을 해칠 위험성을 감수하는 사람들에게 공정한 처사라고 생각하면서 흡연자에게 청구하는 보험료를 인상할지 모른다. 자동차정비공은 수입을 올리기 위해 장애인 운전자에게 수리비를 초과 청구할지 모른다. 유리의 아내가 채용되지 못한 이유도 여성에 대한 반감과 무관하고 오로지 '직장에 철저하게 헌신적'이기를 바라는 기대심리와 관계가 있다. 이러한 유형의 차별은 반감이 아니라 경제적 인센티브에 그 뿌리가 있다. 따라서 부당한 대우의 표적이 된 사람은 자신이 차별을 당하지 않는 사람과 같다는 신호를 보내야 한다.

다음 장에서는 새로운 시장을 찾아가 반감과 경제적 차별의 문제를 더욱 깊이 고찰하고, 사회가 차별에 대처하는 방법에 관하여 설명하려 한다.

7

현대의 차별을 끝내는 방법을
한마디로 표현한다면?

정보에 주의하라, 아니면 역습을 당할 수 있다.

THE
WHY
AXIS

20세기 초 이후 서구 문명이 발전해온 모습을 생각하면 저절로 탄성이 나온다. 우리의 할아버지들이 요즘 태어났다면 그들이 젊을 때 만연했던 반감을 겪지 않았을 것이다. 사회에서 반감이 사라져가는 모습을 지켜보면 마음이 훈훈하다. 하지만 평등한 사회를 이루려면 갈 길이 여전히 멀다. 엎친 데 덮친 격으로 경제적 차별로 상황은 더욱 암담하다. 경제적 차별 때문에 반감의 정체가 쉽게 드러나지 않기도 한다.

왜 그럴까? 대개 사람들은 반감이 나쁘다고 동의하면서도 일부 형태의 경제적 차별을 허용할 수 있을지를 둘러싸고 의견을 달리하기 때문이다. 경제적 차별은 종류에 따라 정당해 보이기도 하고, 불쾌하기도 하고, 법적 제재를 받아 마땅해 보이기도 한다. 또한 부정할 수 없는 사실에 근거하기도 하고, 문화적 고정관념과 신념에 근거하기도 한다. 허용가능한 차별과 그렇지 않은 차별을 분류하기도 애매할 때가 많다.

앞 장에서 인용했던 지붕 수리업자의 예로 돌아가보자. 시장에서 치열한 경쟁과 심각한 경제난에 시달리고 있는 건설업자라면 지붕을 수리해주는 대가로 CEO 고객에게 다른 사람보다 많은 수리비를 청구하는 것이 정당하다고 느낄지 모른다. 이러한 경우에 사람들은 해당 건설업자를 좀 더 관대한 눈으로 볼 수도 있다. 어쨌거나 그가 CEO 고객에게 과다 청구한 동기는 단순한 탐욕이 아니라 순수한 생존본능이기 때문이다. 하지만 그가 요트를 사기 위해 고객에게 수리비를 과다 청구했다면 사람들의 생각은 달라질 수 있다.

많은 사람이 해당 건설업자처럼 경제적 손실 등 여러 종류의 손실을 피하려고 차별하는 것은 무방하다고 느낀다. 그러나 그가 자기 이익을 늘리려고 차별하면 탐욕스러운 악덕업자로 치부한다. 하지만 곰곰이 생각해보면 '손실'과 '획득'은 이 책에서 살펴본 것처럼 단순히 프레이밍이 다를 뿐이다. 획득도 손실로 규정할 수 있고 반대의 경우도 마찬가지다.

경제적 차별은 위험 절감이라는 매우 합리적으로 보이는 동기와 관계가 있을 수도 있다. 사람들은 흡연자에게 건강보험료를 더 많이 청구하고,[1] 남성에게 자동차보험료를 더 많이 청구하는 것이 합리적이라 생각할 수 있다. 또한 자동차대여 회사는 25세 이하의 운전자에게 자동차를 빌려주지 않을 권리가 있다고 판단할 수 있다. 안전하게 운전하는 남성과 운전기술이 뛰어난 젊은 운전자에게 이러한 포괄 계약은 불공정해 보일 수 있지만 보험회사는 비용을 통제하려면 어쩔 수 없다고 주장한다. 이와 마찬가지로 고용주가 지불하는 비만 직원의 건강보험료는 다른 직원보다 비쌀 수 있다. 에어프랑스 Air France와 사우스웨스트 항공 Southwest Airlines 등은 승객의 체구가 지나치게 커서 팔걸이를 내리고 몸이 좌석 하나에 들어가지 않으면 좌석 2개의 요금을 청구한다.

매표구에서 이러한 상황을 맞은 비만 승객은 굴욕감을 느낄 수 있다. 사우스웨스트 항공의 매표구에서 항공권을 사려던 켄리 티지먼은 몇 가지 사적인 질문을 받았다.

"직원이 내 옷 사이즈와 체중을 물었어요. 나는 혼잡한 매표구 앞에서 대답해야 했죠. 낄낄거리고 웃는 사람도 있더군요."[2]

사우스웨스트의 정책은 회사의 관점에서 생각하면 경제적 측면에서 합당하지만 비만인 사람은 그 정책이 반감에 근거한다고 느끼기 쉽다.

건설회사의 채용 관리자가 공사 감독을 찾고 있다고 생각해보자. 공사 감독직에 남성이 더 우수하다고 생각하기 때문에 여성 후보를 면접하지 않겠다고 거부해도 될까?[3] 인부들과 잘 어울려 일할 가능성이 높은 남성으로 후보자의 자격을 제한하면 채용 관리자뿐 아니라 다른 구직자들의 시간과 노력, 돈을 절약할 수 있다. 경제적 차별을 인정한다면 이는 완벽하게 훌륭한 주장이지만 동시에 뻔뻔스러운 성차별적 주장이기도 하다. 1995년 학계의 구직시장에서 고용주가 존을 무시했던 것처럼 채용 관리자는 단순히 여성이라는 이유로 면접을 거부할 것인가?

눈을 돌려 동성애자에 대한 차별을 생각해보자. 미국사회가 발전하면서 이 문제가 더욱 부각되고 있기는 하지만 동성애자를 향한 차별은 역사가 길고 요란하다. 남창과 동침했다는 이유로 기소되었을 때 레오나르도 다빈치Leonardo da Vinci가 깨달았던 것처럼 사회는 수백 년 동안 동성애를 범죄로 여겨왔다. 나치는 동성애자를 체포하여 거세한

다음에 노예 노동자로 혹사시켰고 요제프 멩겔레[Joseph Mengele] 박사의 극악무도한 의학실험의 도구로 사용했다. 1933~1945년 독일 경찰이 동성애자라는 이유로 체포한 남성의 수는 10만 명에 달했다.[4]

오늘날에도 소수이지만 동성애에 강력하게 반대하는 사람이 있고, 많은 주가 동성애자끼리의 결혼을 불법으로 규정하고 있지만, 미국은 더 이상 동성애를 범죄로 간주하지 않는다. 하지만 시장에 만연한 동성애자에 대한 차별은 어떤 종류일까? 반감을 근거로 증오 범죄와 사회적 고립을 부추기는 차별일까? 경제적 차별일까? 아니면 두 가지 차별이 혼재할까?

차별의 뿌리를 파헤치기 위해 우리는 온건하고 중립적이며 일상적인 시장환경, 즉 자동차대리점에서 사람들의 행동을 관찰하기로 했다. 미국에서 팔리는 자동차는 매년 1,600만 대에 달하므로 대개 개인이 가장 흔하게 개입하는 중요한 거래의 대상이다. 게다가 거래금액이 크기는 하지만 거래 기간이 상대적으로 짧기 때문에 자신이 관찰당한다는 사실을 참가자가 알지 못하는 상태로 현장실험을 실시하기에 완벽한 장소이다.

그런 사람에게 자동차를 팔겠습니까?

다음 두 사례를 비교해보자.

사례 1

어느 화창한 가을 아침 시카고 소재 토요타Toyota 자동차대리점에 새 코롤라가 막 들어온다. 판매원인 버나드는 수수료를 두둑이 벌어들일 꿈에 부풀어 있다.

오전 열시경 두 젊은 남성이 매장에 걸어 들어온다. 두 사람은 매장 한가운데 전시된 반짝거리는 짙은 파란색 코롤라 CE 세단 쪽으로 향한다. 한 남성이 같이 온 남성에게 말한다.

"톰, 내가 말했지? 이 차 정말 멋지지 않아? 이 색깔 좀 보라고!"

"진짜 그렇네."

톰이 대답하면서 창문으로 잿빛 가죽 시트를 들여다보고 선루프를 살펴본다.

"이 차가 좋겠어."

차를 요리조리 뜯어보는 두 남성에게 버나드가 다가가 말을 건넨다.

"그 차 정말 잘 빠졌죠? 내부를 보여드리겠습니다."

버나드는 온열 좌석과 몇 가지 사양을 보여주고 나서 커피를 마시면서 자동차에 대해 이야기하자고 말한다.

사례 2

어느 화창한 봄날 제리와 짐이 도로변에 있는 혼다Honda 대리점에 들어간다. 애정을 공공연하게 과시하는 듯 손을 맞잡고 매장 한가운데 전시된 혼다 시빅 CE 쪽으로 향한다.

짐이 자동차의 사양과 가격이 적혀 있는 스티커를 읽으며 말을 꺼낸다.

"자기, 이게 우리한테 꼭 맞는 차야. 크기도 아담한데다 연비도 내구성도 좋아."

"진짜?"

파트너인 제리가 조수석 문을 열어 코를 킁킁거리며 기분 좋게 대꾸한다.

"새 차 냄새 정말 좋지 않아?"

판매원인 조지가 자동차를 요리조리 뜯어보며 흐뭇해하는 두 남성의 모습을 보고 브로슈어를 들고 다가간다.

"이 차가 마음에 드시나보군요. 이번에 새로 출시된 차입니다. 가격도 저렴하게 나왔어요. 여기 브로슈어가 있으니 읽고 계시면 곧 돌아오겠습니다."

이 실험에서 우리는 동료인 마이클 프라이스Michael Price와 함께 비밀요원들을 짝지어 비동성애자 친구, 비동성애자 연인, 동성애자 친구, 동성애자 연인으로 나누었다. 각 '커플'은 무작위로 결정한 서로 다른 대리점에서 자동차 가격을 흥정했고 모든 대리점에 두 번 갔다. 실험에서는 대리점이 각 커플에게 제시한 가격뿐 아니라 시험 주행과 음료수 등 어떤 서비스를 제공하는지도 기록했다.

실험 결과에 따르면 동성애자 커플이 가장 형편없는 대우를 받았다. 많은 판매원이 동성애자로 보이는 손님이 제시하는 가격을 거부했지만, 비동성애자 손님이 제시하는 동일한 가격은 받아들였다. 또한 75% 이상의 판매원이 동성애자 커플에게 첫 호가를 부풀렸다. 동성애자 커플이 원하는 가격을 제안하면 판매원은 그 가격을 거부하고 협상을 끝내는 확률이 훨씬 높았다.

하지만 이러한 결과가 일률적으로 나타나지는 않아서, 대리점에 따라서는 동성애자 커플을 비동성애자 커플과 똑같이 공손하게 대우하기도 했다.

동성애자 커플에 대한 대우는 판매원의 인종에 따라 달랐다. 소수인종 판매원이(아프리카계이든 히스패닉계이든) 동성애자 커플을 차별하는 경우가 백인 동료 판매원보다 훨씬 많았다. 동성애자 커플이 자동차 가격을 물었을 때 소수인종 판매원은 대다수 판매원이 부르는 평균 가격보다 약 1,233달러 높게 제시했다. 실제로 시험 주행도 제공하지 않았고 더 저렴한 자동차를 권하지도 않았다. 즉 동성연애자 커플이 스스로 구매를 포기한 것으로 보이게 해서, 후한 수수료를 기꺼이 포기하는 한이 있더라도 그들을 상대할 필요가 없는 쪽을 선택했다(그렇다고 소수인종 판매원이 모두 이렇게 행동한 것은 아니다. 대다수가 그럴 뿐이다).

대개는 소수인종이 사람들의 차이에 더욱 너그러우리라 생각하지만 사실은 정반대였다. 소수인종 판매원은 손님이 동성애자 커플로 보이면 자동차를 팔겠다는 인센티브를 포기하는 확률이 높았다. 소수인종에게 짙은 종교적 성향이 있는 것도 한 가지 이유였다. 많은 종교가 동성애를 잘못으로 간주하기 때문이다. 연구에서 도출된 증거를 검토하면, 종교를 믿는 사람들은 대부분 성적 지향이 유전적으로 결정되기보다는 스스로 선택하는 요소라 믿는다. 2007년 퓨리서치센터Pew Research Center의 '종교와 대중적 삶에 대한 포럼Forum on Religion and Public Life'이 실시한 여론조사에 따르면, 흑인은 "전반적인 미국 인구보다 여러 기준에서 눈에 띄게 종교적 성향을 보인다."[5] (이는 여러 연구 결과와 일치하는 결론이지만 편견이 있는 사람은 비만과 동성애 등의 조건이 통제가능하다고 믿기 때문에, 이를 선택했다고 생각하는 사람을 향해 더욱 큰 편견을 품는다.)

그렇다면 결코 개인의 선택이 아닌 인종문제에서도 같은 종류의 차별이 나타날까?

흥정의 조건

우리는 몇 사람을 손님으로 자동차대리점에 다시 보내기로 했다. 하지만 이번에 그들은 친구나 커플 행세를 하지 않고, 우리에게 받은 지침을 바탕으로 자율적으로 말하고 행동했다. 비밀요원으로 파견된 사람은 모두 중년이고 흑인과 백인이 절반씩이었다. 배경을 파악하기 위해 우선 다른 점을 눈여겨보면서 다음 두 가지 사례를 비교해보자.

기준 시가가 5만 5,000달러인 2012년식 BMW 335i는 비싸지만 멋진 차이다. 합금 이중살 바퀴를 장착하고 검은 가죽으로 좌석을 씌운 화려한 내장의 와인색 오픈카는 자동차계의 진정한 예술작품이다.

운동선수처럼 건장한 판매원 리처드가 미소를 지으며 손님인 짐에게 말을 건넨다.

"정말 예쁘지 않나요? 한번 몰아보시겠어요?"

"그럴까요?"

짐이 짐짓 흥분을 감추며 태연한 척 대답한다. 이 멋진 차를 운전하다니 꿈만 같다. 리처드가 열쇠를 가지러 간 동안 짐은 기준 가격표에 어떤 사양을 덧붙일지 생각한다. 온열 좌석, 능동 조향장치, 합금 바퀴, 고급 헤드라이트…… 특히 헤드라이트는 어둡고 비 내리는 겨울밤에 아내에게 요긴할 것이다.

그사이 리처드가 열쇠를 가져오고 짐은 핸들을 잡는다. 오픈카를 주차장에서 꺼내 고속도로 쪽으로 달리면서 리처드는 고객을 이리저리 재본다. 40대 후반의 백인인 짐은 단색 모직 셔츠에 카키와 녹색 파카를 걸쳤다. 리처드가 묻는다.

"차를 보러 다닌 지는 얼마나 되었나요?"

"꽤 됐습니다. 결혼기념일 선물로 아내에게 줄까 생각 중입니다. 늘 이런 차를 몰고 싶어했거든요."

짐이 씩 웃으며 말한다.

"아내분이 현관문을 열고 나왔다가 차고에서 이 차를 보면 어떤 표정을 지을지 가히 짐작이 갑니다."

리처드가 말한다. 짐이 운전하는 동안 리처드는 아내와 가족에 대해 예의 바르게 짐에게 묻는다.

시험 주행이 끝나고 리처드는 커피 한잔 하자면서 자기 사무실에 있는 편안한 의자를 권한다. 짐은 가격을 협상할 마음이 생긴다. 긴 협상 끝에 자동차 가격은 6만 925달러로 결정된다.

이제 똑같은 조건으로 똑같은 사례를 상상해보자. 유일한 차이점으로 이번에는 짐이 흑인이다. 다음과 같은 의문을 던져보자. 리처드는 흑인인 짐에게 자동차 가격으로 얼마를 제시할까? 제시하는 가격이 앞서보다 높을까? 더 낮을까? 아니면 같을까?

고급 자동차를 구매하려는 흑인에게 판매원이 제시한 최종 가격은 백인보다 800달러가량 높았다. 이러한 차별은 앞의 동성애자 실험에서 살펴본 것과 같은 종류의 차별일까? 판매원이 비싼 차를 사려는 흑인 손님을 백인 손님에 비해 박대하는 이유는 무엇일까? 흑인에게 시험 주행이나 커피를 권하는 경우가 적은 이유는 무엇일까? 이 질문에 대한 대답을 알아보기 위해 다른 실험을 실시했다.

▲▲▲

밥은 새 토요타 코롤라가 멋있는 차라고 생각한다. 호가는 1만 6,995달러이다. 그는 현재 타고 있는 2007년식 패스파인더로 보상 구매를 하고 싶다. 자동차 전문지 〈켈리블루북Kelly Blue Book〉에는 패스파인더의 중고가가 1만 달러가 조금 안 된다고 나와 있다. 밥은 패스파인더를 빨리 처분하고 싶은 생각에 개인 간의 거래에서 팔 수 있는 가격에 미치지 못하더라도 팔려 한다.

반짝거리는 휠을 살펴보는데 판매원이 다가온다. 밥이 말한다.

"차가 멋지네요. 시험 주행을 해봐도 될까요?"

"물론이죠. 지금 재고가 딱 한 대 남아 있습니다."

판매원이 손을 내밀어 밥과 악수한다.

"토니라고 합니다. 한번 타보실 수 있도록 하겠습니다. 조금만 기다려주세요."

토니가 열쇠를 가지고 문을 열자 밥은 운전석에 앉아 부드러운 잿빛 좌석을 만져보고 새 차의 냄새를 맡는다.

자동차를 대리점 주차장에서 몰고 나올 때 토니는 손님이 어떤 종류의 사람일지 생각한다. 밥은 40세가 약간 넘어 보이는 흑인이다. 청바지에 빨간색 플란넬 셔츠를 받쳐 입고 별 특징 없는 파란색 파카를 걸쳤다.

"차를 보러 다닌 지는 얼마나 되었나요?"

토니가 묻는다.

"꽤 됐습니다. 좀 더 좋은 차로 바꾸어야 해서요. 이번에는 중고차 말고 새 차를 장만하고 싶어요."

시험 주행이 끝나자 밥은 가격을 흥정하고 싶다고 말한다. 긴 협상 끝에 밥은 패스파인더 가격으로 8,000달러를 받기로 하고 새 자동차의 가격(1만 9,295달러)보다 400달러 더 지불하게 된다.

이제 같은 조건으로 같은 사례를 상상해보자. 유일한 차이점으로 이번에는 짐이 백인이다. 이렇게 질문해보자. 흑인과 백인 중에 누가 더 싸게 자동차를 살 수 있을까?

두 사람 모두 같은 가격에 타협했다. 토요타처럼 값이 싼 모델을 놓고 협상할 때는 인종에 따라 가격이 달라지지 않은 것은 판매원이 수입을 올리기 위해 경제적 차별을 하고 있다는 뜻이다. 즉 판매원은 잠재 고객의 인종이 비싼 차를 살 가능성이 낮음을 암시할 때 차별한다. 반면에 고객이 저렴한 차를 살 가능성이 높다고 생각하면 인종이 어떻든 차별하지 않는다.

이유는 무엇일까? 우리의 추측에 따르면 자동차 판매원은 백인이 비싼 차를 살 가능성이 더 높다고 생각하여 리처드가 짐에게 했듯 시간과 공을 더 들여 대화도 하고 커피도 따라준 것이다. 이 경우 판매원은 단순히 자신이 직면한 인센티브에 반응했다. 또한 그들은 거래가 성사될 소지가 많다고 믿었으므로 백인 손님과 협상하는 데 공을 들였다.

인종에 편견을 품었다면 일관성 있게 차별하여 행동할 것이다. 하지만 자기 이익이 늘어난다고 생각할 때만 차별하는 것은 경제적 차별행위이다. 이러한 차별은 당연히 비윤리적이고 불공정하며, BMW 판매원의 경우에는 인종에 따라 손님을 차별대우했다. 하지만 그것 역시 반감에 따른 차별은 아니다.

차별과 공공정책

이 책의 서문에서 아치 벙커가 새미 데이비스 주니어에게 했던 말을 기억하는가? "유색인종인 거야 어찌할 수 없었겠죠. 하지만 대체 어째서 유태인이 되었나요?"

앞에서 설명했듯 우리가 실시한 연구에서 흥미로운 결과를 도출할 수 있다. 차별 대상이 해당 문제에 선택권을 행사한다고 믿을 때[6] 사람들의 반감은 추악한 머리를 든다. 예를 들어 일부 사람들은 비만한 사람을 보면서 자제력이 부족하다고 생각한다. 동성애자라는 사실을 공공연하게 밝히는 사람을 보면 성적 취향을 스스로 선택했다고 생각한다. 하지만 자신의 인종이나 성별에 대해서는 선택할 여지가 없다(물론 트랜스젠더가 아니라면).

이러한 결론은 심리학자가 말하는 귀인이론attribution theory과 일치한다. 즉 자신에게 일어나는 원인이나 사건을 설명하기 위해 타인에 대해 추론하는 것이다. 해당 개인에 대해 전혀 알지 못하더라도 이러한 추론을 근거로 비만이나 동성애, 범죄의 원인을 귀인한다. 이때 타인을 잘 알수록 고정관념의 원인을 그 사람에게 돌리지 않는다.

그러면 사람들이 차별하는 숨은 동기를 아는 것이 왜 중요할까? 숨은 동기를 알면 무엇이 달라질까? 알든 모르든 사람들은 불공정하고 차별적인 방식으로 행동하고 있는데 말이다.

대답은 간단하다. 원인을 파악해야 비로소 차별에 진지하게 대응하는 법률을 만들 수 있기 때문이다. 정책수립자는 인종에 대한 반감이 위험하기는 하지만 점차 수그러들고 있는 반면, 경제적 차별이 점차 증가하고 있다는 사실을 알아야 한다. 차별에 관한 정책이 계속 변하는데도 사람들은 정책 개입과 두 가지 차별의 관계에 대해서는 거의 모른다.

여러 해 동안 미국 정부는 반감에 근거한 차별을 금지하는 법률을 제정해왔다. 소수집단 우대정책Affimative Action은 차별에 저항하기 위해 가장 많이 사용하는 공공정책이다. 미국에서 소수집단 우대정책이라는 용어가 공공토론의 장에 등장한 시기는 1960년대 초반으로, 이 규정은 종교·인종·성별을 근거로 역사적으로 차별을 받았던 집단에 대한 편견을 줄이고 보상할 목적으로 제정되었다. 이러한 유형의 정책은 미국에만 국한되지 않는다. 과거에 인종차별 정책을 실시했던 남아프리카 공화국은 이제 '포괄적 흑인경제 육성법Broad-Based Black Economic Empowerment'이라는 정책을 채택하여 기업이 흑인을 일정 비율 이상 채용하게 한다.

어떤 의미에서 소수집단 우대정책은 짐 크로 법 ★Jim Crow는 흑인에 대한 경멸적 호칭으로, 짐 크로 법은 공공장소에서 흑인과 백인의 분리와 차별을 규정했다, 인종차별 정책, 기타 역사적으로 여러 소수집단을 차별하고 일정 직업에 종사하지 못하도록 가로막았던 끔찍한 정책과 상반된다. 소수집단 우대정책 지지자들은 일정 직업 종사자가 부족한 집단이 해당 직업에 더욱 많이 참여할 수 있게 함으로써 인종차별 정책의 영향을 뒤집어야 한다고 주장했다. 이러한 반전은 소수집단에 대한 반감이 강렬했던 1960년대와 1970년대에는 확실히 필요했다.

하지만 현재 미국사회는 좀 더 미묘한 형태의 차별로 나아가고 있다. 소수집단 우대정책의 문제를 지적하는 일부 반대자들은 사회가 평등을 조장하는 것은 좋지만 지난 50년 동안 여성과 소수집단이 이룩한 발전을 고려한다면 이러한 정책은 더 이상 필요하지 않다고 주장한다.

소수집단 우대정책과 관련하여 문제가 발생하는 것은 사람들이 표적 소수집단의 성공을 잘못 추측하기 때문일 수도 있다. 예를 들어 일류 법과대학교를 졸업한 매우 똑똑하고 열심히 공부하는 흑인 여성을 생각해보자. 소수집단 우대정책이 실시되지 않았다면 그 여성이 탁월한 재능 때문에 성공했다고 생각할 것이다. 하지만 소수집단 우대정책이 실시되고 있는 현실에서는 정부가 개입했기 때문에 해당 여성이 성공할 수 있었다고 생각할 것이다. 그 여성이 열심히 공부하고 재능을 갖추었기 때문이라기보다는 편향된 특혜를 받았기 때문에 성공했다고 단정하는 것이다.

이러한 형태의 반대가 생겨나면서 일부 주에서는 소수집단 우대정책을 더 이상 합법으로 인정하지 않는다. 예를 들어 캘리포니아주는 주민발의 법안 209호를 통과시켜 공립학교 입학, 정부 채용, 계약에서 여성과 소수집단을 우대하는 정책을 금지하고 있다.

대학원 입학처가 다른 조건은 동일한데 단순히 인종과 성별을 이유로 재능 있는 흑인 여성의 입학을 허용하지 않는다면 소수집단 우대정책 같은 '역차별' 정책이 좋은 해결책이다. 하지만 해당 흑인 여성의 입학을 거부하는 이유가 경제적 차별 때문이라면(예를 들어 입학처가 해당 흑인 여성이 성공하지 못하리라 믿는다면) 소수집단 우대정책은 적절한 해결책이 될 수 없다. 대학원은 최고 수준의 학생을 배출하고 싶은데 해당 흑인 여성의 학업성취가 그 수준에 도달하지 못하리라 믿는 것이라면 경제적 관점에서 계산된 차별이기 때문이다. 이때 해결책은 대학원 입학처가 의존하는 비용 편익 분석을 바꾸는 것이다. 예를 들어 입학 희망자는 좀 더 어려운 학부 과목에서 좋은 성적을 거둠으로써 자신이 실제로 대학원과정을 무사히 마칠 수 있다는 신호를 보내려고 노력해야 한다. 이는 반감을 근거로 한 차별에 대한 것과는 다른 해결책이다.

우리의 연구 결과를 보더라도 채용 할당제와 소수집단 우대정책 등 현대 노동시장에서 발생하는 차별에 맞서 싸우기 위해 제정된 과거 정책은 시대에 뒤처지고 방향이 잘못되었으므로 현대에 만연한 차별을 해결하지 못한다. 사회에 팽배해 있고 점점 증가하는 경제적 차별이 아닌 잘못된 형태의 차별을 다루고 있을 뿐이다.

지치도록
쇼핑하자

이 장에서 제기한 물음인 "현대의 차별을 끝내는 방법을 한마디로 표현한다면?"에 대한 대답은 간단한다. 바로 "나는 오늘 세 군데를 들러 가격을 물어보고 왔습니다"이다.

장애인 운전자를 투입한 실험에서 살펴보았듯 이 방법은 서비스나 제품의 제공자가 손님을 경제적으로 차별할 때 통한다. 흥정이 용인되는 매장에서 물건을 살 때 재미삼아 "나는 오늘 세 군데를 들러 가격을 물어보고 왔습니다"라고 점원에게 말해보라. 이 간단한 문장을 사용하면 인센티브에 대한 점원의 인식이 완전히 바뀔 수도 있다. 그러면 점원은 제품을 팔아 이익을 크게 남길 생각을 하지 않고 뒤로 한 발짝 물러서 손님에게 타당한 가격을 제시할 것이다. 그렇지 않으면 경쟁 매장이 더 싼 가격을 제시하리라 생각하기 때문이다.

다음 예를 살펴보자. 몇 년 전 유리는 싱가포르에서 협상 과목을 가르치던 시기에 니콘Nikon 카메라에 장착할 렌즈를 새로 장만해야 했다. 그래서 대부분 타당한 가격을 제시한다고 알려진 카메라 매장이 많은 쇼핑 지역을 찾아갔다. 첫 번째 가게에 들어가자마자 유리는 점원에게 "이 니콘 카메라에 사용할 좋은 렌즈"를 보여달라고 말했다.

점원은 렌즈를 여러 개 보여주고 각 렌즈에 대해 자세히 설명하고 나서 최적이라고 생각하는 렌즈를 추천했다. 그러면서 790달러를 불렀다. 유리가 걸어나가자 점원은 유리를 따라오면서 얼마면 사겠느냐고 물었다.

이제 자기에게 필요한 렌즈에 대해 구체적으로 정보를 수집한 유리는 집중적으로 쇼핑할 수 있었다. 다른 상점 몇 군데를 들어가보고 나서 자신이 특정 렌즈를 원하는 이유를 정확히 파악했다. 그리고 구매하려는 제품에 대해 알면 알수록 더욱 합당한 가격을 제의받을 수 있었다. 결국 유리는 마지막 매장에 들어가 "니콘 니커 AF-S 55-300mm f/4.5-5.6 ED VR 고성능 줌렌즈, DX"라고 원하는 렌즈의 모델명을 정확하게 말하고 328달러에 샀다. 흥정을 할 필요도 없었다.

대체 어찌된 영문일까? 첫 번째 매장의 점원은 유리가 렌즈에 대해 모른다고 생각해서 790달러를 불렀다. 마지막 매장의 점원은 유리가 제품에 대해 잘 알고 있다고 생각해서 훨씬 낮은 가격을 불렀다. 첫 번째 점원에게 받은 불량한 대우는 그 점원의 유리에 대한 호감과 전혀 관계가 없다. 그는 단지 유리를 제품에 대해 제대로 알지 못하는 손님으로 분류하고 돈을 최대로 받아내려 했던 것이다.

이 사례가 주는 교훈은 단순하다. 쇼핑할 때 받는 경제적 차별을 줄이려면 그에 대항할 수 있도록 현재 가격에 대한 충분한 숙지와 제품 정보로 무장해야 한다. 그러면 점원에게 신호를 보내게 되므로, 손님을 차별하려는 점원의 인센티브가 극적으로 바뀐다.

▲▲▲

우리가 연구한 결과를 적용하도록 정책수립자들에게 요술지팡이라도 휘둘러서, 정책의 초점을 반감이 아니라 경제적 차별에 맞추게 하고 싶은 심정이다. 그러려면 현장실험을 더욱 많이 실시하여 시장에서 벌어지는 다양한 형태의 경제적 차별을 고찰해야 한다. 정책수립자들이 이러한 연구 결과에 주목한다면 근로자들이 더욱 평등하게 구직활동을 할 수 있는 여건을 마련해줄 수 있다. 또한 소비자가 제품에 좀 더 평등하게 접근하도록 도울 수 있다. 주택자금 융자를 받으려는 소비자는 공평한 경쟁의 장에서 자신에게 신용도가 있다는 신호를 보낼 수 있어야 한다. 그리고 입법자는 상거래가 점차 온라인으로 옮겨가는 상황에서 가격이 모든 소비자에게 공정하고 투명해지도록 조치를 취해야 한다.

시카고 대학교에서 근무하는 리처드 탈러Richard Thaler가 이러한 방법을 실행할 수 있는 좋은 아이디어를 생각해냈다. 탈러는 〈뉴욕타임스〉에 발표한 "우리에게 자료를 보여달라(결국 우리 거니까)"라는 제목의 칼럼에서 이렇게 썼다.

> 기업은 소비자의 호불호에 관해 막대한 양의 정보를 축적하고 있다. 그 이유는 소비자에게 관심이 있기 때문이 아니라 소비자에 관해 많이 알수록 돈을 더 많이 벌 수 있기 때문이다.[7]

그렇더라도 여전히 괜찮은 소리 같다. 기업이 소비자에 관한 정보를 모아 돈을 번다한들 어떻단 말인가? 그러나 기업이 해당 정보를 사용하여 소비자에게 손해를 입힌다면 사정은 다르다. 탈러가 제시한 해결책은, 기업이 수집한 정보에 소비자가 접근하도록 법률로 허용하는 것이다. 정보를 입수한 소비자는 어떤 정보가 자신에게 불리하게 이용되는지 알 수 있고 자기 필요에 좀 더 적합한 제품이나 서비스를 찾을 수 있다. 기업이 소비자에 관한 정보를 소비자와 공유한다면 소비자에 불리하게 사용하기가 훨씬 힘들어질 것이다. 탈러는 기업들이 소비자의 선택을 매우 복잡하게 만들었으므로 그들이 보유하고 있는 자료 없이는 소비자 스스로도 자신의 선택에 대해 제대로 알 수 없다고 주장한다.

탈러가 제시한 아이디어는 문제를 해결하기에 좋은 출발점이다. 이러한 차별을 중지하고 싶다면 소비자가 자신에 관한 자료에 접근해야 할 뿐 아니라 기업이 그 자료를 어떻게 사용하는지 알아야 한다.

▲▲▲

궁극적으로 차별의 원리를 깊이 이해한다면 세상은 더욱 살기 좋은 곳이 될 것이다. 게리 베커가 1992년 노벨상 수상 기념 연설에서 말했듯 "확실히 경제학은 삶을 낭만적으로 그리지는 않는다. 하지만 세계 여러 곳에서 광범위하게 일어나는 빈곤, 고통, 위기를 보면 경제학과 사회 법칙을 파악하는 것이야말로 사람들의 행복에 지대하게 기여할 수 있는 길이라는 사실을 강하게 느낀다." 이 책을 읽으면서 지금쯤 차별에 대해 더욱 잘 이해하고, 편견이 깃든 행동과 인센티브가 결정적으로 연결되어 있음을 잘 이해했기를 바란다.

다음 장에서는 공공정책을 통해 사회를 향상시키려는 노력을 더욱 지적으로 활용하는 방법을 설명하려 한다.

8

사회가 개인을
어떻게 보호해줄 수 있을까?

학교폭력, 아동비만, 장기기증과 지구온난화

THE
WHY
AXIS

2009년 9월도 후반으로 접어든 날 오후, 시카고 사우스사이드에 있는 펭거 고등학교 학생들은 수업을 마치고 귀가하기 위해 콘크리트가 깔린 빈터를 가로지르고 있었다. 그들 중에는 앨트겔드 가든스 저소득층 주택단지에 사는 학생도 있고, 시카고에서도 험악한 동네인 로즈랜드에 거주하는 학생도 있었다. 성격이 다른 두 지역에서 통학하는 학생들은 갱단이라기보다 무리에 가까웠지만 서로에게 강한 반감을 품고 있었다.

10대들이 빈터를 지나다가 싸움이 붙었다. 지나가던 학생들뿐 아니라 두 집단에 속한 아이들이 무리를 지어 뭉쳤다. 누군가가 휴대전화를 꺼내 15~20명이 서로 상대편에 달려드는 장면을 동영상으로 찍기 시작했다. 누가 누구 편인지 분명하지 않았고, 오가는 말다툼은 미국 전역의 고등학교에서 일어나는 치기 어린 싸움처럼 보였다. 촬영된 동영상이 1분 정도 지났을 무렵 누군가가 기다란 각목 두 개가 빈터에 뒹굴고 있는 것을 보았다. 빨간색 바이커 재킷을 입고 으스대던 유진 라일리Eugene Riley가 친구에게 각목 하나를 받아 야구방망이처럼 휘둘렀다. 열여섯 살짜리 우등생인 데리온 앨버트Derrion Albert는 뒤통수를 가격당했다.

"악!"

누군가가 소리를 질렀다. 아이들이 고함치고 비명을 지르면서 뛰기 시작했다. 비명이 들리는 쪽으로 달려오는 아이들도 있었고 도망치는 아이들도 있었다. 데리온은 가까스로 몸을 일으키려 했지만 날아오는 주먹에 맞고 발길에 차였다. 그때 누군가가 소리쳤다.

"세상에 맙소사, 애들아!"

데리온은 자기 머리를 보호하려고 안간힘을 썼다.

카메라는 빈터를 떠나 거리를 비췄다. 셔츠를 입지 않은 30대 남성이 각목을 들고 때리겠다고 위협하는 훨씬 어린 적을 제압했다. 30대 남성의 팔은 마치 나무기둥처럼 굵었다. 아이는 재빨리 계산을 해보고는 승산이 없겠다는 생각이 들었는지 각목을 던지고 도망쳤다. 카메라가 다시 빈터를 비췄다. 데리온은 여전히 무방비상태로 땅에 쓰러져 퀭한 눈으로 카메라를 바라보았다. 아이들이 10초가량 그를 더 때리다가 달아났다. 카메라맨과 다른 사람들이 데리온에게 뛰어갔다. 누군가가 정신 차리라며 데리온의 이름을 불렀다. 친구들이 데리온을 일으켜 바로 옆의 지역회관으로 데려갔다. 동영상을 찍은 지 2분이 지났을 때 사이렌이 울렸다.[1] 몇 시간 후 데리온은 결국 세상을 떠나고 말았다.

유튜브에서 수천 회의 조회수를 기록한 데리온의 끔찍한 죽음은 높은 비율의 마약 사용, 실업, 10대 임신, 학교 중퇴, 비만과 더불어 도심 지역 청소년을 끊임없이 위협하는 폭력의 끔찍한 사례이다. 정책수립자는 지금껏 수십 년 동안 이러한 문제를 해결하기 위해 온갖 수단을 동원했지만, 실제로 범죄율이 감소할 때조차도 어떤 정책이 유용했고 어떤 정책이 예산 낭비였는지 분명하게 밝혀지지 않았다.

당시 시카고 시장이었던 리처드 데일리Richard Daley와 론 휴버맨 같은 정책수립자들이 새로운 방법을 찾아야 한다는 절박한 심정에서 우리를 찾아왔다.

"어떤 방법이 효과가 있는지 모르는 이유가 무엇일까요?"

대답은 간단하다. 어떤 방법이 효과가 있고 그 이유는 무엇인지 이해할 수 있을 만큼 충분히 실험을 거치지 않았기 때문이다.

데일리가 의뢰하고 싶어하는 종류의 대규모 사회실험에는 선례가 있다. 많은 실험이 1960년대, 특히 린던 존슨이 대통령으로 재임했던 1963~1968년에 실시되었다. 존슨 대통령 재임기간에 사회과학자들은 "건강보험을 제공하는 이상적인 방법은 무엇인가?"[2] 같은 문제를 놓고 해결책을 찾았다. 해당 연구는 사회에 엄청나게 큰 영향을 미쳤지만 연방정부의 지원이 사라지면서 연구자들은 컴퓨터와 연구실로 방향을 틀었고 대규모 사회실험은 그대로 방치되었다. 최근 들어서야 학자들은 정책수립자들과 함께 대규모로 팀을 이루어 대규모 정책 개입이 사람들의 행동에 미치는 영향력을 실험하기 시작했다.

▲▲▲

데리온이 살해당하는 장면을 담은 3분짜리 동영상은 곧장 대중에게 유포되었다. 해당 동영상은 시카고에서 뉴스로 보도되었고, 이 죽음과 관련된 거의 모든 온라인뉴스에 올랐다. 사람들의 관음증적인 심리 때문일까? 물론 그렇다. 하지만 동영상은 가해자를 밝히는 데 일조했고 검사는 다섯 사건에서 유죄판결을 받아냈다. 피고는 7~30년의 징역형을 선고받았다. 앞으로 아무리 행동을 개선하더라도 유진 라일리는 철창 안에서 평생을 보낼 가능성이 높다. 다섯 건의 유죄판결은 사회에도 경제적 손실을 미친다. 일리노이 주가 한 사람을 투옥하는 데 쓰는 비용은 연간 4만 달러에 달하고, 살인이 사회에 끼치는 비용은 의료비·조사비·변호사 비용·투옥 등을 합하여 100만 달러를 훌쩍 상회한다.

세금을 가장 효과적으로 사용하여 10대 폭력사건을 줄일 수 있는 방법은 무엇일까?

자료분석가
론 휴버맨

론 휴버맨은 시카고에서 가장 탁월한 공무원의 한 사람이다. 용모가 수려하고 목소리가 깊으며 동성애자라는 사실을 공개한 전직 경찰관으로, 1971년 텔아비브에서 둘째 아들로 태어났다. 홀로코스트 생존자였던 부모는 가족 대부분이 목숨을 잃고 나서 어린 시절에 이스라엘에 간 터였다. 부모는 휴버맨이 다섯 살 되던 해에 테네시 주 오크리지로 터전을 옮겼다. 콘서트 피아니스트이자 언어학자였던 어머니는 지역 고등학교에서 외국어를 가르쳤다. 아버지는 연구 실적이 뛰어난 세포생물학자로서 정부에서 암을 연구하는 자리를 수

락했다. 휴버맨은 회상했다.

"아버지는 여러 제약회사에서 영입 제의를 수없이 받았어요. 연봉이 적은데도 아버지는 정부에서 의학을 연구하는 일을 선택하시더군요. 사람들을 위해 세상을 바꿀 수 있다고 생각하셨던 거죠. 아버지의 그러한 모습을 지켜보면서 공공서비스에 종사하고 내가 가진 것을 사회에 환원해야 한다는 의식이 생겨났습니다."

초등학교와 중학교 시절에 휴버맨은 그다지 학업에 열심이지는 않았지만 고등학교에서 좋은 성적을 거두면서 위스콘신 대학교에 입학해 영어와 심리학을 공부했다. 졸업하고 나서 경찰학교에 들어가 1995년 경찰이 되었고 시카고에서 야간근무를 하기 시작했다. 경찰이 되면서 폭력이 난무하는 대도시에서 어떤 방법이 통하고 어떤 방법이 통하지 않는지 최전선에서 관찰할 수 있었다고 했다.

시카고에서 살인은 수년 동안 꾸준히 증가하여 1990년대는 시카고에서 살인사건이 가장 많이 발생한 10년으로 기록되었다. 1992년 인구가 300만 미만인 도시에서 943명이 살해되어 살해사망률이 10만 명당 34명에 이르렀다. 1999년 들어서는 6,000명이 총에 맞았고 그중 1,000명이 목숨을 잃었다. 공공주택 단지에서 발생하는 총격사건에 관해 묻는 질문에 휴버맨은 이렇게 대답했다.

"사람들이 공포에 질려갔습니다. 단 하루도 빼지 않고 누군가 총에 맞아 다치거나 죽어나갔으니까요. 총격사건이 끊임없이 일어나면서 주민들은 점점 지쳐갔고 윤리적인 분노도 모습을 감추었습니다."

너무 많은 젊은이가 죽어나가는 장면을 목격하면서 휴버맨은 경찰이 좀 더 현명하게 대처할 수 있는 방법이 틀림없이 있으리라 생각하고 고민하기 시작했다. 경찰은 스스로 상황을 바꿀 수 있는 운신의 폭이 크지 않았으므로 대개 범죄를 예방하기보다는 수습하는 임무를 맡는 정도였다. 휴버맨은 주간에 대학교에 다니며 경찰 업무와 판이하게 다른 영역인 사회사업학과 경영학 석사과정을 밟기로 결정했다.

얼마 후 휴버맨은 부경정으로 승진했다. 아울러 석사과정에서 맡은 첫 번째 프로젝트는 전자 의료기록 시스템과 유사한 시스템을 개발하여 경찰을 정보화 시대에 걸맞은 집단으로 탈바꿈시키는 것이었다. 그가 회상했다.

"해당 시스템을 도입하기 전에는 서류로 모든 사무를 처리했습니다. 사건의 목격자가 '범인은 어깨에 토끼 문신이 있어요'라고 말하면 조사관은 지하로 내려가 몇 시간 동안 수백 장의 서류를 뒤지면서 토끼 문신을 새긴 용의자를 가려내야 했어요. 그러니 용의자들을 가려내 목격자가 확인할 수 있도록 줄을 세우거나 범죄 유형을 파악하기까지 시간이 오래 걸렸습니다."

이렇듯 엉망진창인 자료를 실시간 전자 데이터베이스로 전환할 만한 자금이 경찰에 없었으므로 휴버맨은 거대 소프트웨어기업인 오라클Oracle에 데이터베이스를 개발해달라고 부탁하면서, 시스템을 개발하기만 하면 전국 다른 경찰서에 판매해줄 수 있다고 설득했다. 오라클은 그 미끼를 덥석 물어 시스템 개발에 1,000만 달러를 투입했고, 휴버맨은 개발에 필요한 정보를 제공하는 동시에 매칭그랜트를 통해 나머지 개발비를 충당했다.

이렇게 탄생한 '시민과 법집행 분석보고 시스템The Citizen and Law Enforcement Analysis and Reporting System'(CLEAR)은 시카고에서 범죄의 등식을 바꾸었다.

요즘은 범죄가 발생하여 희생자가 가해자의 어깨에 토끼 문신이 있었다고 말하면, 경찰관은 전자기기를 작동하여 즉석에서 용의자를 가려낼 수 있다. 지휘관들은 CLEAR를 활용하여 범죄 발생 가능성이 높은 지역에 경찰관을 전략적으로 배치할 수 있고, 자신들이 세운 가설을 정기적으로 검증할 수 있다. 예를 들어 범죄 발생을 줄이려면 마약 관련 체포를 늘려야 할까, 갱 관련 체포를 늘려야 할까? 자료를 검토하면 범죄 발생률을 줄이는 데 어떤 경찰관이 활약했는지 알 수 있고 자료에 의거해 해당 경찰관을 승진시킬 수 있다. 이 시스템 덕분인지 시카고에서 발생하는 총격사건은 CLEAR를 실시하기 시작한 1999년과 비교하여 3분의 2로 감소했다.

카니예 웨스트와
평온한 문화 프로그램

CLEAR를 확립하고 나서 휴버맨은 크고 문화적으로 복잡한 기타 시정부 조직들에 이와 비슷한 시스템을 신속하게 실행했다. 2001년

9월 11일 미국의 모든 대도시에 삼엄한 경계 조치가 내려지자, 리처드 데일리 시장은 발 빠르게 휴버맨에게 다양한 거대 시스템을 관리하는 임무를 맡기고 그를 임명하는 자리에서 이렇게 말했다.

"나는 휴버맨을 전적으로 신뢰합니다. 그가 있으면 밤에 편안하게 눈을 감고 잠을 잘 수가 있어요. 론 휴버맨의 능력에 대해서는 걱정할 필요가 없습니다."

휴버맨은 심각하고 골치 아픈 문제를 하나씩 처리하고 위기를 피해서 시카고의 슈퍼맨이 되었다. 위기관리로 임무를 시작한 그는 여러 기관을 조정하여 테러 공격, 공공보건 위기, 자연재해에서 시를 보호하고 매일 911로 걸려오는 2만 1,000건 이상의 긴급전화를 처리하는 방법을 강구했다. 위기가 벌어지는 동안 시의 자원을 조직화하기 위해 통합관제센터를 세워서 미국국토안보부의 마이클 처토프 Michael Chertoff 장관에게 "혁명적" 시스템이라는 찬사를 들었다. 또한 2005년에 접어들면서 데일리 시장의 비서실장으로 일하기 시작하며 시의 부패를 뿌리 뽑고 책임 있는 시정부를 만드는 임무를 맡았다. 이뿐만 아니라 시카고 교통국을 점검하여 시민의 승차 경험을 상당히 향상시켰으며 교통국의 노조 21개 전체와 단체교섭협약을 재협상했다. 게다가 미국 최대 전과자 고용 프로그램을 출범시켰다.

이러한 모든 시스템은 CLEAR의 특징인 통계를 추적하고 자료를 심층분석하는 방법론을 기반으로 한다. 사건마다 휴버맨은 다양한 부서에서 차출한 생각이 비슷하고 여러 분야에 걸쳐 훈련받은 사람들로 팀을 구성한다. 그러면 팀은 상세하게 수치화된 통계추적 시스템을 만들어 전통적 정부 소식통을 추월하는 자료를 수집하고, 시정부의 모든 영역에서 근무하는 직원에게 업무 목표를 명쾌하게 제시한다.

2009년 데리온 앨버트가 살해당하고 얼마 지나지 않아, 당시 시카고 교육청의 수장이었던 아른 던컨Arne Duncan이 오바마 행정부의 교육부 장관으로 임명되었다. CEO로 던컨의 자리에 오른 휴버맨은 취임 즉시 10대 충격문제를 공략하기 시작했다. 휴버맨은 연방정부의 지원금을 받아 '평온한 문화Culture of Calm'라는 프로그램을 출범시켰다. 해당 프로그램은 고위험군에 속한 시카고 학교를 표적으로 삼아 가능한 모든 대책을 강구했다. 연구자들은 학생의 훈육방법부터 학교 통로의 설계에 이르기까지 학생들을 폭력의 위험에 몰아넣는 요소를 빠짐없이 면밀히 조사했다. 교사들은 위험에 처한 학생들을 돕기 위해 더욱 노력하고, 학교는 상담교사를 추가로 채용했다. 위험군에 있는 학생들이 관심을 받으면서 학교의 문화가 달라지기 시작했다. 하지만 상황을 전반적으로 반전시키려면 그 이상의 조치가 필요했다.

유명한 래퍼이자 음반제작자인 카니예 웨스트Kanye West를 생각해보자. 웨스트야말로 도시 흑인 아이들에게 꿈을 심어주는 인물이다. 용모가 출중한데다 행동이 대담하고 기탄없는 흑인 뮤지션 웨스트는 공연할 때 후드와 가죽 치마를 즐겨 입으며 단독 앨범 5개를 발표하면서 상을 휩쓸었고 5개 모두 플래티넘 앨범이 되었다. 그는 시대를 통틀어 가장 인기 있는 디지털 아티스트의 한 사람이기도 하다.[3]

우리는 웨스트를 참여시키는 인센티브에 대해 휴버맨과 의논하고 나서, 슈퍼스타를 가까이서 볼 수 있는 콘서트가 가장 폭력성이 심한 32개 학교에서 아이들의 관심을 끌 수 있으리라 판단했다(웨스트는 공익 차원에서 콘서트에 무료로 출연하겠다고 약속했다). 그래서 학교 문화를 가장 크게 바꾸는 학교에 콘서트를 열어주겠다고 제안했다. 이렇게 해서 학교마다 자체적으로 '평온한 문화' 위원회가 설치되었고 학교끼리의 경쟁은 격렬했다.

콘서트를 상으로 받은 패러것 고등학교는 '평온한 문화' 프로그램을 실시하고 커다란 변화를 겪었다. 시카고의 남서부에 자리한 이 학교는 학생의 약 70%가 히스패닉계이고 30%가 아프리카계 미국인이다. '평온한 문화' 프로그램을 가동하기 전에는 서로 떠밀고 욕설을 주고받고 때로 주먹질을 하는 등 서로 공격적으로 행동하는 학생들로 학교 복도가 북적거렸다. 눈에 띄는 어른이라고는 경비원뿐이었고 그마저 복도를 돌아다니다가 수업종이 울리면 아이들을 교실로 밀어넣는 역할이 전부였다.

패러것 고등학교 학생은 우선 학생 리더들을 중심으로 '평온한 문화' 위원회를 결성했다. 이때 학생 리더들은 그저 학급 회장과 학생위원회 위원이 아니라 미식축구 선수 등 '영향력 있는' 아이들로 선정했다. 해당 위원회는 기본 규칙을 정하고 두 가지 요건을 지키기로 동의했다. 하나는 출석률을 눈에 띄게 향상시키는 것이고, 나머지 하나는 교내뿐 아니라 교외에서도 폭력 관련 사건을 줄이는 것이었다.

상을 받기 위해 경쟁하면서 학생들은 동료집단에게 심리적 압박감을 느꼈다. 인센티브는 신기하게 효과를 발휘했다. '평온한 문화' 프로그램을 채택한 모든 학교에서 폭력이 극적으로 감소했고 출석률이 증가하면서 패러컷 고등학교에서는 비행 발생률이 40%나 감소했다.

물론 2010년 6월 패러컷 고등학교 체육관에서 열린 콘서트는 환상적이었다. 웨스트는 두 명의 인기 공연자를 데려왔다. 루페 피아스코Lupe Fiasco는 자신의 히트송인 〈슈퍼스타Superstar〉를 불렀고 커먼Common은 〈유니버설 마인드 컨트롤Universal Mind Control〉을 불렀다. 그리고 웨스트가 무대에 등장하자 학생들은 열광했다. 그들에게는 평생 잊을 수 없는 밤이었다.

결과적으로 전반적인 학교 상황을 반전시킨 것은 콘서트가 아니었지만, 이는 학생들이 안전한 배움터를 원한다는 사실을 부각시켰다. 휴버맨은 덧붙였다.

"학생들이 웨스트를 보고 싶어한 것은 사실이지만, 훨씬 중요한 점은 거리낌 없이 일어나 '우리는 안전한 학교에 다니고 싶어요'라고 말했다는 것입니다."

결국 학생들은 허황되다고 생각했던 꿈을 달성했다. 프로그램을 실행한 32개 학교의 문화가 한 곳도 빠짐없이 평온해졌다. 교사들이 일제히 복도에 나와 감독했고 아이들은 더 이상 서로 시비를 걸지 않았다. 총격 같은 폭력사건은 30% 감소했다.

그렇다면 이것이 휴버맨의 유일한 해결책이었을까? 이것은 빙산의 일각에 불과했다.

데리온 앨버트가 살해당하고 한 달 후 휴버맨은 학교 강당에서 분
노한 부모들과 교사들과 마주 앉았다. 부모들은 나머지 예산을 삭감
당하는 불이익을 무릅쓰고 학교폭력을 줄이기 위해 2년 기간의 실험
프로그램을 실시하는 데 거금 6,000만 달러를 들이자는 휴버맨의 계
획에 거세게 반대했다. 이 때문에 교사 수가 줄거나 학급당 학생 수
가 많아지는 사태가 발생한 터였다. 한편 위험에 처하지 않은 학생
들의 부모들은 어째서 행실이 '나쁜' 아이들의 삶을 반전시키는 데,
그것도 검증되지 않은 프로그램을 실행하느라 그토록 많은 돈을 쏟
아부어야 하는지 납득하려 하지 않았다.

휴버맨은 부모들과 교사들에게 이렇게 되물었다.

"어느 것이 더 중요합니까? 학급 규모를 줄일까요? 생명을 구할
까요?"

아울러 그는 매년 250명 이상의 학생이 총탄에 쓰러진다는 것을,
평균적으로 30건 이상은 치명적임을 지적했다. 그는 과거 경찰로 활
동하면서 목격했던 수많은 비극을 잊지 못했다. 게다가 안전이 위협
받는 학교에 다니는 학생들은 살해당할까봐 늘 두려워하기 때문에

학교 성적에 신경을 쓸 수가 없다고도 말했다. 총격사건이 발생하고 나면 출석률이 50%까지 떨어졌다. 휴버맨이 물었다.

"정신이 똑바로 박힌 아이라면 학교 근처에서 총격이 발생한 것을 알고서도 목숨을 걸겠습니까, 차라리 공부를 무시하겠습니까? 그토록 위험한 학교에 근무하는 교사는 어떻습니까? 반 학생들이 겁에 질려 절반이나 결석했다가 다시 학교에 왔을 때 빠진 수업을 보충해서 모든 아이들의 진도를 늦추겠습니까? 이러한 악순환을 깨려면 대체 어떻게 해야 할까요?"

학습 프로그램이 잘못된 방향으로 나아가고 있다고 주장하면서 많은 부모가 여전히 의심에 찬 질문을 던졌지만, 휴버맨은 개의치 않고 뜻을 관철시켰다. 휴버맨이 세운 가장 대담한 계획은 고위험군 학생과 총기범죄에 가담할 가능성이 큰 학생을 가려내는 것이었다. 그리고 고위험군 학생에게 많은 보수를 받는 중재자를 연결시켜 "멘토이자 지지자로서 학생에게 부모 역할을 하게" 했다. 프로젝트를 시작하면서 휴버맨은 다음과 같은 의문을 품었다. 700군데의 학교와 40만 명이 넘는 학생 중에서 누가 총격사건에 연루될 가능성이 높은지 어떻게 가려낼 수 있을까? 휴버맨은 이러한 의문에 해답을 찾을 수 있다면 해당 시스템을 통해 문제에 효과적으로 개입할 수 있지만, 그러한 정보가 없으면 시스템은 실패하고 말 것이라고 판단했다.

그래서 우리 연구팀은 가장 먼저 2007년 9월부터 2009년 10월에 발생한 총격사건 500건의 자료를 검토하면서 학생들을 폭력의 위험에 빠뜨리는 요소를 판독해내려 했다.[4] 어떤 요소가 밝혀졌을까?

매우 분명하게 드러난 첫째 요소는 남성이라는 것이었다. 아울러 인종도 강한 영향을 미쳐서 히스패닉계와 아프리카계 미국인이 같은 정도로 백인보다 월등하게 위험도가 높았다. 또한 교내 비행, 과거 총격사건, 낮은 시험 점수, 저조한 출석률, 전과기록 등 행동의 문제가 있었다. 물론 가장 강력한 예측 변수는 소년원에서 보낸 전력이었다. 이 집단은 총격사건에 희생되는 비율이 백인 학생보다 10배 이상, 전형적인 아프리카계 미국인이나 히스패닉계 남성보다 6배 높았다.

또한 심각한 비행, 결석, 소년 미결구금, 유급은 특히 아프리카계 미국인 남학생에게 특히 유력하고, 정학과 결석은 히스패닉계에게 뚜렷한 전조였다. 예를 들어 17세의 고등학교 신입생은 15세 신입생보다 위험도가 훨씬 높았다. 총격범죄는 일반적으로 등교 전이나 후에 주로 발생하므로 다른 수업시간에는 출석률이 좋은 많은 학생이 첫 수업과 마지막 수업의 과목에서 낙제를 하는 원인이 되었다. 학생들이 그 시간대에 집결하는 갱을 두려워해서 학교에 나오지 않았기 때문이다.

나중에 확인해본 결과 우리가 뽑은 명단은 상당히 정확했다. 특히 총격사고가 주로 적은 수의 학생들에게 발생한다는 사실을 고려하면 더더욱 그랬다. 시카고 교육청 소속 전체 학생 41만 명 중 약 1만 명(2.5%)이 총기폭력에 휘말릴 위험성이 컸다. 이러한 고위험군 학생의 대부분은 험악한 동네에 있는 학교 32군데에 다녔고, 히스패닉계나 아프리카계 미국인이었으며 생활이 빈곤한 성향을 보였다. 학생

41만 명 중 1,200명은 위험성이 매우 높은 군에 속했고 신속한 개입이 필요했다.

▲▲▲

고위험군 학생을 가려내고 나서 취한 단계는 '청소년 중재 프로그램Youth Advocate Programs, Inc.'을 통해 멘토를 짝 지우는 것이었다. 이 프로그램에서 활동하는 멘토인 크리스 서튼Chris Sutton은 40세의 아프리카계 미국인으로 슬하에 두 자녀를 두었다. 대학교에서 마케팅을 전공하고 지금은 세차장을 운영하고 있다. 서튼은 자신이 맡은 위험한 임무를 "멘티의 생명을 부지시키는 것"으로 표현한다.

서튼은 청소년 중재 프로그램에서 학생 다섯 명을 담당하고 학생 한 명에 시간당 12~30달러씩 총 60~150달러를 받는다. 보수가 넉넉한 것은 사실이지만 하루 24시간 긴장을 늦출 수 없는 위험한 일이다. 무엇보다 그는 이 일을 하는 주요 목적은 돈이 아니라고 말한다. 그는 위험에 처한 학생을 진심으로 돕고 싶어한다. 그들은 길거리에 방치되면 언젠가 죽을 것이 확실하기 때문이다. 따라서 학교폭력이 최고조인 아침과 방과 후에 자신이 담당한 학생들을 자동차로 실어 나르고, 일터로 데려가 저녁을 먹인 후에 집에 데려다준다. 나머지 시간에도 전화를 받으면 언제든 달려나간다.

서튼이 가장 최근에 담당했고 정말 위험성이 높았던 대런은 충동성이 매우 강한 흑인 청소년으로, 총기 폭력사건 희생자 기준에 꼭 들어맞았다. 대런의 부모는 마약중독자로 오랫동안 교도소를 드나

들었다. "늘 잘못된 일을 하는 어른에게 둘러싸인 아이들이 옳은 일을 하려면 10배는 강해져야만 합니다"라고 서튼은 강조한다. 친구들도 모두 고등학교를 중퇴한 대런은 곤란한 사건에 연루되는 일이 워낙 많아서 학교를 수시로 결석했으므로 또래보다 나이가 많았다. 학교에 총을 가져갔다가 발각되어 근신 처분을 받기도 했다. 대런은 엥글우드에서 양부모와 함께 생활한다. 시카고에서도 매우 위험한 지역으로, 자동차를 달리며 총격을 가하는 사건이 매일 발생하는 곳이다. 서튼은 "그곳은 꼭 서부의 OK목장 같습니다"라고 귀띔해 주었다.

대런은 총명한데다 열심히 공부하고 있으며 시에서 배수로와 공원을 청소하는 일을 하고, 청소년 중재 프로그램을 통해 도움을 받고 있다. 불행하게도 돈을 버는 족족 도박으로 날려버리는 버릇이 있는데, 그러한 충동적 행동에는 반드시 대가가 따른다는 사실을 이해시키기가 힘들었다. 특히나 대런은 기관과 어른을 매우 불신했으므로 서튼은 대런의 믿음을 얻기 위해 매사에 아슬아슬 곡예를 해야 했다. 서튼은 이렇게 말한다.

"대런 같은 아이들은 조심스럽게 다루어야 합니다. 그 아이들처럼 옷을 입고, 같은 음악을 듣고, 그들의 말을 새겨들어야 합니다. 정말 나쁜 아이들에 대한 정보를 모아야 하고 학교 교장에게 알려 그 아이들을 청소년 중재 프로그램에 넣어야 합니다."

프로그램을 통해 아이들의 생명을 구하기는 하지만, 고위험군 아이들의 멘토가 되는 일은 매우 위험하다. 어느 날 대런과 청소년 중재 프로그램에 속한 다른 아이들이 위험한 동네에 들어섰다. 대런이 다른 아이와 말다툼을 벌이자 경쟁 패거리의 한 녀석이 끼어들었다. 곧 총알이 날아왔고 대런과 다른 학생이 총탄에 맞았다. 서튼은 자동차 안에서 의자를 눕혀 몸을 숨긴 다음 긴급구조 요청을 하고 기도를 했다.

다행히 대런은 총상에서 살아남아 고등학교를 졸업했다. 심지어 음악 과목에서 B학점까지 받았다. 그는 청소년 중재 프로그램이 도와주지 않았다면 절대 졸업할 수 없었다고 서튼에게 털어놓았다. 대런은 지금도 시에서 일하고 있다. 서튼이 덧붙였다.

"대런 같은 아이들이 어떻게든 학교를 떠나지 않는다면 졸업하고 나서 풀타임 직업을 구해 생활할 수 있는 준비를 갖출 수 있습니다. 우리가 아이들을 대신해 시험을 치러줄 수는 없지만 안전한 교통수단을 제공해줄 수 있고, 공부하도록 도와줄 수 있으며, 방향을 제시해줄 수 있습니다. 결국 독립해서 살아갈 수 있는 기반을 마련해줄 수 있어요."

청소년 중재 프로그램을 가동하는 비용은 학생 1인당 평균 1만 5,000달러에 이르지만 구금비용에 비교한다면 훨씬 적을 뿐 아니라 효과도 장기적이다. 우리가 측정한 결과를 검토해보더라도 이 프로그램 소속 학생은 통제집단 학생과 다르지 않았고 졸업 후에 심각한 문제를 일으키지도 않았다. 대런을 포함해 학생 대부분의 행동은 극적으로 개선되었다.

하지만 청소년 중재 프로그램은 시카고에 거주하는 고위험군 아이들을 모두 구할 수 없고, 예산은 늘 부족하며 특히나 실험 프로그램을 가동시키기에는 더욱 그렇다. 설사 운이 따라서 프로그램에 들어온 아이들이라도 생활 속에서 특수한 상황을 마주하면 쉽게 포기하고 프로그램을 그만두고 만다. 이러한 아이들을 도우려면 어떤 방법이 효과가 있을지 사회는 계속 탐구해야 한다.

조용한 살인자, 비만

시카고뿐 아니라 미국 전역의 학생들이 직면한 커다란 위협은 또 있다. 바로 비만이다. 비만율은 1980년 이래 3배 가까이 증가했다. 미국 질병통제예방센터에 따르면 2~19세 아이들의 17%, 저소득층 프리스쿨 아이들 일곱 명 중 한 명이 비만이다. 비만한 아이들은 지나치게 많은 시간을 소파에 앉아 있거나 누워서 보내기 때문에 운동하는 시간이 턱없이 부족하다. 집에서뿐 아니라 학교에서도 지방이 많은 가공식품을 지나치게 많이 먹는다.

대부분의 사람들이 문제의 심각성을 제대로 알지 못하므로 비만은 '조용한 살인자'라고 불린다. 1999년 〈미국의학협회지Journal of the American Medical Association〉가 발표한 연구 결과에 따르면 매년 미국 성인 28만~32만 5,000명이 비만으로 사망한다. 1분 남짓마다 한 사람씩 사망하는 셈으로 시간당 사망자 수가 거의 40명에 달한다. 비만으로 인한 사망자 수는 음주운전과 유방암 등 잘 알려진 원인으로 인한 사망자 수를 초과한다.

대부분의 어른은 학교 식당에서 머릿수건을 쓰고 흰색 유니폼을 입은 배식 담당자들이 어떤 음식을 담아주었는지 거의 기억하지 못한다(아니면 애써 기억에서 지우려 한다). 거기에는 하얀 빵 사이에 야릇한 갈색 고깃덩어리를 끼워 만든 버거, 대부분을 차지하는 빵 속에 자그마한 소시지를 숨겨놓은 소시지빵, 기름에 찌든 감자튀김 등이 있었다. 비닐봉투에서 꺼낸 채소를 마요네즈와 버터밀크를 섞은 드레싱에 흠뻑 적신 샐러드, 정체를 알 수 없는 그레이비소스를 부은 인스턴트 매시드 포테이토도 있었다. 집에서 키우는 개에게도 먹이지 않을 종류의 음식이지만 너무나 많은 미국 부모나 정부가 어쨌거나 돈을 지불해가며 아이들에게 먹였다.

2010년 3월 어느 날 밤 텔레비전 시청자 수백만 명이 유명한 영국인 셰프 제이미 올리버Jamie Oliver가 출연하는 프로그램을 지켜보았다. 그는 성인 인구의 절반이 비만인 탓에 미국에서 가장 건강하지 못한 도시라는 오명이 붙은 웨스트버지니아 주 헌팅턴의 한 학교 구내식당에서 미친 듯이 화를 토해냈다. 집단 급식에서 먹이는 음식의 질을 향상시키려는 것이 그의 목적이었다. 올리버는 눈앞에 펼쳐지는 장면이 마음에 들지 않는다고 했다. 아침에 피자, 점심에 치킨너깃이라니 말이다.

충분히 예측가능한 일이지만 급식 조리사들은 방어적인 태도를 취했다. 어째서 올리버는 영양사가 아닌 조리사들을 공격했을까?

조리사 한 명이 냉동고에서 냉동 치킨너깃이라고 이름 붙은 재료를 낚아채며 말했다.

"음식 재료는 영양 분석을 거쳐 한 달 단위로 미리 정해집니다. 첫 번째 성분은 흰색 닭고기예요."

하지만 올리버가 성분 목록을 읽어 내려가자 발음할 수 있는 식품명을 찾기가 어려웠다. 품목의 대부분을 차지하는 것은 벤조산나트륨, 삼차뷰틸하이드로퀴논, 디메틸실리콘오일처럼 식품의 경도, 응집성, 탄력성, 씹는 맛을 향상시키거나 닭고기처럼 쫀득한 식감을 내기 위해 첨가한 정체불명의 화학물질이었다. 올리버는 너깃을 높이 쳐들고 조리사들에게 외쳤다.

"당신이라면 이런 음식을 먹겠습니까?"

"물론이죠. 좋은 음식이에요."

그중 한 명이 대답했다.

미국학교영양협회는 올리버의 주장에 불쾌감을 나타내면서 그에 대응하는 주장을 언론에 발표했다. 협회가 2009년 조사 결과를 바탕으로 제기한 주장에 따르면, 전국 1,200개가 넘는 거의 모든 학군에서 "학생들에게 신선한 과일과 채소, 저지방 유제품, 잡곡, 샐러드를 제공한다. 대부분의 학교가 빵을 자체 주방에서 처음부터 만들고, 채식 위주 식단과 지역에서 재료를 조달한 음식의 비중을 높이고 있다. 학교 영양 프로그램을 가동하여 통밀가루로 만든 피자, 저지방 치즈, 저염 소스 등 학생들이 좋아하는 식품의 재료를 건강에 좋은 재료로 대체하고 있다."[5]

헌팅턴 시의 학교에서 일하는 조리사, 학교영양협회, 올리버 사이에 소통되지 않는 부분이 틀림없이 있기는 하다. 하지만 미국 연방정부는 연간 예산에서 10억 달러가량을 지출해 문제를 개선하려고 노력하고 있다. 2011년 미국농무부는 15년 만에 처음으로 학교 영양지침을 점검했다. 농무부는 적극적으로 건강증진 정책을 수립했지만 오히려 의회가 이를 제한함으로써 농무부가 제시한 학교 점심 기준을 후퇴시켰다(이로 인해 코미디언들은 심야 프로그램에 출연하여 피자 위에 얹은 토마토소스와 감자튀김을 여전히 채소로 간주하는 태도를 비웃었다). 이렇듯 후퇴하기는 했지만 학교영양협회의 대변인은 대부분의 학교가 농무부가 제시한 지침을 계속 준수하여 건강에 더욱 좋은 점심을 제공하기를 기대한다고 주장한다.

좋은 의도이기는 하지만 여기에는 큰 문제가 따른다. 대부분의 아이들은 여전히 시금치와 사과보다 감자튀김과 피자를 더 좋아하기 때문이다. 많은 학교가 디저트 대신 과일을 주는 등 건강에 좋은 음식을 제공하려 애를 써도 아이들이 선택하지 않는 경향이 있고, 설사 선택하더라도 결국 먹지 않는다. 일부 부모가 브로콜리와 현미를 자녀들에게 먹이려고 노력해도, 슈퍼마켓의 계산대에 놓인 과자류, 지식이 없는 친척이나 친구나 이웃이 악의 없이 먹이는 음식 때문에 결국은 무릎을 꿇고 만다.

미뢰가 잘못 길들여졌다는 사실은 제외하고도, 아이들은 4장에서 설명했듯 음식이 미치는 장기적 영향을 알지 못한다. 뽀빠이는 시금치를 먹었지만 부모가 아이들에게 "채소를 먹으면 키가 크고 힘이 세진단다"라고 말하면 아이들은 의아해할 것이다. 아이들은 미래의 건강을 생각하지 않기 때문이다(아마도 다가올 생일을 빼고는 미래에 대해 아무 생각이 없을 것이다).

1장에서는 학생들에게 돈을 인센티브로 주어 한 달 동안 헬스클럽에 가게 만들어서 운동하는 습관을 들이는 방법을 설명했다. 같은 종류의 인센티브가 비만문제에도 통할까? 아이들이 과자 대신 과일을 선택하게 만들려면 어떻게 해야 할까? 우리는 이 질문에 대한 대답을 찾기 위해 일종의 푸드뱅크인 시카고 식품보관소와 손잡고 시카고 지역에 거주하는 학생 1,000명을 대상으로 연구를 실시했다. 이 연구에서는 방과 후 식사 프로그램과 협력하여 건강에 좋은 음식을 선택하도록 아이들을 꾀려면 어떤 방법을 사용해야 할지 탐색했다. 우선 한 집단에 속한 아이들에게 "오늘은 특별히 디저트를 더 줄게. 과자를 먹겠니? 아니면 말린 살구를 먹겠니?"라고 물었다. 짐작대로 아이들의 90%가 과자를 선택했다.

다음에 아이들에게 영양 교육을 시켜서 건강한 과일과 채소를 먹는 것이 중요하다고 가르치고 여러 색깔로 음식 피라미드를 그리는 등 재미있는 활동을 시켰다. 프로그램이 끝나고 나서 아이들에게 디저트로 과자를 먹을지 과일을 먹을지 똑같이 물었다. 기운 빠지게도 영양교육 프로그램은 조금도 효과가 없어서 아이들은 여전히 과자를 선택했다.

이번에는 다른 집단의 아이들에게 다른 방법을 시도했다. "너희는 과자나 과일 중에 선택해서 먹을 수 있다. 하지만 과일을 선택하면

상을 받을 거야"라고 말했다. 상은 과일 색깔의 작은 고무 오리인형, 손목밴드, "건강하게 먹고 튼튼해지자"는 글귀가 인쇄된 펜이었다. 이번에는 아이들의 80%가 과일을 먹어서, 상을 주지 않은 경우의 10%와 확연한 차이를 드러냈다. 또한 교육 프로그램과 상 주는 방법을 결합했을 때 효과가 커서, 일주일 후에 학교로 돌아가 실험했을 때도 아이들의 38%가 여전히 과일을 선택했다. 일부 아이들이 좀 더 장기적으로 좋은 식습관을 갖기 시작한 것이다.[6]

방법을 약간 달리하자 훨씬 긍정적인 결과를 얻을 수 있었다. 우리는 몇 단계 뒤로 물러서서 식료품 상점에서 일어나는 현상에 대해 생각했다. 론 휴버맨은 이렇게 주장했다.

"식료품 상점의 진열 방법을 학교 급식에 적용하면 되지 않을까요?"

그렇다. 건강에 좋은 식품은 조명이 환하고 눈에 잘 띄고 쉽게 다가설 수 있는 장소에 진열하고, 건강에 좋지 않은 식품은 통로 등에 진열하면 건강에 좋은 식품 쪽으로 더욱 많은 아이들이 발길을 돌릴 것이다.[7]

우리는 학생들이 건강에 해로운 식품 대신 좋은 음식을 선택하게 하는 것으로 시작하여 식습관을 개선하는 일을 멈추지 않았다. 우선 점심 메뉴의 맨 앞줄에 놓였던 감자튀김을 치우고 얇은 사과 조각을 담은 봉지를 놓았다. 이것은 일종의 속임수였다. 감자튀김은 눈앞에서 없앴으므로 먹기가 힘들어졌고, 포장된 사과 조각은 껍질째 베어 먹으면 치아교정기에 끼기 십상인 통사과보다 마음 편하게 집어들

수 있기 때문이다. 과자와 감자튀김은 아이들이 달라고 해야 먹을
수 있는 곳에 두었다. 퉁명스러운 배식 담당자에게 부탁하면서까지
먹는 아이들이 있겠는가? 이 방법으로 소비의 대가가 효과적으로
바뀐 것이다. 휴버맨이 말했듯 "아이들이 과자를 달라고 부탁하기
어렵게 만들고, 사과 조각을 집기 쉽게 만들어야 한다."

　이것은 모두 각색의 문제이다. 영양교육을 실시하는 동시에 건강
에 좋은 식품을 선택하게 하고, 건강에 해로운 식품보다 건강에 좋
은 식품을 훨씬 근사해 보이게 만들면 효과가 있을 것이다.

　╭┘ 　넛지 대 뉴슨스,
　　무엇이 효과적일까?

　2012년 추수감사절 일주일 전에 존의 장인인 73세의 게리 아이너
슨Gary Einerson은 위스콘신 대학병원의 중환자실에 누워 마지막 숨을
기다리고 있었다. 한때 신장이 188센티미터에 체중이 90킬로그램이
었고 대학팀 농구선수로 활약했던 게리는 매디슨 외곽에 있는 디포
레스트 고등학교에서 아이들을 위해 많은 일을 한 원칙주의 교장이
었다. 그러나 간 이식을 기다리는 게리의 체중은 63킬로그램까지 줄
어들었다. 의사들은 며칠 이내로 간을 구하지 못하면 게리가 소생할
가능성이 없다고 말했다. 하지만 행운은 비껴가지 않았다. 매디슨
근처에서 발생한 자동차사고로 사망한 19세 소년의 간이 제때 도착

한 것이다. 이식수술은 성공했고 게리는 추수감사절에 집에 돌아갈 수 있었다. 병원 역사상 최고령 장기수여자인 게리는 요즈음 체중도 불고 건강하게 지내고 있다.

미국 정부의 웹사이트 오건도너organdonor.gov에 따르면 장기를 기다리다가 사망하는 환자의 수가 하루 평균 18명에 이른다. 장기기증자한 명은 여덟 명까지 생명을 살릴 수 있다. 장기를 기증해줄 사람을찾는 비통한 호소를 담은 다음과 같은 종류의 홍보를 읽어본 적이 있을 것이다.

어린 자녀 둘을 키우는 사촌 재니스에게 새 신장이 필요했습니다. 재니스는 일주일에 두 차례 신장 투석을 받아야 했습니다. 물론 장기수여 대기자 명단에 즉시 이름을 올려놓았지만 새 신장을 받지 못하면 죽을 수밖에 없었습니다. 이식할 신장을 구했다는 전화를 1년동안 두 차례 받았습니다. 하지만 조건이 맞지 않아 신장을 이식할수가 없어서 다시 연락이 올 때까지 무한정 기다려야만 했고 그사이에 병세는 점차 악화했습니다. 그러던 어느 날 한 통의 전화를 받았습니다. 다행히도 이번 신장은 조건이 맞았습니다. 한 여성이 자동차사고로 사망하면서 장기를 기증한 덕택에 재니스는 살 수 있었습니다.

장기는 항상 필요하므로 미국 일부 주와 전 세계의 정책수립자들은 장기기증자를 쉽게 구할 수 있는 대책을 세워왔다.[8] 운전면허증을 갱신하는 등 공무를 신청할 때 신청인은 옵트인opt in(장기기증에 분명하게 동의해야 장기기증자가 된다는 뜻)이나 옵트아웃opt out(자발적으로 선택하지 않을 때 선택되는 디폴트 옵션default option, 즉 거부하지 않으면 자동적으로 장기기증자가 된다는 뜻)할 수 있다. 특히 신청자가 기증을 원하지 않는다는 의사를 직접 표시하지 않으면 기부 의사가 있는 것으로 간주하는 옵트아웃 정책을 펼치면 장기기증률이 증가한다는 강력한 증거가 있다. 예를 들어 오스트리아처럼 옵트아웃 정책을 실시하는 나라의 장기기증률은 99%에 이를 정도로 높은 반면에, 독일처럼 옵트인 정책을 실시하는 나라의 장기기증률은 12% 정도에 머문다.[9]

옵트아웃 제도는 시카고 대학교 소속 행동경제학자인 리처드 탈러가 주장하는 '넛지'★nudge, 강요하지 않고 유연하게 개입하여 타인의 선택을 자연스럽게 유도하는 방법를 이용한 완벽한 예이다. 간단하게 말하자면 넛지는 타인이 알아차리지 못한 상태로 자그마한 변화를 일으켜 행동을 개선시키는 방식이다. 탈러는 하버드 대학교 법학과 교수인 캐스 선스타인Cass Sunstein과 《넛지Nudges》를 공동 저술하고, 아이들이 과자나 감자튀김보다 과일이나 샐러드를 선택하는 것처럼 더욱 현명한 선택을 하도록 사람들의 마음을 미묘하게 움직이는 정책 변화에 대해 썼다.

옵트아웃 제도가 다양한 환경에서 매우 효과적으로 작용하기는 하지만(사람의 생명을 구할 수 있는 장기를 확보하는 훌륭한 방법처럼 들린다) 문제는 이러한 방식으로 장기기증자를 등록시키는 방법이 부정직할 수 있다는 것이다. 이 제도에 반대하는 사람들은 치명적인 사고를 당해 자신의 귀중한 신장을 내어줄 사람에게는, 적어도 무언의 약속이 아니라 분명한 약속을 해달라고 요청할 만큼은 정중해야 한다고 생각한다.

2007년 우리는 예일 대학교 딘 칼런Dean Karlan과 협력하여 연구를 수행하면서, 장기기증 의사를 분명하게 물으면서도 여전히 기증률이 높을 수 있는지 탐구했다.[10] 우선 공급이 부족한 각막의 기증을 어떤 방법으로 늘릴 수 있을지 알아보았다. 장기기증 확대를 사명으로 삼고 있는 비영리단체 도네이트라이프Donate Life와 손을 잡고 전혀 다른 접근방법인 '뉴슨스'★nuisance, 귀찮게 조르는 행위와 넛지를 대비시키는 실험을 실시했다.

일리노이 주에서는 최근 새 장기기증 등록제도가 도입되어 예전에 장기기증자로 등록했던 사람도 다시 등록해야 했다. 연구 조교들은 시카고 주변의 여러 지역에 거주하는 400개 이상의 가구를 대상으로 실험을 실시했다. 우선 주민들에게 운전자 등록을 새로 하면서 앞으로는 기증 등록이 불가능할 수 있다고 말하고, "장기기증자 등록에 관한 정보를 받고 싶습니까?"라는 중요한 질문을 던졌다. 정보를 받겠다고 선택한 사람은 양식에 이름, 주소, 성별, 생년월일 등을 적었다. 조교들이 접촉한 사람의 24%가 등록했고, 실험은 이들을 기본집단으로 삼았다.

하지만 굳이 의사를 표시하지 않으면 자동으로 장기기증자로 등록되는 디폴트 옵션을 바꿔, 사람들이 장기기증에 관해 어떤 정보도 받지 않으려면 그 의사를 직접 표시해야 하는 옵트아웃 양식을 따른다면 어떻게 될까? 이 또 다른 처치집단에서 정보를 원하지 않는 사람은 양식에 이름과 주소 등을 기입해야 옵트아웃할 수 있었다. 이번에는 조교들이 접촉한 사람들의 31%가 등록했다. 디폴트 옵션을 바꾸는 것은 기증자를 늘릴 수 있는 인센티브가 되기에 충분했다.

다른 종류의 실험에서는 등록 양식을 훨씬 간편하게 만들어 양식에 이름만 적으면 도네이트라이프에서 정보를 받을 수 있었다. 이번에는 32%가 정보를 받겠다고 동의했다. 이 결과를 보더라도 장기를 기증하겠냐고 직접 묻기보다는 이러한 방법을 사용했을 때 장기기증자를 더욱 많이 확보할 수 있었다.

실험 결과에 따르면, 뉴슨스를 줄여서 사람들의 시간을 절약해주고 실랑이를 벌이지 않는 방법이 넛지보다 효과가 약간 나았다. 따라서 사람들을 장기기증자로 등록시킬 때 디폴트 옵션을 반드시 사용할 필요는 없다. 솔직한 태도를 취하면서도 여전히 등록률을 높일 수 있기 때문이다.

이러한 결과는 장기기증 이외의 다른 문제에도 중요한 의미를 지닐 수 있다. 예를 들어 미국인은 은퇴를 대비해 돈을 넉넉히 저축하지 않는다. 디폴트 옵션이 저축률을 높이는 데 효과가 있다고 주장하는 사람이 많지만, 우리가 실험한 결과에 따르면 단순히 뉴슨스를 줄이고 저축 규칙을 명쾌하고 간단하게 설명해주기만 해도 비슷한 효과를 낼 수 있다. 이와 마찬가지로 건강보험을 제대로 선택하도록 도울 때도 뉴슨스를 줄인다면 보험 가입률을 높일 수 있다(물론 이러한 인센티브가 효과가 있을지 확인하려면 현장실험을 더 거쳐야 한다).

⌐͡ 인류에 대한 위협,
지구온난화

지구온난화는 인류가 직면한 최대 위협의 하나이다. 뉴욕과 뉴저지, 펜실베이니아 등을 휩쓸고 지나간 허리케인 샌디는 앞으로 끊임없이 닥쳐올 기후 관련 재앙의 전조일 뿐이다. 2013년 1월에 발표된 미국기후평가에 따르면, "이상고온 현상인 열파熱波, 억수비, 홍수, 가뭄을 포함하여 특정 유형의 기상이변이 발생하는 빈도와 그 강도가 더욱 증가했다. 해수면이 상승하고 바닷물은 산성이 강해지고 북극해의 얼음과 빙하가 녹아내리고 있다."[11] 전문가들은 앞으로 여름 기후는 더욱 뜨겁고 건조해지고, 폭풍우는 더욱 큰 비를 동반하여 파괴력이 커져서 전력과 교통이 단절되고 식품과 물 공급이 어려워지리라는 점에 대략적으로 동의한다.

이러한 위기에 대처하기 위해 세계 발명가들은 지구온난화 문제를 완화하는 데 유용한 신기술을 개발하려고 노력하고 있다. 하지만 신기술을 적용하도록 유도하기는 결코 쉽지 않다. 그렇다면 이 문제를 해결하는 데 현장실험이 어떻게 유용할까?

문제에 대한 해답을 찾기 위해 우리는 백열전구와 관련된 현장실험을 실시했다. 현재 각 가정에서 사용하는 전구의 11% 정도만 콤팩트 형광전구이다. 환경보호는 사람들이 생활하면서 시도하는 작은 변화와 관계가 많아서, 실제로 미국에 거주하는 모든 가구가 백열전구 1개만 콤팩트 형광전구로 대체해도 연간 90억 파운드에 달하는 온실가스 배출량을 줄일 수 있다. 이는 자동차 약 80만 대에서 나오는 가스 방출량과 맞먹고 이를 줄인다면 에너지비용을 6억 달러 줄이는 효과를 거둘 수 있다.[12]

이러한 목적을 달성하기 위해 조지 부시George W. Bush 대통령은 2007년 미국에너지독립보안법United States Energy Independence and Security Act에 서명했다. 이 법은 에너지 효율이 낮은 구식 백열전구를 사용하지 말아야 한다고 규정했다. 하지만 애석하게도 백열전구를 대체하는 콤팩트 형광전구의 효용은 신통하지 않았다. 불빛이 획일적이고 차가워 보이는 동시에, 수은을 포함하고 있어 폐기하기가 어렵고 깨지면 문제가 되었다. 사람들은 새 전구를 싫어해서 여전히 백열전구를 사러 다녔다.

콤팩트 형광전구의 품질은 2007년 이후 많이 향상되었지만 여전히 사용하기를 꺼리는 사람이 많아서 해당 법을 폐기하고 싶어하는 의원들도 있었다. 편견을 극복하고 전구를 콤팩트 형광전구로 바꾸게 하려면 어떻게 해야 할까? 이 문제는 동료 압력peer pressure과 가격 책정 요소가 얽혀 있으므로 방법을 강구하기가 생각보다 복잡하다.

행동을 바꾸는 크고 설득력 있는 도구는 '사회규범'을 적용하는 것이다. 즉 남에게 뒤지지 않으려 애쓰는 심리를 이용하여 타인의 행동을 따라하게 만든다는 뜻이다. 사회규범이 가리키는 신호는 어디에나 있다. 예를 들면 모든 부모가 자녀를 데리러 제시간에 탁아소에 도착하는 것, 특정 종류의 시리얼, 치약, 자동차, 기타 물품이 좋다면서 "소비자 열 명 중 일곱 명이 그렇게 생각한다"고 선전하는 텔레비전 광고, 호텔 객실 화장실에 붙어 있는 "이 객실에 묵었던 투숙객의 73%는 수건을 재사용했다"라는 안내문 등이 그에 해당한다.[13]

사람들에게 새롭게 시도하라고 설득하는 데는 과거부터 돈도 효과가 있었다. 우리는 돈과 사회적 압력을 어떻게 결합해야 사람들이 전구를 바꿀지 알아낼 목적으로, 데이비드 허버리치David Herberich, 마이클 프라이스와 함께 대규모 현장실험을 실시하기로 하고 학생들을 시켜 시카고 교외에 있는 9,000여 가구를 일일이 방문하게 했다.[14]

학생들은 주민들에게 콤팩트 형광전구를 최대 두 꾸러미까지 사라고 권했다. 전구의 가격은 한 꾸러미에 3달러 75센트부터 7달러 15센트 사이지만 기준 가격을 한 꾸러미당 5달러로 정했다. 또한 한 꾸러미 가격이 백열전구와 비슷하도록 1달러에 팔아보기도 했다. 게다가 주민들에게 사회적 압력을 넣었다. 예를 들어 "콤팩트 형광전구를 한 개 이상 사용하는 가구가 미국 전체의 70%라는 사실을 아세요?"라고 묻거나, 쐐기를 박아 말하고 싶으면 "우리가 이 지역에서 조사한 가구 중 70%가 이미 콤팩트 형광전구를 한 개 이상 사용하고 있다는 사실을 아세요?"라고 물었다.

실험 결과 사람들에게 콤팩트 형광전구를 사게 하는 방법은 두 가지였다. 하나는 가격을 낮추는 것이다. 대부분의 사람들은 정부가 보조금을 지급해서 콤팩트 형광전구의 가격을 백열전구와 비슷하게 책정해야 한다고 생각한다. 하지만 애석하게도 정부의 예산이 줄어들고 있으므로 이는 실현가능성이 없다. 아무튼 실험 결과에 따르면 가격을 낮추는 방법이 효과가 있을 수 있다. 콤팩트 형광전구를 사게 만드는 둘째 방법은 이웃이 사용하고 있다고 말하는 것이다. 주민에게 이웃의 동향을 상기시키면 5달러짜리 꾸러미의 가격을 70% 낮출 때와 같은 효과를 거둘 수 있다. 중요한 사실은 우리가 다시 찾아가 낮은 가격에 콤팩트 형광전구를 사라고 하자 사람들이 구매했다는 것이다.

이때 기억해야 할 점이 있다. 사람들의 행동을 바꾸는 최고의 도구는 사회규범과 가격책정을 결합하여 서로 보완하고 강화하는 것이다. 동료 압력에 관해 이야기해보자. 사람들은 동료에 뒤지고 싶어하지 않으므로 동료가 무엇을 하는지 알리면 사람들을 시장으로 끌어들여 콤팩트 형광전구를 사게 만들 수 있다. 하지만 일단 콤팩트 형광전구를 사고 나면 동료 압력의 효과는 그다지 크지 않다. 이때는 제품을 좀 더 낮은 가격에 제공하면 콤팩트 형광전구를 더욱 많이 구매할 것이다.

이렇게 사회규범과 가격책정을 결합하면 저공해 상품을 구매하도록 사람들을 납득시킬 수 있다. 좀 더 범위를 넓혀 말하자면, 환경에 유익한 저공해 기술을 보유했을 때 정부나 기업체는 사회규범을 지닌 시장에 첫발을 내디뎌야 한다. 그러나 일단 사회적 압력의 이익을 누리고 나면 더 이상 효과가 없을 것이다. 이때가 바로 낮은 가격제도를 도입해야 하는 시점이다.

▲▲▲

빈곤, 노숙자, 약물남용, 범죄 같은 고질적 문제를 연구하는 경제학자는 대부분 공공정책 모델을 수립하는 데 개입하지 못하고, 과거에 발생한 현상을 분석하는 데 그치는 경우가 많다. 따라서 론 휴버맨 같은 사람이 어떻게 하면 커다란 사회문제를 해결하는 데 유용한 인센티브를 설계할 수 있는지 물어오면 우리 같은 경제학자들은 힘이 솟는다. 우리는 현장실험이 지금보다 훨씬 확산되기를 간절히 희망한다.

일반적으로 공무원들은 평균적 영향력을 파급시키는 프로그램을 구축하는 데 초점을 맞춘다. 하지만 프로그램은 대상에 따라 효과가 있기도 하고 전혀 없기도 하다. 사회문제를 해결하기 위해 망치가 필요한 곳에 외과용 메스를 사용하면 어떻게 될까? 우리가 실시한 실험으로 수집한 자료에 따르면 누구에게나 적용할 수 있는 만능 재활 프로그램은 없다. 일반적으로 적용하도록 만든 해결책보다는 청소년 중재 프로그램처럼 맞춤형 프로그램을 가동해야 시카고 주변의 갱단처럼 위험에 빠진 사람들을 도울 수 있다.

예를 들어 '평온한 문화' 같은 프로그램의 규모를 줄이면서 좀 더 집중적으로 적용하면 어떨까? 예를 들어 카니예 웨스트 콘서트 같은 사회적 인센티브에 강하게 반응하는 학생도 있고 경제적 인센티브가 필요한 학생도 있을 것이다. 위험에 처한 학생들을 가려낼 뿐 아니라 일련의 실험을 가동하여 학생들의 행동문제를 유발하는 좀 더 근본적인 이유를 진단하고 이를 토대로 조정안을 세워야 한다. 즉 정책을 개인에 맞추어야 한다. 예를 들어 에이즈 감염, 10대 임신, 오염, 고등학교 중퇴율을 어떻게 감소시킬 수 있을까?

물론 대규모 현장실험을 가동하려면 시간과 에너지를 쏟아야 하고 용기를 내야 한다. 허리띠를 졸라매야 하는 시기에는 사회정책을 적용하기에 앞서 현장실험에 투자하는 것이 힘들다고 생각하기 쉽다. 하지만 이는 틀린 생각이다. 연구를 수행해야 효과적인 방법을 구별해낼 수 있으므로 장기적으로 돈을 절약할 수 있다. 게다가 비용을 거의 들이지 않고 실시할 수 있는 실험도 많다. 론 휴버맨이 알고 있듯, 현장실험을 가동하면 아동부터 가난한 사람까지 사회에 유익한 결과를 산출할 수 있다.

9

어떻게 하면 기부금을
늘릴 수 있을까?

가슴에 호소하지 말고 허영심에 호소하라

거리에서 노숙자를 보거나, 기부 요청 봉투에 인쇄된 아이의 일그러진 얼굴을 보거나, 연말에 종을 울리는 구세군 자원봉사자를 보면 지갑을 열고 싶은 마음이 생길 것이다. 아니면 대다수의 미국인처럼 매년 전 세계의 가치 있는 명분을 위해 시간이나 돈을 기부하고 있을 수도 있다.

실제로 미국인은 상당히 너그러운 편이다. 미국인 열에 아홉은 매년 적어도 한 번 이상 자선활동에 돈이나 시간을 기증한다. 미국에서 개인이 기부하는 금액은 연간 3,000억 달러 이상으로 그리스 전체 국내총생산GDP과 같다. 여기에 기업과 재단의 기부금까지 합하면 그 액수는 훨씬 크다.[1]

여기서 거론하는 금액은 실제로 엄청나다. 지난 40년 이상 미국 전역에서 자선재단들이 우후죽순으로 생겨났다. 이러한 추세 덕택에 가난한 사람들에게 공공재를 제공해야 하는 연방정부의 부담이 줄어든 것은 확실하지만 여전히 의문은 남는다. 사람들은 정확하게 어떤 이유로 기부하는가?

대부분 타인을 돕고 싶어 기부한다고 말할 것이다. 하지만 이러한 이타적 동기가 사람들이 관대하게 행동하는 유일한 이유일까? 우리가 연구한 결과에 따르면 그렇지 않다. 실제로 몇 가지 다른 자선상의 명분을 대상으로 여러 현장실험을 실시해보면 기부하는 심리적

이유가 대부분의 사람들이 인정하는 것보다 이기적일 때가 많다.

분명히 이기적인 기부 이유의 하나는 세금 혜택을 받기 위해서다. 미국 정부는 교회 경매부터 고래 구출에 이르기까지 다양한 명분을 위해 기부행위를 효과적으로 지원한다. 물론 세금절감 혜택이 없더라도 여전히 사람들은 열심히 일해 번 돈을 명분을 위해 사용한다. 예를 들어 노숙자에게 적선을 하면서 영수증을 달라고 요구하지는 않는다.

순수하게 관대한 마음을 품었거나 세금을 감면받기 위해서가 아니라면 대체 어떤 이유로 기부할까? 모금의 관점에서 보면 중요한 질문이다. 자선단체를 위해 모금활동을 하는 사람들은 기부행위의 저변에 어떤 동기가 있는지, 어떤 이유로 기부자가 명분을 고수하며 계속 기부하는지, 어째서 기부를 중단하는지 파악해야 한다. 또한 비영리단체는 특히 지방이나 국가적 차원에서 복지예산이 대량으로 삭감되는 시기에도 기부금을 늘릴 수 있는 방법을 강구해야 한다. 더욱이 미국 정부는 시민들이 매년 세금신고를 하면서 면제받는 수십억 달러가 국가 경제에 어떤 의미가 있는지 알고 싶을 것이다. 정부가 자선단체에 기부하는 돈에 대한 세금우대 규모를 줄이면 사람들은 기부활동을 중단할 것인가?

다른 조직도 마찬가지지만 비영리단체는 나름대로 독특한 인습적 지혜에 의존한다. 실험을 진행하면서 우리는 각 분야의 유능한 사람들이 의사결정을 내릴 때 검증가능한 자료가 아니라 전임자에게 전수받은 지혜를 따르거나 '직관'에 의존하는 경향이 있다는 사실을 깨달았다. 예를 들어 자선 세계에서 모금활동은 전통과 상당히 관련이 깊고 시행착오를 거쳐 이루어졌다. 기금 모금행사에서 모금자는 과학적 근거보다는 개인적 경험에 의존한다.

그러나 자선단체든 기업이든 인습적 지혜에 따라 운영하는 것은 대체로 어리석으며 특히 이해관계자(직원, 기부금 수혜자, 기부자)는 상황을 현명하게 다루어야 한다. 9장과 10장에서는 자선 분야를 면밀하게 검토하고 자선활동을 벌이는 관례적 방식을 실험해보려 한다.[2]

이러한 실험을 거쳐 도출해낸 결론은 자선단체만이 아니라 어떤 조직에도 폭넓게 적용될 수 있다.

기금 모금의 과학

우리가 자선활동을 연구하기 시작한 것은 존이 센트럴플로리다 대학교에 신임 교수로 있던 1997년으로 거슬러 올라간다. 당시 경제 이론을 실험하는 데 전력을 기울였던 존은 자신이 정통한 스포츠카드 수집 시장을 대상으로 현장실험을 실시하면서 연구 경력을 쌓아가고 있었다.[3]

어느 날 센트럴플로리다 대학교의 경영대학원 학장인 톰 키온Tom Keon이 존을 찾아왔다. 이 대학을 일류 연구기관으로 만들고 싶었던 키온은 경영대학원의 각 과가 틈새 영역을 선택해 전문화하는 것이

유일한 방법이라고 확신하면서, 과가 최종적으로 선택한 분야에 자원을 집중적으로 투자할 계획이라고 밝혔다.[4]

환경경제학 및 실험경제학을 연구한 존은 자신이 연구하는 틈새 영역이 경쟁에서 이겨야 한다고 생각했다. 몇 달 동안 언쟁과 로비가 계속된 끝에 실험경제학을 기반으로 하는 환경경제학이 교수진의 만장일치에 가까운 찬성을 얻어냈다. 그날 존과 동료들은 피자와 맥주로 경사로운 날을 축하했다.

투표가 끝나자마자 톰 키온이 우승 분야를 발표했다.

"존, 축하합니다. 당신의 연구 분야가 선정되었습니다. 나는 이 분야가 발전하도록 전력을 기울일 겁니다. 그러려면 먼저 환경정책분석센터Center for Environmental Policy Analysis를 출범시켜야 해요. 그 센터의 책임자로 당신을 임명할 생각입니다. 물론 외부에 나가 모금을 해야 합니다. 학교가 종잣돈으로 5,000달러를 줄 거예요. 그 돈으로 훨씬 많은 연구비를 모을 방법을 강구해야 합니다."

존은 자신이 감당해야 하는 책임감에 어깨가 무거웠다.[5] 존은 공공 부문에 대해 연구해본 적이 없고, 자택 우편함에 도착하는 가슴 쥐어짜는 애절한 사연을 담은 우편물에 이따금씩 응답하는 것을 제외하고는 기금 모금에 대해 전혀 몰랐다. 그래서 신참내기 비영리단체가 종잣돈을 사용하는 전술을 연구해보기로 했다. 제일 먼저 해당 주제에 관한 자료를 샅샅이 찾아 읽었지만, 모금활동을 시작하는 데 필요한 금액에 관한 양적 연구는 전혀 없었다. 실제로 어떤 종류라도 정밀한 연구가 전혀 이루어지지 않았으므로 직접 연구할 수밖에 없었다. 기금 모금의 세계를 지탱하는 전제는 무엇일까? 존은 세계 최대 자선단체 몇 군데를 골라 모금전문가와 이야기를 나누기로 했다.

어느 날 오후 존은 트위드 재킷을 입은 단정하고 머리가 희끗희끗한 신사를 만났다. 대형 동물보호재단에서 활동하는 사람이었다. 둘의 대화 내용은 대략 이랬다.

존: 학장이 종잣돈으로 5,000달러를 내놓았습니다. 기금 모금 캠페인을 시작하려면 얼마나 더 필요할까요?

신사: 묘책이 있습니다.

존: 정말요?

신사: (상체를 앞으로 기울이면서) 그럼요. 목표액의 33%가 필요합니다. 예를 들어 1만 5,000달러를 모아야 한다면 5,000달러가 필요해요. 33%는 황금비율입니다.

존: 세상에. 그렇군요. 일러주어 고맙습니다! 하지만 어째서 33%인가요? 50%나 10%가 아닌 이유는요?

신사: 이 분야에서 오랫동안 일하다보니 저절로 알게 되었습니다. 정확하게 33%입니다. 이보다 적거나 많은 액수로 캠페인을 시작하면 원하는 만큼 기금을 거둘 수 없을 겁니다.

존: 하지만 정말 그럴지 어떻게 알 수 있습니까? 증거가 있나요? 그 점에 관한 자료를 전혀 찾을 수가 없었어요……

신사: (약간 언짢아하며) 오랫동안 기금을 모금해온 옛 상사에게 배웠습니다. 우리는 항상 그러한 법칙에 의존해 활동해왔습니다. 내 말을

믿으셔도 됩니다.

존: (미심쩍어하며) 하지만 그 상사는 어떻게 알았을까요?

이러한 대화에는 끝이 없다. 사람 좋은 이 신사는 모금액을 늘리는 방법에 대해 그다지 진지하게 생각해보지 않았고, 모금방법 혁신보다는 자선행사 개최에 대해 훨씬 많이 파악하고 있었다. 존은 시간제 모금자로 단 몇 주 동안 활동한 것만으로도 자선 비즈니스에서 가장 성과를 크게 거둔 사람들의 수준에 도달한 것 같았다.

신사의 말을 듣고 나서 존은 자선단체의 활동에 무언가가 빠져 있다고 생각했다. 하지만 그 말쑥한 신사처럼 자선 분야에서 활동하는 사람들은 현명했다. 그렇다면 무엇이 빠졌을까? 그것은 사람들이 기부하는 근본적인 이유를 경제적 현장실험을 사용하여 과학적으로 연구하지 않는 것이라고 존은 결론지었다. 자선단체를 실제로 움직이는 것은 과학이 아니라 일화였다. 이는 젊은 연구자에게는 실망스러운 현상이지만 오히려 특별한 기회가 될 수도 있었다. 존은 자선 부문의 사업 수행 방법을 과학적 혁명을 통해 극적으로 바꿀 수 있다고 생각했다.

▲▲▲

종잣돈이 어떻게 작용하는지 살펴보기 전에 재미 삼아 약간의 실험을 해보자. 다음에 나열한 개념은 모금 세계에서 사람들이 매일 내리는 흔한 가정의 전형적인 예이다(효과가 좋은 방법도 있고, 그렇지 못한 방법도 있다고 밝혀졌다. 10장과 11장에서는 각 집단에서 어떤 방법이 가장 효과적이었는지 또한 그 이유는 무엇인지 살펴보려 한다).

A집단

- 1:1 매칭그랜트("지금 전화를 걸면, 익명의 기부자가 당신이 기부한 금액만큼 기금을 내서 총 기부금은 2배가 됩니다!")
- 2:1 매칭그랜트("총 기부금은 당신이 기부하는 금액의 3배가 됩니다!")
- 3:1 매칭그랜트("총 기부금은 당신이 기부하는 금액의 4배가 됩니다!")

B집단

- 복권("기부하는 사람에게 복권을 드립니다.")
- 환불이나 할인("2만 달러를 모금하지 못하면 당신이 낸 기부금을 돌려드립니다!")
- 배당금("기부를 많이 할수록 받는 상도 커집니다!")

C집단

- 가정 방문을 통한 모금
- 고통을 겪는 동물이나 아동의 사진과 "당신의 기부금이 오늘 한 생명을 구할 수 있습니다!"라는 구호를 봉투에 적은 다이렉트메일 캠페인
- "우리에게 종잣돈이 5,000달러 있습니다. 2만 5,000달러를 모금할 수 있게 도와주세요!"

우리는 기금 모금 문제를 고찰할수록 효과적인 방법에 관해 누구나 나름대로 의견이 있다는 사실을 깨달았다. 하지만 사람들이 자선단체에 기부하는 이유와 앞에 나열한 마케팅 계획에 반응을 보이는 이유를 설명하는 과학적 증거는 거의 없었다. 그러나 마케팅전문가나 판매전문가는 장래의 고객에게 돈을 쓰라고 부추기기 위해 이러한 전술을 얼마나 자주 사용하는지 생각해보라. 실제로 자선활동에 관한 경제학은 그 함축된 의미가 삶의 각 방면에 폭넓게 적용되는 유망한 탐구 영역이다.

┌┘ 앞 사람
따라 하기

환경정책분석센터에는 무엇보다 새 컴퓨터가 필요했다. 엄밀히 말해 모두 여섯 대가 필요했지만 종잣돈 5,000달러로는 모자랐다. 그래서 친구들과 동료 경제학자인 제임스 안드레오니James Andreoni와 데이비드 러킹라일리David Lucking-Reiley와 의논하여 자선기금 조성에 관한 첫 실험 계획을 세웠다.[6]

센터에 필요한 컴퓨터 여섯 대를 구매할 자금을 마련할 목적으로 전체 모금 캠페인을 몇 개의 작은 캠페인으로 나누고 각 캠페인을 독립된 실험 처치집단으로 삼았다. 그리고 플로리다 주 중부에 거주하는 3,000가구에 기부를 부탁하되 내용을 조금씩 바꾼 몇 종류의 편지를 각 가정에 한 통씩 보냈다. 편지에서는 센트럴플로리다 대학교에 환경정책분석센터를 신설하여 대기오염과 수질오염, 멸종위기에 처한 동물의 보호, 생물의 다양성 향상 등 지역·나라·세계의 환경 문제를 고찰할 것이라고 설명했다. 센터가 컴퓨터를 장만할 수 있도록 주민들이 기부해줄까?

대당 3,000달러인 컴퓨터를 살 수 있도록 기부해달라고 주민에게 부탁하면서 처치집단마다 다른 액수의 종잣돈을 제시했다. 첫째 편지에서는 총 비용의 10%를 이미 확보했으므로 나머지 2,700달러를 기부해달라고 부탁했다. 둘째 편지에서는 총 비용의 33%를 모금했으므로 2,000달러를 기부해달라고 요청했다. 셋째 편지에서는 총 비용의 67%를 모금했으므로 나머지 1,000달러를 기부해달라고 말했다. 일부 편지에서는 컴퓨터를 구매할 돈을 다 모으지 못하면 그 돈을 환경정책분석센터의 운영비로 사용하리라 설명하기도 했고, 다시 돌려주겠다고 하기도 했다. 이렇듯 내용이 다른 편지를 끝맺을 때는 으레 "감사하다"고 적고, 기부 양식이 담긴 우편요금을 지불한 회신용 봉투를 동봉하여 편지를 보내고 기다렸다.

주민들의 회신이 들어오면서 우리는 기부 산업계에서 통용되는 지혜가 부분적으로만 정확하다는 사실을 깨달았다. 종잣돈은 다른 기부자를 끌어들이는 데 효과적이었다. 하지만 일부 전문가가 귀띔해준 33%는 완전히 잘못된 수치였다. 필요한 기금의 33%를 이미 확보했다고 말했을 때도 기부금이 늘었지만, 목표액의 67%를 이미 확보했다고 말하자 훨씬 많은 금액을 기부받을 수 있었기 때문이다. 예를 들어 10% 등 종잣돈이 적을수록 들어온 기부금도 줄어들었다.

기부 산업계에서 활동하는 선량한 사람들이 종잣돈의 33%라는 수치에 지나치게 집착하는 나머지 더욱 많은 금액을 기부받을 기회를 놓치고 있는 것 같았다. 하지만 그들의 직관도 완전히 틀렸다고 단정할 수는 없다. 종잣돈의 액수를 들은 잠재적 기부자는 갈등한다. 자선단체의 모금액이 목표액에 가까워질수록 기부자들은 다른 사람의 기부에 '무임승차' 할 수 있으므로 목표를 달성하는 데 힘을 보태야겠다는 생각이 줄어들 것이다.

다른 한편으로 생각해보면 기부자들은 바쁜 사람들이다. 그들은 모든 자선단체를 상세하게 조사할 시간이 없으므로 다른 기부자들의 동향을 살핀다. 익명의 기부자에게 고액의 종잣돈을 기부받았다는 말은 '내부자' 가 자기 임무를 그만큼 성실히 수행했다는 뜻을 전달하게 된다.

이렇듯 사람들은 앞 사람 따라 하기를 즐긴다. 우리가 얻은 연구 결과를 보더라도 이렇듯 앞 사람 따라 하기는 기부자에게 매우 중요하게 작용하여 무임승차 효과를 상쇄하고도 남는다. 이 주장을 어느 정도까지 펼칠 수 있을지는 여전히 실험해봐야 할 문제이다. 예를 들어 목표액의 99%를 모금했다고 발표하면 기부가 줄어들 거라고 추측하지만 그 또한 우리의 예상일 뿐이다.

하지만 앞 사람 따라 하기 효과를 실제로 적용하기는 쉽지 않다. 우리는 일부 편지에서 목표액을 달성하지 못하면 기부금을 돌려주겠다고 말했다. 환불해주겠다고 약속하면 기부금이 늘어나리라 생각하기 쉽다. 무임승차 문제가 일어나지 않고 앞 사람 따라 하기가 유인 요소로 작용하기 때문이다. 하지만 검토해보자 환불 약속은 결과에 전혀 영향을 미치지 않았다.

실험 결과를 확인하기 위해 환불 개념을 캐나다 소재 시에라클럽 Sierra Club에 적용했다. 해당 클럽은 고정 기부자들을 확보하고 있고, 연간 서너 차례에 걸쳐 우편물을 대량으로 발송하여 모금운동을 펼치는 유서 깊은 조직이다. 브리티시 컬럼비아 주의 지회가 실험을 돕겠다고 나섰으므로 우리는 동료인 대니얼 론도Daniel Rondeau와 함께 실험을 시작했다. 먼저 3,000가구에 편지를 보내 시에라클럽이 해당 지역에 거주하는 유치원생부터 고등학생에게 교육 기회를 확대 제공하도록 도와달라고 요청했다.[7] 편지 수령자의 절반인 통제집단에게는 모금 목표액이 5,000달러라고 말했고, 나머지 절반에게는 5,000달러 중 2,500달러를 이미 모금했다고 말했다. 종잣돈을 언급하는 방법이 이번에도 통할까?

물론 통했다. 통제집단에서 1,375달러를 모금했고, 종잣돈을 언급한 실험집단에서 이보다 18% 많은 1,620달러를 모금했다. 다시 한 번 종잣돈은 우리가 예측한 대로 효과를 나타냈다.

이러한 현상의 본질은 무엇일까? 많은 비영리단체가 무임승차 효과를 걱정해서 종잣돈이 많다고 발표하는 것을 주저하는 경향이 있다. 기부자들이 앞 사람을 따라 하고 싶어한다는 사실을 간과하고 있는 것이다. 실제로 앞 사람 따라 하기 효과는 상당히 강력하여 무

임승차 효과를 능가한다.[8]

스니커즈
초콜릿바 공식

　일부 우파 인사들은 미국공영라디오방송National Public Radio(NPR)을
진보주의자들이 사회주의를 건설할 계획을 추진하려고 모이는 장소
로 지목하지만, 실제로 이 방송은 상당히 좋은 조직으로 많은 사람에
게 사랑받고 있다. 자체적으로 기금 모금운동을 벌이고 있는 NPR은
미국 국내외의 소식을 심층적으로 전달할 뿐 아니라 재미있는 프로
그램들을 제공한다.

　통근 길에 NPR 소속 방송 진행자의 잔잔한 목소리를 즐겨 청취
하는 사람이라면 특정한 기간에 기금을 모금하는 방송을 싫든 좋든
몇 주 동안 들어야 했던 경험이 있을 것이다. 평상시에 품위 있는
진행자라도 후원금을 모금하는 기간에는 매일 모금액을 늘리려고
다양한 방법을 사용해가면서 끈질기게 간청한다. 모금자들은 다음
과 같은 표현을 즐겨 사용한다. "지금 100달러를 기부해주시면 다
른 기부자가 같은 액수를 기부하기로 약속했으므로 전체 기부금은
2배가 됩니다."

　경제적 관점에서 이러한 호소는 완전히 타당하다. 일반적으로 기
부금은 해당 단체에 액면가로 전달된다. 하지만 100달러를 기부했

을 때 단체가 실질적으로 200달러를 받는다는 말을 들으면 사람들은 마치 '1개 가격으로 2개를 얻는' 특별한 제안을 받은 것처럼 느끼게 되고, 모금자들도 바로 이 점을 노린다.

이렇게 생각해보자. 스니커즈 초콜릿바를 1달러에 1개 살 수 있거나 2개 살 수 있다면 누구라도 '1개 가격에 2개를 얻는' 쪽을 선택할 것이다. 이것이 경제학의 기본이다. 이러한 방법이 식료품점에서 먹힌다면 틀림없이 기금 모금에도 통하지 않을까? 기금 모금 분야에서 통용되는 직관은 매우 강력해서 관례대로 "챌린지그랜트★challenge grant, 다른 기부자의 기부에 수반하지 않고 독립적이라는 점에서 매칭그랜트와 다르다의 힘을 과소평가해서는 결코 안 된다." 그리고 "분명히 1:1 기부(기부자가 1달러를 기부하면 다른 기부자가 그에 맞춰 1달러를 기부한다)가 1:2 기부보다 기부자의 마음을 더욱 강하게 끈다. (…) 이보다 기부금이 많아지는 2:1 기부는 매칭그랜트의 매력을 한층 강화한다."9 매칭그랜트는 식료품점이나 쇼핑몰에서 만날 수 있는 '1개 가격으로 2개를 얻는' 방법과 정말 같을까? 매칭그랜트는 소비시장에서 통하는 할인판매와 같은 방식으로 작용할까? 실제로 기부의 큰손들은 여러 해 동안 이러한 개념에 따라 기부해왔다. 예를 들어 최근 드레이크 대학교에 7,500만 달러를 기부한 익명의 기부자는, 대학 측이 그 돈을 기본으로 3:1이나 2:1 매칭그랜트를 제안하여 다른 기부자들을 독려함으로써 기금을 더욱 많이 확보해야 한다는 단서를 달았다. 달리 표현하면 그 익명의 기부자는 스니커즈 초콜릿바 개념을 활용하여 거액의 기부금을 몇 배로 증식시키라고 말한 것이다.

하지만 이러한 매칭그랜트가 정말 효과가 있을까? 이에 대한 해답을 찾기 위해 우리는 역시 기부 동기를 연구하는 데 관심이 있는 중도좌파 경제학자인 딘 칼런 예일 대학교 교수와 협력하기로 했다.[10] 2004년 조지 부시가 대통령에 재선되고 나서 딘은 특정 진보 비영리단체에 연락하여 그곳의 후원자 5만 명을 대상으로 실험을 실시하고 싶다고 말했다.[11]

해당 비영리단체는 모금운동을 돕겠다는 우리의 제안을 기쁜 마음으로 수락했다. 우리는 설계한 실험방법에 따라 통제집단에게 보내는 편지에는 기부를 부탁하면서 매칭그랜트는 전혀 언급하지 않았다. 그 밖의 다른 편지에는 다음 예문을 뼈대로 숫자만 조금씩 변형했다.

무엇을 망설이십니까? 지금이야말로 기부할 때입니다!
헌법이 규정한 국민의 권리가 지속적으로 침해받고 있는 상황을 우려한 한 회원이 모금을 권장하기 위해 매칭그랜트 실시를 제안했습니다. 국민의 권리를 보호하기 위한 투쟁을 멈추지 않기 위해 그 회원은 여러분이 1달러를 기부할 때마다 [1달러/2달러/3달러]를 기부하겠다고 약속했습니다. 그러므로 여러분이 1달러를 기부하면 우리 단체는 [2달러/3달러/4달러]를 받습니다. 이번 기회를 놓치지 말고 오늘 기부하십시오![12]

우리는 사람들을 무작위로 네 집단으로 나누고 다시 매칭 비율에 따라 세 집단과 통제집단으로 분리했다. 제1집단에게는 1:1로 금액을 맞추어 후원자가 1달러를 기부하면 단체에 2달러가 돌아간다고 말했다. 제2집단에게는 2:1로 금액을 맞추어 1달러를 기부하면 단체에 3달러가 돌아간다고 전달했다.[13]

편지를 발송하고 나서 우리는 매칭그랜트가 효과를 발휘하리라 예측하면서 결과를 기다렸다. 사람들의 답변이 모두 도착하여 자료를 종합해보니 매칭그랜트를 제안받은 사람들 사이에 기부자가 20% 증가했으므로 매칭그랜트가 효과가 있다는 사실이 확실히 입증되었다.

하지만 의외의 결과가 드러났다. 매칭 비율이 전혀 중요하지 않았던 것이다. 금액을 3:1이나 2:1로 맞추는 경우와 1:1로 맞추는 경우는 효과에서 전혀 차이가 없었다. 일화로 판단하면 매칭 비율이 높을 때가 낮을 때보다 효과가 크다는 주장에 힘이 실려 있었으므로 수만 명을 대상으로 도출한 이번 자료는 충격적이었다.

실험으로 얻은 결과는 또 있었다. 매칭그랜트는 진보 성향의 주보다 보수 성향의 주에서 훨씬 효과적으로 작용했다(실험에 협조한 비영리 단체는 진보적인 단체였다). 이유는 무엇일까?

한마디로 비슷한 사람끼리 한데 뭉치기 때문이다. 소위 매사추세츠 인민공화국이나 버몬트 인민공화국에 거주하는 진보주의자를 상상해보자. 이곳의 상하원의원 역시 진보주의자다. 그는 후원금을 기부하라는 진보단체의 편지를 받고 해당 단체의 자격이나 신용도와 상관없이 기꺼이 기부하기로 결심한다. 마음속으로 '주위 사람도 모두 기부하니까 나도 해야지'라고 생각한다. 스스로 진보적이라고 생

각하는 잠재 기부자로서는 진보단체가 기부를 부탁하면 단체의 수준을 그다지 따질 필요가 없다.[14]

하지만 비슷하지 않은 사람은 꼼꼼하게 따지기 마련이다. 보수 성향의 주에 사는 진보주의자에게 매칭그랜트는 중요한 신호로 작용한다. 미시시피·테네시·애리조나 같은 보수 성향의 주에 거주하는 진보주의자(혹은 캘리포니아·오리건·버몬트 같은 진보 성향의 주에 거주하는 보수주의자)는 자신들이 수적으로 열세라고 느낀다. 정부에 분개하고 있지만 해당 단체의 수준이 높은지 확신할 수 없다. 이때 누군가가 다가와 이렇게 말한다. "나와 같이 손을 잡읍시다. 이 주에 사는 진보주의자들은 명분을 지키기 위해 열심히 싸우고 있으며 많은 돈을 기부하고 있어요." 평소에 지배세력이나 주위 사람에게 밀린다고 느끼고 있었으므로, 자신의 기부가 훌륭한 명분에 기여한다는 사실을 알면 모금활동에 참여하고 싶은 마음이 더욱 생길 것이다. 마치《레미제라블Les Miserables》에 등장하는 이상주의자 학생들이나 굶주린 빈민, 또는《아틀라스Atlas Shrugged》에서 유토피아를 건설하려는 존 갤트처럼 자신이 하고 있는 일에 자부심과 명예를 느낀다.

사회심리학 이론을 활용하여 이러한 추론을 설명할 수 있다. 소수 집단에 속한 개인은 사회정체성을 더욱 강하게 인식한다. 따라서 매칭그랜트가 주는 사회적 신호가 그들의 '동료정체성peer identity'을 자극하는 촉매로 작용한다. 리더십이라는 인센티브가 보내는 '신호'는 소수 정치집단에 속한 사람들을 끌어들이기에 매우 효과적이다.

비영리단체에 기부하는 것이 옳거나 단체의 목적에 공감하기 때문에 기부한다면, 자신이 거주하는 주의 정치 상황은 기부행위와 어떤 관계가 있을까? 우리가 실행한 연구의 결과를 살펴보면 한 가지 눈에 띄는 사실이 있다. 자선활동은 일반적으로 생각하는 것보다 훨씬 밀접하게 자아정체성과 관련이 있다. 이렇게 자선을 베푸는 자아주의에 제임스 안드레오니는 '따뜻한 마음warm glow'이라는 용어를 붙였다.

'따뜻한 마음'은 기부하면서 기분이 좋아져 우러난다. 지역 초등학교를 후원하거나, 푸드뱅크를 지원하거나, 다우림多雨林 보호에 앞장서거나, 바다표범 새끼를 보호하면 자신에 대한 자부심이 커지기 마련이다. 확실히 이타주의 요소가 기부를 부추기기는 하지만 따뜻한 마음('불순한 이타주의'라는 별칭이 붙어 있다)도 기부의 동기로 작용한다.

뉴욕 시장이자 억만장자인 마이클 블룸버그Michael Bloomberg는 이렇게 역설했다.

우리가 지구에 태어난 이유는 서로 나누고 돕기 위해서입니다. 불을 끄고 잠자리에 들기 직전에 거울을 들여다보며 '나는 세상을 바꾸고 있어'라고 말할 때 무엇과도 비교할 수 없는 기쁨을 느낄 것입니다.[15]

따지고 보면 매칭그랜트는 1개 가격에 초콜릿바 2개, 심지어 3개를 주는 것과 전혀 다르다. 우리는 실험을 거쳐 기부자들이 과일가게를 찾는 손님처럼 행동하지 않는다는 결론을 내렸다. 기부자들은 자신의 기부가 올바른 행동을 하고 있다는 표시라는 점을 알고 싶어 한다. 그들은 속을까봐 경계하면서도 마음이 따뜻해지는 것이 좋기 때문에 오늘도 기부한다.

이러한 실험 결과는 공영라디오 진행자, 동물보호단체나 비영리 단체 소속 운동가, 마케터, 기업체 직원 등에게 어떤 점을 시사할까? 우선 스니커즈 초콜릿바를 팔 때처럼 모금하면 된다고 추측하거나 전임자에게 물려받은 공식을 그대로 답습하지 말아야 한다. 매칭그랜트는 효과가 있어서 전혀 사용하지 않을 때보다는 낫지만, 연구 결과에 따르면 1:1 매칭의 효과는 2:1이나 3:1일 때와 같다.

기부하고 나서 얼마나 기분이 좋아지느냐를 보여줘 사람들의 따뜻한 마음에 직접적으로 호소하는 것은 물론 중요하다. 이러한 요소가 기부 동기를 북돋울 수 있음을 자선단체와 마케터들이 파악한다면 시민들의 지갑을 열게 하는 새롭고 흥미로운 방법을 많이 생각해 낼 수 있을 것이다.[16]

복권효과와 외모효과

2005년 12월 쌀쌀한 토요일 오후 이스트캐롤라이나 대학교 3학년에 재학 중인 총명하고 열정이 넘치는 진은 노스캐롤라이나 주 피트 카운티의 교외에 있는 주택 쪽으로 종종걸음을 옮기고 있었다. 진이 입은 셔츠에는 '이스트캐롤라이나 대학교 자연위험완화 연구센터ECU Natural Hazards Mitigation Research Center'라는 글씨가 수놓였고, 사진·이름·모금허가번호가 새겨진 배지가 꽂혀 있다. 손에는 클립보드와 브로슈어 몇 권을 들었다. 한 집의 현관을 두드리자 중년 남성이 문을 열었다.

"무슨 일이죠?"

진은 환하게 미소를 지으며 대답했다.

"안녕하세요, 이스트캐롤라이나 대학교에 다니는 진이라고 합니다. 자연위험완화 연구센터의 설립을 도우려고 오늘 피트카운티에 있는 가정을 방문하고 있어요."

진은 해당 지역에서 심심치 않게 일어나는 허리케인, 태풍, 홍수 등 자연재해가 발생했을 때 지원과 조직서비스를 제공하는 것이 센터의 설립 목적이라고 설명했다.

고개를 끄덕이며 설명을 듣는 남성에게 진은 더욱 환하게 웃어 보이며 말을 이었다.

"기금을 모금하려고 자선용 복권제도를 실시하고 있어요. 당첨자는 1,000달러짜리 기프트카드를 받게 됩니다. 기부하는 1달러마다 복권을 1장씩 드려요. 이 행사에 당첨될 확률은 선생님이 기부하신 금액과 피트카운티의 다른 가구에서 들어온 기부금 총액에 따라 달라집니다. 추첨은 12월 17일 정오에 실시할 예정이에요. 결과는 센터의 웹사이트에 올리고 개인에게 통지할 거고요. 모든 진행과정은 비영리단체인 센터가 후원하기로 했습니다. 기부해주시겠어요?"

물론 문을 열어준 남성은 진의 방문 목적이 두 가지라는 사실을 몰랐다. 진은 센터 설립을 목적으로 기금을 모금하는 동시에 대규모 현장실험을 보조하고 있었다. 진을 비롯한 대학생 수십 명이 같은 목적으로 교육과 보수를 받고 피트카운티 소재 5,000가구를 개별 방문했다. 일부 학생은 그저 기부해달라고 부탁했고, 진을 포함한 일부 학생은 자선용 복권을 제안하며 기부를 요청했다. 두 가지 제안 모두 실험의 일환으로, 복권을 제안하면 센터 설립을 위한 기부금이 늘어나는지 살펴보고자 했다.

흥미롭게도 복권제도를 활용한 집단에서 거둔 기부금 총액은 그렇지 않은 집단보다 50% 많았다. 우리는 이것을 '복권효과lottery effect'로 불렀다. 복권 추첨 참가자 수는 단순히 기부금을 내달라고 부탁한 집단의 2배에 가까웠다. 따라서 복권효과를 활용하면 모금자가 후원을 부탁할 기부자가 많아질 뿐 아니라 앞으로 기금을 모금할 때 연락을 취할 기부자 명단을 확보할 수 있다.[17]

또한 예측성이 매우 높은 요소를 발견했다. 즉 모금자가 매력적일수록 기부금이 늘어났다. 우리는 여기에 '외모효과beauty effect'라는 용어를 붙였다. 신체적 매력을 측정하기 위해 우리는 신분 표시 배지를 만들려고 실시한 첫 인터뷰에서 각 모금자의 디지털사진을 찍었다.[18] 그리고 나서 사진을 네 명씩 한 파일에 배치하고 이를 컬러로 복사하여 152명의 관찰자(메릴랜드 대학교 칼리지파크 캠퍼스 재학생)에게 개별적으로 평가하게 했다.

관찰자들은 모금자들의 외모에 1~10점을 부과했다. 진은 8점이라는 높은 점수를 받았다. 그녀의 모금액은 같은 자질을 갖추었으나 외모에서 6점을 받은 여학생보다 약 50% 많았다. 충분히 예견한 대로지만 여성 모금자는 대부분의 기부금을 남성을 상대했을 때 모았다. 남성 모금자의 경우에도 스탠보다 외모 점수가 훨씬 높은 지미가 기부금을 더 많이 모았지만 여성 모금자의 실적을 따라잡지는 못했다.

우리가 흥미롭게 생각한 것은 외모효과가 존재한다는 사실 자체가 아니라 외모효과의 정도였다. 막상 결과의 뚜껑을 열고 보니 외모효과는 복권효과만큼 컸다. 모금자의 외모 수준을 6점에서 8점으로 바꾸기만 해도 복권제도를 실시했을 때 증가한 만큼 모금액을 늘릴 수 있었다.

외모효과를 제쳐두고 복권효과를 사용하면 기부에서 의미 있는 장기적 변화를 이룰 수 있을까? 첫 현장실험을 실행한 지 몇 년이 지난 후에 당시에 방문했던 가구를 다른 실험 계획을 들고 다시 찾아갔다.[19] 재방문한 결과에 따르면 애당초 복권효과에 마음이 끌렸던 사람들은 계속해서 훨씬 높은 기부율을 나타냈다. 하지만 처음에 진의 미모에 이끌려 기부했던 남성들은 똑같이 매력적인 모금자가 찾아가지 않는 한 계속 기부하지 않았다.

외모효과가 평생 꾸준히 기부하는 현상을 유발하지 않는다는 사실은 충분히 예측할 만했다. 오래전에 모금자의 예쁜 얼굴에 끌려 기부했다고 해서 그 후에도 계속 같은 명분에 기부할 이유는 없었던 것이다. 하지만 복권효과에 이끌려 기부한 사람은 중단하지 않고 몇 년 동안 계속 기부했다. 이는 자선활동을 통해 참가자들이 결과에 투자한다고 느끼는 상황과 비슷하다. 초기 종잣돈 투자와 마찬가지로 복권을 통해 자선단체는 '얻는 것이 있으면 주는 것도 있다'는 신호를 보낸다. 또한 단체의 기반이 튼튼하다는 점도 나타낸다.

톤틴연금제도 활용법

2011년 2월 〈존 스튜어트의 데일리쇼The Daily Show with Jon Stewart〉에서 진행자 존은 모든 분야의 전문가를 자처하며 쇼에 고정출연하는 존 호지먼John Hodgman에게 미국 예산의 수지 균형을 맞추는 심각하고 어려운 문제를 어떻게 해결할 수 있을지 묘안을 들려달라고 요청했다. 호지먼은 미국 국방부인 펜타곤을 거대한 오각형 건물에서 마름모형 건물로 축소해야 한다고 제안하고 나서, 국가 재원을 늘리기 위해 비인습적 방법을 권고한다. "진심으로 나라의 금고를 채우고 싶다면 '그것'을 합법화하면 됩니다." (마리화나를 합법화해야 한다는 암시를 들은 청중이 웃음을 터뜨리고 박수를 친다.) 나머지 대화는 이렇게 흘러간다.

호지먼: 내가 무슨 말을 하는지 알지 않습니까? 살인을 합법화하자는……

스튜어트: 살인을 합법화하자고요?

호지먼: 내 말은 자유시장 경제체제를 옹호하는 다윈이론을 시험대에 올려놓자는 겁니다. 약육강식이죠. 강자가 중혼重婚 세금을 낼 수 있다면 말입니다.

스튜어트: 사회보장제도와 노인 건강보험제도는 어떡합니까?

호지먼: 그 둘이 정부 지출의 절반을 차지합니다. 그런데 무엇 때문에 그래야 합니까? 우리처럼 젊고 섹시한 사람 말고 늙고 아픈 사람들을 돌보아야 한다고요? 정말 공평하지 않습니다.

스튜어트: 노인들과 환자들을 없애야 한다는 말입니까?

호지먼: 아뇨. 그 말이 아닙니다. 사회보장제도를 재미있게 만들자는 거죠. 경쟁을 시켜 승자가 독식하게 만들어야 합니다.

스튜어트: 설마……

호지먼: 아뇨, 맞습니다. 톤틴tontine 연금제도를 실시하자는 거죠. 마지막까지 생존한 출자자에게 사회보장연금을 몰아주는 신사협정 말입니다.

스튜어트: 하지만 살인이 합법이라면 연금을 차지하기 위해 서로 죽이라고 부추기는 셈이지 않습니까![20]

이렇듯 우스꽝스러운 논쟁의 최고 모델은 조너선 스위프트Jonathan Swift의 수필 〈아일랜드의 빈곤한 아이들이 나라나 부모의 짐이 되지 않고 대중에게 이익이 되게 만드는 겸손한 제안A Modest Proposal for Preventing the Poor People in Ireland from Being a Burden to Their Parents or Country, and for Making Them Beneficial to the Public〉이다. 작가는 빈곤한 아일랜드 부모는 자

녀를 부자의 먹이로 팔아야 한다고 주장한다. 하지만 실제로 톤틴연금제도는 돈을 버는 오랜 방식이고 신사협정 이상이다.

기본적으로 톤틴제도는 수수께끼의 대상도 코미디의 대상도 아니다. 단체 연금, 단체 생명보험, 복권을 혼합한 제도로, 경제사에서 흥미로운 위치를 차지하며 17~18세기 유럽에서 공적 자금을 조성하는 데 주요한 역할을 담당했다. 톤틴이라는 명칭의 기원인 로렌초 톤티Lorenzo Tonti는 지극히 평범한 나폴리 사람이었지만 후원자였던 프랑스의 마자랭Jules Mazarin 추기경(프랑스의 재정 건전성을 책임지고 있었다)이 1650년대 프랑스 왕의 궁정에서 그가 수립한 계획을 채택하면서 두각을 드러냈다.

톤티는 생존 수당을 지급하는 생존조건 연금을 제안했다. 이 계획에 따르면 출자자는 연령별로 분류되고, 정부에 300리브르를 일시불로 지불한다. 정부는 각 집단이 납부한 총 자본의 5%를 매년 해당 집단에 지급한다. 이 돈은 집단의 전체 출자금에 대한 각 출자자의 몫에 근거하여, 생존해 있는 구성원에게 분배된다. 정부의 채무 이행 의무는 집단의 마지막 구성원이 사망하는 동시에 사라진다.

프랑스에서 성공을 거두자 톤틴제도는 다른 지역으로 확산되었다. 정부는 연금 가입자가 지급한 출자금으로 전쟁 자금을 대고 런던에서 가장 오래된 다리(리치먼드 다리) 같은 지방자치단체의 건설 계획을 실행했다. 1777년 다리를 건설하는 비용은 당시로서는 상당히 비쌌던 주당 100파운드짜리 주식을 팔아 충당했고, 투자자들에게는 통행료 수입을 근거로 매년 수익금을 지불하겠다고 약속했다. 주주

한 명이 사망하면 생존한 주주들이 그 몫을 나누어 받았다(이러한 이유로 톤틴제도는 수수께끼 같은 살인사건의 발단이 되었고 급기야 미국에서 금지당했다).[21]

톤틴제도는 소설에도 흥미로운 소재로 등장한다. 애거서 크리스티Agatha Christie는 《오리엔트특급 살인Murder on the Orient Express》을 포함하여 몇몇 소설의 기본 줄거리에 톤틴제도를 이용했다. 좀 더 최근 들어 〈심슨네 가족들The Simpsons〉에서 에이브 심슨과 미스터 번스는 자신들이 2차 세계대전 동안 함께 복무했고, 자신들이 속했던 분대가 아주 값비싼 독일 그림을 소유하게 되어 마지막 생존자에게 그 그림이 돌아간다는 사실을 발견한다. 피터 쿡, 더들리 무어, 랠프 리처드슨, 존 밀스 등이 출연한 훌륭한 옛날 영화 〈롱 박스The Wrong Box〉는 톤틴제도의 마지막 생존자의 조카들이 서로 돈을 차지하려 싸운다는 로버트 루이스 스티븐슨Robert Louis Stevenson의 《보물섬Treasure Island》류의 이야기를 뼈대로 한다.

우리는 초기 연구를 근거로 복권제도가 자선 기부금을 늘리는 데 유용하다는 사실을 알았으므로 톤틴제도도 같은 효과를 낼지 궁금했다. 개인은 정부에 출자하고 정부는 출자자에게 평생연금을 지불하는 용도였던 톤틴연금제도를 자선단체가 기부금을 늘리는 데 사용할 수 있을까? 우리가 검토했던 다른 자선활동 계획과 비교하여 톤틴연금제도 같은 제도는 어떻게 작용할까?

첫째, 자선용 복권에 대해 생각해보자. 기부자는 1달러를 기부할 때마다 복권을 1장씩 받는다. 각 복권은 상금에 당첨될 수 있는 기회이다. 따라서 기부금을 많이 낼수록 복권에 당첨될 확률은 커진다.

하지만 기부금이 얼마가 걷히든 당첨금은 바뀌지 않는다. 다른 사람이 기부를 많이 할수록 복권의 총 장수도 늘어나므로 개인의 당첨 확률은 떨어진다.

하지만 생각해보면 이러한 구조를 뒤집는 것이 오히려 이상적이다. 자선단체가 복권에 초점을 맞추는 이유가 명확하지 않긴 하지만 말이다. 자선 분야에서 톤틴제도는 각 기부자에게 기부금에 비례하여 당첨금을 결정하고 당첨될 개연성을 고정시킴으로써 효과를 발휘할 것이다.

예를 들어, 자선 톤틴제도를 활용하여 미국암학회의 기금을 모금하는 사람들이 있다고 치자. 사람 좋은 자원봉사자는 당첨 확률이 기부 금액과 상관없이 25%지만 많이 기부할수록 경품은 좋아진다고 말한다. 그러면서 경품의 여러 단계를 설명한다. 20달러 미만을 기부한 사람에게는 책갈피, 물병 등 소품이 경품으로 돌아간다. 20~50달러 기부자에게 돌아가는 경품은 멋진 와인 한 병이다. 50달러를 기부할 때 경품은 상품권이고, 100달러를 기부할 때는 리조트의 주말 숙박권, 200달러를 기부할 때는 신형 렉서스이다. 그러면 사람들은 기부를 투자 기회로 생각하기 시작한다.

톤틴제도가 일종의 투자 형태로 작용할지 실험하기 위해 안드레아스 랑게Andreas Lange와 마이클 프라이스와 협력하고 메릴랜드 대학교 학생들을 참여시킨 실험실 게임을 설계했다. 실험은 게임의 형식을 빌리기는 했지만 금전적으로는 매우 실제적이었다. 이는 학생들의 결정에 따라 실제로 돈이 오갔는데, 그 과정은 토큰을 현금으로 바꾸면서 현저하게 드러났다.

게임을 진행한 방식은 이렇다. 각 학생은 다른 학생들과 무리를 이룬다. 게임을 시작하면서 각 학생은 토큰 100개를 받는다. 받은 토큰을 공공재(이 경우에는 자선단체)에 기부할 수도 있고 간직할 수도 있다. 그대로 지니고 있으면 나중에 토큰 하나에 몇 센트를 받게 된다. 반면에 토큰을 기부하면 한두 가지 상황이 발생한다.

첫째, 공공재에 기부한 토큰은 가치가 커진다. 따라서 토큰 5개를 기부하면 공익적 가치는 토큰 6개로 증가한다(이러한 과정은 사람들이 자선단체에 기부할 때 일어나는 상황을 반영한 것이다. 예를 들어 적십자에 혈액을 기증하는 경우, 그 혈액은 자신에게는 가치가 그다지 크지 않지만 다른 사람에게는 매우 귀중하다. 공공재로 쓰일 때 각 토큰의 가치가 증가하는 것이 이 방법의 효과이다).

둘째, 집단에 속한 모든 사람이 각 기부의 혜택을 받는다. 자신은 공공재에 토큰을 기부하지 않더라도 다른 사람이 기증하면서 생기는 열매를 여전히 누릴 수 있다(비슷한 예로 빌 게이츠Bill Gates는 자선단체에 수십억 달러를 기부함으로써 세상을 더욱 잘살게 만들지만, 우리는 한 푼도 지불하지 않고 빌 게이츠의 관대한 기부가 맺는 열매를 누린다). 집단에 배정을 받은 학생들은 "토큰을 얼마나 간직하고 얼마나 공공재에 기부할까?"라는 단순한 질문에 대해 스스로 결정을 내려야 한다. 우리는 이 방식에 그럴 듯한 아이디어를 하나 추가했다. 학생들을 복권제도나 톤틴제도 중 하나에 참여하게 한 것이다.

실험 결과 톤틴제도의 효과는 매우 중요한 두 가지 예에서 복권제도를 앞질렀다. 첫째, 사람들의 취향이 매우 다른 경우에는 톤틴제도를 사용했을 때 거둔 기부금이 복권제도 때보다 많았다. 따라서 저마다 선호도가 다른 사람들을 설득하여 기부금을 늘리려면 톤틴제도가 매우 좋은 도구가 될 수 있다. 둘째, 도박을 싫어하거나, 잃을 위험성이 높은 용도에 돈을 쓰기 싫어하는 등 위험부담을 기피하는 사람들을 상대로 모금하려면 톤틴제도가 효과적일 수 있다. 앞에서 설명한 두 가지 내용(사람들은 저마다 다르고 위험을 싫어한다)은 현대를 대표하는 성향이므로 모금할 때 톤틴제도를 유용하게 쓸 수 있다.

또한 우리가 실행한 실험의 결과에 따르면, 사람들은 게임 형식에 투자할 때 더 많이 기부할 가능성이 크다. 자선단체가 신뢰할 만하다고 느끼고(앞 사람 따라 하기 효과를 기억하는가?) 지금이나 앞으로 '당첨'될 가능성이 있다고 생각하면 게임의 매력에 끌릴 가능성이 크다.

▲▲▲

우리가 실시한 연구의 결과를 보면, 사람들은 기부가 타인에게 좋은 일을 하는 것보다 자신에게 좋은 일을 하는 것이라고 말했다. 데이비드 레온하르트David Leonhardt는 〈뉴욕타임스 매거진〉에 쓴 기사에서, 우리가 내린 결론이 "듣기보다 우울하지 않다"고 말하며 이렇게 정리했다.

한편으로 자선단체는 기부자의 동기가 무엇이든 여전히 기금을 확보하고, 다수는 좋은 용도로 기금을 사용한다. 다른 한편으로 '따뜻한 마음' 이론은 자선활동이 제로섬게임 이상이라고 말한다. 기부가 엄밀하게 합리적으로 이루어진다면 누군가가 거액을 기부하겠다고 발표했을 때 다른 사람들의 기부는 줄어들 것이다. 자신이 기부하는 돈이 예전만큼 필요하지 않으리라 생각할 수 있기 때문이다. 하지만 따뜻한 마음 덕택에 사람들은 워런 버핏Warren Buffett이 게이츠재단에 310억 달러를 기부하더라도 여기에 영향을 받지 않고, 이질로 고통받는 사람들을 돕기 위해 여전히 기부한다. 오히려 버핏이 기부하는 것을 보고 덩달아 기부할 가능성이 커질 수 있다. 그러면서 버핏 같은 사람과 힘을 합하여 더욱 큰 명분을 지키고 있다고 느낄 수 있다.[22]

여기에는 결코 간과할 수 없는 중요한 사항이 내포되어 있다. 인간의 행동이 비합리적으로 보일 수 있지만 그 동기를 이해하고 그들의 관점에서 보면 상당히 합리적이라는 것이다. 인간이 각자 충족하려고 애쓰는 서로 다른 욕구와 필요는 전통적이고 제한적인 전제, 고정관념, 대대로 전해내려오는 방법, 전통적 행동방식에 맞지 않는다.

예를 들어 1장에서 살펴보았듯 사람들은 헬스클럽 회원권이 있으면 운동하고 싶다는 마음이 더욱 샘솟으리라 상상하면서 등록한다. 계획한 만큼 자주 운동하지 않을 가능성이 있지만 처음에 등록할 때만큼은 나름대로 합리적인 이유가 있다.

앞에서 실시한 실험으로 돌아가 생각하면 매칭그랜트가 효과가 있기는 하지만 매칭 비율은 크든 작든 차이가 전혀 없다. 한 가지 예로 일부 경제학자가 주장한 미국이 안고 있는 주요 문제를 생각해보자. "우리는 은퇴에 대비해 충분히 저축하고 있는가? 대부분 어떤 방식으로 저축하고 있는가?" 401K 연금 저축제도에서 고용주는 노동자 급여의 일정 비율을 1:1로 적립해준다. 리처드 탈러와 캐스 선스타인이 지적하듯, 본인 명의의 401K 계좌에 돈을 넣으면 고용주가 같은 금액을 적립해준다. 고용주가 급여의 첫 5%를 1:1로 맞추어 적립해주면 노동자는 정확하게 급여의 5%를 적립한다. 하지만 고용주가 급여의 5%를 1:2로 적립해주어도(고용인이 1달러를 적립할 때마다 고용주가 50센트를 계좌에 넣어준다) 노동자는 여전히 정확하게 급여의 5%를 적립한다.

이러한 계산법은 얼핏 혼란스러울 수 있지만 우리가 얻은 실험 결과와 일치한다. 그러므로 어떻게 해야 사람들의 이러한 행동 경향을 고려하여 세상을 좀 더 살기 좋은 곳으로 만들 수 있을까? 사람들이 노후를 대비해 더 많이 적립하게 하려면 다음과 같은 방법을 사용해볼 수 있을 것이다. 노동자의 급여에서 첫 5%를 1:1로 적립해주던 기업이 직원에게 "우리는 연금 계획을 바꾸어 여러분이 받는 급여의 첫 10%를 1:2로 적립해주겠습니다"라고 말하는 것이다.

어떤 현상이 벌어질까? 노동자의 현재 연봉이 5만 달러라고 치자. 기존 제도에 따르면 노동자는 개인적으로 2,500달러를 적립하고 고용주는 2,500달러를 맞춰주어 적립금 총액은 5,000달러이다. 하지만 새로 시행되는 제도에 따르면 노동자는 5,000달러를 적립하고 고용주는 2,500달러를 맞춰주므로 적립금 총액은 7,500달러에 이른다. 따라서 고용주는 제도를 바꾸기만 해도 돈을 추가로 내지 않고서도 노동자의 연금 적립금을 늘릴 수 있다. 미국 정부가 401K 제도를 이러한 방식으로 개정한다면 단순히 정책을 시행하기만 해도 수많은 국민이 노후를 대비해 훨씬 많이 적립할 것이다.

결론적으로 자선단체에 기부하는 행위는 스니커즈 초콜릿바를 구입하는 것과 성격이 전혀 다르고, 명분을 위해 싸우며 기분이 흐뭇해지는 옳은 일이다. 또한 기부의 영향력은 물론 개인적 성향의 문제이기도 하다. 자선단체를 이끄는 나이 지긋한 CEO라면 오늘날 기부자들은 기존에 일반적으로 사용해온 것과 다른 유인책에 반응하므로 이들에게 맞추어 유인책을 쓰지 않으면 목표를 달성하지 못하리라는 사실을 깨달아야 한다.

다음 장에서 우리는 특정 자선단체가 기금을 모금할 때 사용했던 전략을 살펴보고, 사람들이 특정 '유인책'에 반응하는 방식에 대해 좀 더 깊이 알아보려 한다.

10

사람들이 기부하는
진짜 이유는 무엇일까?

구순구개열 수술과 스마일 비즈니스

핀키 손카Pinki Sonkar를 아는가. 누군지 모른다면 알아둘 필요가 있다. 2008년 아카데미상 다큐멘터리 부문 수상작인 〈스마일 핀키Smile Pinki〉의 주인공이다.

핀키는 인도의 가난한 시골 마을인 미르자푸르에서 태어났다. 그녀는 하루 종일 집 한구석에 틀어박혀 지냈다. 사람들이 손가락질하며 쳐다보는 까닭에 밖에 나갈 엄두를 내지 못했다. 학교에도 갈 수 없었다. 핀키는 마음이 상했고 화가 났다. 자신이 주위 사람들과 다른 이유가 무엇인지 알고 싶었다. 아버지는 핀키가 앞으로 결혼도 못하리라 굳게 믿고 차라리 죽는 편이 낫다고 입버릇처럼 말했다. 그러던 어느 날 친절한 사회복지사 판카주가 핀키를 수보트 쿠마르 싱Subodh Kumar Singh이라는 의사에게 데려갔다.

핀키가 앓는 병은 흔했다. 인도 아동 약 3만 5,000명이 매년 구순구개열을 갖고 출생하며 전 세계 수백만 명이 같은 병으로 고통을 겪고 있다. 수술비를 마련할 수 없는 부모들은 자녀들을 마치 저주받은 아이인 양 길가에 있는 도랑에 버리거나 창피해하며 사람 눈에 띄지 않게 숨긴다. 구순구개열을 앓는 아이들은 숨 쉬고 먹는 일 자체가 어렵고, 설사 살아남더라도 학교의 또래와 지역사회의 차가운 눈길을 견뎌야 한다.

요즘은 어린이 자선단체 스마일트레인이 신문, 잡지, 영화제 수상작 등에 광고를 활발하게 게재하므로 구순구개열 환자들의 얼굴을 사방에서 볼 수 있다. 이러한 광고 덕택에 자선단체로 들어오는 수백만 달러의 기금으로 전 세계 개발도상국 아동이 무료로 수술을 받고 있다. 이 선천성 결함은 흔하면서도 쉽게 고칠 수 있어서 출생 즉시 수술을 받는 미국에서는 이 질병을 앓는 아동을 찾아볼 수 없다.

요사이 핀키는 고향에서 유명인사가 되었다. 친구가 많이 생겼고 입술에 립글로스도 즐겨 바른다.[1] 전 세계 10만 아동이 해마다 핀키처럼 무료로 구순구개열 수술을 받고 있으며, 이는 스마일트레인과 원더워크를 공동 설립한 브라이언 멀레이니가 창의적 실험정신을 발휘한 데 따른 혜택이다.

앞 장에서는 사람들이 '따뜻한 마음'을 느끼고 싶은 인간 본연의 욕구를 비롯하여 많은 요소에 자극을 받아 기부한다는 사실을 알았다. 이 장에서는 비즈니스 세계에서도 똑같이 효력을 발휘하는 원칙에 근거하여 인간의 근본적 욕구에 호소함으로써 핀키 같은 구순구개열 아동 수백만 명에게 새 삶을 열어주는 방법을 알아내기 위해 다이렉트메일을 사용한 독특한 현장실험을 실시했다.

┌─╴ **동생의 비극,**
     오빠의 선택

비행기를 기다리는 동안 공항에서 마주칠 법한 전형적인 아일랜드 사람인 브라이언 멀레이니는 곱슬머리에 눈동자가 파랗고 투지가 넘쳐 보였다. 눈빛은 총명하게 빛났고 성품이 솔직했으며 사업가의 도전적 기질이 번득였다. 친근하고 기품 있는 인물로 오하이오 주에서 태어나 하버드에서 교육을 받아서인지 날카로우면서도 격의 없는 태도를 동시에 갖추었다. 술잔을 앞에 두고 바에 앉자 그는 자기가 살아온 이야기를 들려주었다.

브라이언은 1959년 오하이오 주 데이턴에서 다섯 자녀 중 둘째 아들로 태어났다. 아버지 가계가 대대로 법조계에 종사해온, 엄격한 규율을 지키는 가톨릭 가정에서 성장했다. 친할머니 비어트리스는 1920년대 여성으로는 최초로 보스턴 법과대학교를 졸업했고 매사추세츠에서 첫 여성 판사가 되었다. 브라이언의 아버지인 조지프는 ROTC로 얼마간 복무하다가 하버드 법과대학교를 졸업하고 정부 및 기업 변호사가 되었고, 나중에는 질레트Gillette 부회장에 취임했다. 전업주부인 어머니 로즈메리는 스톤힐 대학교과 브랜다이스 대학교를 졸업했다. 브라이언이 열한 살 되던 해에 비극적 사건이 터지기 전까지 가족은 사이가 좋고 행복했다. 예쁘고 어린 여동생인 모라가 고열에 시달리기 시작하더니 스티븐스존슨 증후군으로 불리는 자기면역 질환에 걸렸다는 진단을 받았다. 발진이 빨갛게 돋다가 수포가 생기면서 결국 얼굴 피부의 제일 바깥층까지 번져 피부를 한 꺼풀씩 벗겨내야 했다.

평소에 건강하고 예뻤던 여덟 살짜리 모라는 열이 난 지 몇 주 만에 아흔 살 할머니처럼 변해 휠체어 신세를 져야 했다. 모라는 눈이

멀고 계속 통증에 시달리면서도 씩씩하게도 학교에 돌아가려 했다. 하지만 다른 아이들이 모라를 비웃고 괴롭혔다. 브라이언은 할 수 있는 한 힘껏 여동생을 지키려 애쓰면서도 모라가 외모 때문에 사람들에게 배척당한다는 사실에 깊이 분노했다. 결국 모라는 열 살 때 세상을 떠났다. 당시 브라이언은 겨우 열세 살이었지만 사람들이 모라가 겪는 고통을 이해하지 못하고 모라를 불공정하게 대우했다는 사실을 뼈저리게 느꼈다.

모라에게 닥친 비극을 경험하면서 브라이언은 경건하고 행동이 반듯한 아이에서 반항적이고 자주 분개하며 제어할 수 없는 10대로 바뀌었다. 농구에만 온통 신경을 쏟고 친구들과 어울리며 밖을 배회했다. 그러다보니 9학년에 낙제를 하고 말았다. 부모는 브라이언을 공립학교에서 빼서 성적 나쁜 학생이 비웃음거리가 되는 사립학교에 넣었다. 그곳에서 브라이언은 태도를 바꾸고 공부를 시작해 하버드 대학교에서 비즈니스경제학을 전공했고 현상 유지를 추구하는 사고방식을 건전하게 비판하는 성향을 발달시켰다. 그와 병행하여 하버드 대학교 학보인 〈하버드 크림슨Harvard Crimson〉에 시사만화를 연재하기 시작했다.

하지만 위선적 행위를 풍자한 일부 만화 내용이 문제를 일으켰다. 공공연한 동성애자인 매사추세츠 하원의원 바니 프랭크Barney Frank가 1980년 첫 공직에 출마했던 시기에 만화를 발표한 브라이언은 프랭크에게 투표하지 말라고 교구 신도들을 종용한 사제와 가톨릭교회를 꼬집었다. 만화에서 두 남자가 고해성사를 마치고 성당을 떠나고 있다. 사제는 두 사람에게 속죄하라고 말했다. 한 남자가 다른 남자에게 이렇게 말한다. "아내 몰래 바람을 피운 죄로 성모송을 20번 부르라는 것은 괜찮아. 하지만 바니 프랭크에게 투표한 죄로 주기도문을 50번 외라는 것은 조금 지나치다고 생각하네." 브라이언은 "가톨릭 신자 학생들이 그 만화 때문에 나를 무척 싫어했어요"라고 털어놓았다.

하버드 대학교가 갓 세운 제3세계센터Third World Center의 정책을 풍자했을 때는 상황이 더욱 심각했다. 소수집단 학생들의 필요를 채워주기 위해 개관한 이 센터는 하버드에 백인이 이미 지나치게 많다는 이유로 백인은 이사회에서 활동할 수 없다고 규정했다. 어떤 종류의 인종차별주의에도 거세게 반대했던 브라이언은 '백인 출입금지' 표지판이 있는 성을 한 채 그리고, 하버드 대학교 총장인 데렉 복Derek Bok이 계단에서 한 흑인과 한 중국인에게 돈 자루를 건네는 장면을 담았다. 만화에서 총장은 이렇게 말하고 있다. "흰둥이들은 꺼져. 나는 이 학교 총장이야. 당신들 기부 덕택에 내가 이 자리에 있기는 하지만." 흑인 학생들은 브라이언을 인종차별주의자라고 부르고 분노하면서 〈하버드 크림슨〉의 편집 사무실로 몰려왔다. 편집자는 책상 밑에 숨고 브라이언은 경호원과 변호사를 고용해야 했다. "정말 끔찍했어요"라고 그는 회상했다.

그러던 어느 날 브라이언은 광고업계에서 활동하면 돈을 벌 수 있겠다는 생각이 들었다. 그래서 양복과 넥타이를 갖춰 입고 보스턴 근처에 있는 기업들을 찾아가 광고물, 광고용 노래, 포스터 등을 제작해주겠다고 말했다. 이렇게 광고업계에서 두각을 나타내다가 졸업과 동시에 영앤루비컴Young&Rubicam에 카피라이터로 취직했지만 부모는 매우 실망했다.

"부모님은 이렇게 한탄하시더군요. '그토록 많은 돈을 들여 하버드를 졸업시켰더니만 대학교 학위조차 필요 없는 분야에 들어가니 우리 심정이 어떻겠니?'"

영앤루비컴에서 브라이언은 광고인들이 기존 질서 때문에 제약을 많이 받는다는 사실을 알았다. 그는 이렇게 회상했다.

"직원들이 좋은 아이디어 수백 가지를 생각해내면 광고사는 모든 아이디어를 포커스집단★focus group, 시장조사나 여론조사를 위해 각 계층을 대표하도록 선정한 소수의 집단에 시험해봅니다. 하지만 시험을 거친 아무리 좋은 아이디어도 채택되지 않습니다. 클라이언트의 기업전략과 전혀 관계가 없다는 이유로요. 그 대신 전략과 관계가 있을 뿐 실제로 감자칩이나 젤리를 파는 것과 아무 관계도 없는 식상하고 변변치 못한 광고가 선택되더군요."

브라이언은 자신의 창의적인 아이디어를 펼칠 수 있는 좋은 직장을 찾다가 제이월터톰슨J. Walter Thomson에 들어가 100만 달러짜리 맥주 광고를 제작했다.

"밀러Miller의 이사회에 들어갔더니 나이 든 사람들이 양복을 차려입고 회의실을 꽉 채우고 앉아 모든 결정을 내리더군요. 나는 나이를 무기로 사용하겠다고 마음먹고 그들에게 이렇게 말했습니다. '이 회의실에서 새벽 한시에 술집에 앉아 있는 사람은 나뿐입니다.'"

브라이언은 그렇게 말문을 열었다.

"나는 즉석에서 아이디어를 전달했어요. 파워포인트를 쓰지 않았고 자료를 잔뜩 내밀지도 않았습니다. 그저 열정을 가득 품고 말했어요. 결국 부자들에게 발표하는 데는 효과 만점이었죠."

브라이언은 아르마니 정장과 구찌 구두로 호사스럽게 치장하고 매디슨애비뉴를 활보했다. 드라마 〈매드맨〉에 나오는 것처럼 칵테일라운지에 앉아 술을 마시고 사방에 미인들이 즐비한 환경에서 승승장구했다. 천지가 아름다운 여자, 아름다운 광고, 아름다운 제품이었다. 하지만 다른 사람 밑에서 일하면서 불만이 쌓였던 브라이언은 독립해 광고회사를 세웠다. 1990년 셸멀레이니Schell/Mullaney를 공동 설립하면서 아이디어를 파는 브라이언의 재능은 빛을 발했다. 고객층은 다우존스Dow Jones, 컴퓨터어소시에이츠Computer Associates, 지프데이비스Ziff-Davis 등 미디어와 첨단기술 분야의 기업이었다.

그런데 밖에서 보기에 브라이언은 냉혹한 매디슨애비뉴를 헤쳐나가는 똑똑하고 경쟁력 있는 사업가였지만, 안으로는 어린 여동생에게 일어났던 일에 대한 기억에 붙들려 있었다. 그는 1996년 서른여섯 살에 동업자와 함께 1,500만 달러에 회사를 매각했다.

"일에 마침표를 찍었습니다. 믿기지 않을 정도로 많은 돈을 벌었어요. 이제야말로 내가 정말 하고 싶은 일을 할 자유가 생겼다는 생각이 불쑥 떠올랐습니다."

브라이언은 새로 부자가 된 사람들이 일반적으로 밟는 경로를 따르지 않았다. 보트를 타고 세계일주를 하지도 않았고 PGA 카드를 사들이지도 않았다. 사업가적 기질이 뛰어나고 혁신을 좋아하고 한계까지 밀어붙여 행동하기를 즐기는 성향의 브라이언은 죽은 여동생에 대한 기억 때문에 아이들을 돕고 싶다는 소망을 품고 중국으로 의료봉사를 떠났다. 그곳에서 구순구개열을 앓는 아동들이 사회적 고립으로 고통을 겪고 있는데, 간단한 수술만으로 삶이 완전히 바뀔 수 있음을 목격한 것이다. 이렇게 해서 브라이언은 1998년 컴퓨터어소시에이츠의 설립자인 찰스 왕Charles Wang과 함께 스마일트레인을 설립했다. 매디슨애비뉴를 활보하던 광고전문가로서는 꽤나 의미있는 선택이었다.

스마일 비즈니스,
동일시의 비밀

브라이언처럼 자선단체를 설립한 사람들을 움직이는 힘은 열정이지만 자선단체를 진정으로 성공시키려면 예리한 사업가적 정신이 필요하다. 브라이언은 이렇게 주장했다.

"자선단체 대부분은 공상적 박애주의자들의 손에서 매우 비효율적으로 운영됩니다. 하지만 자선단체가 아무리 비효율적이거나 무능하더라도 사업을 접기는 거의 불가능합니다. 사람들을 울릴 수 있는 사진을 담은 파워포인트 슬라이드만 있으면 계속 사업을 지속할 만큼의 후원금을 모을 수 있으니까요."

스마일트레인은 여러 자선단체와 달리 독특하다. 브라이언이 기업처럼 설립하고 운영하기 때문이다. 그는 광고전문가로서 혁신을 일으켰을 때와 같은 방식으로 기금을 모금하고, 자선활동을 벌이는 통상적 방식을 뒤집었다. 기본적으로 브라이언은 낡은 선교 유형의 공상적 박애주의를 버렸다. 스마일트레인은 서구 의사들을 보내 구순구개열 수술을 시행하는 방식을 채택하지 않고, 최첨단 3D기술을 개발하여 개발도상국 의사들이 수술할 수 있도록 교육했다(브라이언은 이를 "사람들에게 낚시하는 방법을 가르치는" 모델이라고 불렀다).

스마일트레인의 특유한 점은 이뿐이 아니다. 스마일트레인은 현장실험을 거쳐 어떤 종류의 기증 인센티브가 효과를 발휘하는지 검토한다. 예를 들어 기증을 효과적으로 권장할 수 있는 방법을 알아보기 위해 아동 환자의 수술 전후 사진을 사용하거나 수술 전 사진만을 사용해보기도 한다. 광고전문가인 브라이언은 수술 전후의 사진을 모두 제시하는 것이 일반적인 방식이라는 사실을 알고 있다.

"소비자들은 프록터앤갬블Proctor&Gamble의 세제 광고처럼 '세탁 전'과 '세탁 후'의 사진을 보고 싶어한다는 것이 광고계에서는 잘 알려진 전제였습니다. 하지만 실험을 해본 결과, 수술 전 사진을 실어 광고했을 때 기부율이 17% 증가했습니다. 왜 그랬을까요? 구순구개열을 앓는 아이의 모습이 머릿속에서 떠나지 않았던 것입니다."

괴롭게 살아가는 아이의 사진이 후원금 요청을 개인적으로 호소하는 효과를 발휘했던 것이다. 그러자 기부자는 윗입술이 없이 태어난 아이들을 도와야겠다고 느끼기 시작했다.

또한 스마일트레인은 몇 가지 현장실험을 실시하여 어떤 종류의 사진을 실어야 사람들이 기부 요청 봉투를 열고 싶은 마음이 생길지 조사했다. 우선 연령대가 다양한 흑인, 황인, 백인 남녀 아이들의 사진을 무작위로 분배하여 각각 다르게 인쇄한 봉투 49개에 대한 응답률을 조사했다. 아이들에 따라 미소를 짓거나, 얼굴을 찡그리거나, 쏘아보거나, 우는 등 여러 표정을 짓게 했다. 스마일트레인이 발견한 사실에 따르면 얼굴은 사람들의 주의를 강하게 끌었고, 특정 종류의 표정을 보았을 때 기부율이 높았다.

2008년 12월 스마일트레인은 서로 다른 사진 가운데서 21장을 골라 다이렉트메일의 바깥 봉투에 인쇄했다. 일등을 차지한 사진은 꼴찌 사진보다 기부율에서 62%를 앞섰다. 슬퍼 보이는 백인 아동(아프가니스탄 아동이었다)의 사진이 사람들의 관심을 가장 크게 끌었다. 왜일까? 브라이언은 기부자의 대다수를 차지하는 백인들이 자신과 비슷하게 생긴 아이를 돕고 싶어하기 때문이라고 추측했다.[2]

"이번 한 번만

기부해주십시오."

우리와 안면을 텄을 즈음 브라이언은 현장실험을 확실하게 실시하여 몇 가지 특유한 모금방법을 개발했다. 그는 기부하거나 "아이들의 생명을 구해달라"는 '초청' 편지를 잠재적 기부자에게 보낸다. 여러 해 동안 다이렉트메일에 관해 현장실험을 거치면서 습득한 점을 편지 내용에 반영하면서 스마일트레인이 모은 기금은 연간 1억 달러에 육박했다.

브라이언은 행동경제학과 자선단체에 관한 우리의 생각에 흥미를 느꼈다. 그는 자신이 개인적으로 여러 해를 들여 개발하고 다듬은 다이렉트메일의 내용을 더욱 개선할 수 있을지 알고 싶어했다. 우리는 스마일트레인에서 가장 효과가 큰 편지를 가지고 그 내용을 개선해보기로 했다. 당시에는 몰랐지만, 우리가 여태껏 실시했던 현장실험 가운데 가장 흥미진진하고 규모가 큰 현장실험을 진행하는 첫 발을 내디딘 것이다.[3]

2008년 4월 한 가지 실험을 시작했다. 우선 15만 가구에 편지를 발송했다. 통제집단에게는 스마일트레인이 기부를 요청할 때 통상적으로 사용하는 편지를 보냈다. 바깥 봉투에는 특별한 문구도 구호도 인쇄하지 않았다. 실험집단에게는 바깥 봉투에 "이번 한 번만 기부해주십시오. 다시는 부탁하지 않겠습니다"라는 문구를 적은 편지를 발송했다. 편지에는 회신용 카드에 "이번이 마지막 기부입니다. 세금 감면용 영수증을 보내주고 다시 기부 요청을 하지 마십시오"라고 적힌 칸에 표시하여 앞으로 우편물 수령을 거부하거나 우편물의 양을 제한해달라고 요구할 수 있다고 적었다(그러면 스마일트레인은 우편 요금을 절약할 수 있었다).

이러한 방법은 많은 기금 모금 전문가, 지침서, 안내서의 내용을 거스르므로 납득하기 힘들 수 있다. 기금 모금 세계에서 가장 중요하게 생각하는 신조는 이른바 기부자 피라미드를 발달시키는 것이기 때문이다.

기부자 피라미드의 토대는 특정 명분에 지속적으로 기부하는 헌신적 기부자가 형성한다. 이러한 기부자를 확보할 수만 있다면 "이번에 기부해주셔서 고맙습니다. 이제 다시는 부탁하지 않겠습니다"라고 말할 이유가 없어진다.

우편물을 발송하는 첫 실험을 시작하고 나서 몇 달 안에 기부금이 들어오기 시작했다. 실험은 엄청난 성과를 거두었다. 4월에 표준 편

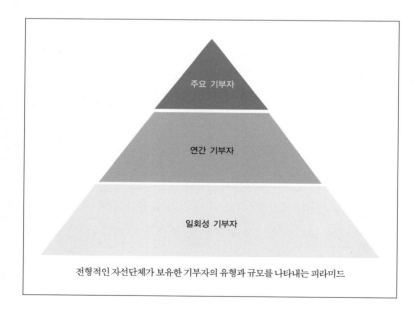

전형적인 자선단체가 보유한 기부자의 유형과 규모를 나타내는 피라미드

지를 발송했을 때는 193명이 총 1만 3,234달러를 기부한 반면, "이번 한 번만 기부해주십시오"라는 내용을 포함한 편지를 발송하자 362명이 총 2만 2,728달러를 기부했다. 모두 합해 실험집단은 표준 편지를 받은 통제집단보다 기부자도 많고 기부 금액도 훨씬 컸다. 흥미롭게도 다음번에 우편물을 받지 않겠다고 표시한 사람은 전체 기부자의 39%에 불과했다.

"이번 한 번만 기부해주십시오"라고 호소하는 방법이 크게 성공을 거두었으므로 우리는 다른 현장실험에도 적용해보기로 했다. 이번에는 2008년 4월부터 2009년 9월까지 다섯 차례에 걸쳐 80만 명 이상에게 기부금을 부탁하는 편지를 발송했다.

이번에도 역시 표준 편지를 발송했을 때보다 응답률은 거의 2배로 뛰었고 평균 기부금도 약간 늘어났다(평균 50달러에서 56달러로 증가했다). 결과적으로 "이번 한 번만 기부해주십시오"라고 호소하는 방법을 사용했을 때 표준 편지보다 2배 이상의 기부금을 거두었고(7만 1,566 달러에서 15만 2,928달러로 증가), 발송한 편지 한 통에 37센트를 모으는 놀라운 실적을 거두었다.

물론 이 방법을 사용한 집단이 다음번에는 기부하는 비율이 낮아진다면 현재 통용되는 상식이 맞을 것이다. 즉 사람들에게 이번 한 번만 기부하고 더 이상 신경 쓰지 말라고 말하면 안 되는 것이다. 하지만 흥미롭게도 다음번에 거둬들인 기부금 액수는 "이번 한 번만 기부해주십시오"라고 호소하는 방법을 사용했을 때도 표준 편지로 호소했을 때와 거의 같았다.

"이번 한 번만 기부해주십시오"라고 호소하는 방법으로 두 차례의 실험에서 모은 26만 783달러는 통제집단이 기부한 17만 8,609달러보다 46% 많았다. 더욱이 다음번에 수신을 거부한다는 조항에 응답자가 표시하는 방법을 사용하면서, 관심이 없는 기부자에게는 우편물을 계속 보내지 않아도 되었으므로 우편요금을 절약할 수 있었다.

이렇게 모금에 성공하는 것만도 중요하기는 하지만 우리는 "이번 한 번만 기부해주십시오"라고 호소하는 편지가 모금에 큰 효과를 미치는 원인을 파악하고 싶었다. 대체 왜일까?

고객 만족의 열쇠

다양한 현장실험을 실시하면서 관찰한 수많은 현상을 분석하고 나서 우리는 힘을 자선단체에서 기부자로 옮기는 것이 성공 비결이라는 사실을 깨달았다. 스마일트레인은 수취인에게 우편물 수신을 거부할 기회를 제공하여 기본적으로 기부자에게 '선물'을 안겼던 것이다. 수취인에게 기부해달라는 다음번 요청을 거절하는 문제를 없애준 것이다. 자선단체는 단지 기부를 해달라고 부탁한 것이 아니라 기본적으로는 "당신이 우리 등을 긁어주면 우리가 당신 등을 긁어주겠습니다"라고 말한 셈이었다.

전통적 경제학에서는 많은 사람이 자신의 이익을 최대로 추구하므로 기부를 부탁하는 다이렉트메일을 그저 씩 웃으며 던져버리리라 추측한다. 하지만 모든 사람이 전부 이기적인 것은 아니고 심지어 경제학자들 중에도 친절한 행동에 친절하게 보답하고 싶어하는 좋은 사람이 있다.[4] 이 점을 인지하고 사람들의 호혜의식에 호소하면 모금에서 효과를 거둘 수 있다. 특히 비영리단체는 이러한 사실에 착안하여 기부를 요청하면서 미리 인쇄한 주소 라벨, 세계지도, 달력 등을 보낸다.

좀 더 일반적으로 말하자면, 우리가 거둔 실험 결과로 두드러지게 드러난 숨은 이익은 표준 경제모델을 따른다면 간과했을 인센티브와 관계가 있다. 예를 들어 인센티브를 통해 전달되는 심리적 메시지(그들을 친절하다고 인식하는지 적대적이라 인식하는지 여부)가 행동에 중요한 영향을 미친다. 여기서는 의도가 중요하다. 따라서 고객을 배려하는 기업이라면 수신을 거부하고 싶은지 물어주는 것에 고객이 정말 고마워한다는 사실을 알아야 한다.

자선의 세계에서 우리가 실행한 실험에는 중대한 의미가 있다. 정책수립자들은 다음과 같은 질문에 대한 대답을 알고 싶어하기 때문이다. 자선단체에 대한 세금감면 혜택을 없앤다면 사회를 하나로 결속시키고 있는 모든 자선단체에 어떤 일이 벌어질까? 정부보조금은 어떻게 될까? 그 대답을 상세하게 나열하기 전에 우선 사람들이 애당초 자선단체에 기부하는 이유를 파악해야 한다.

▲▲▲

광고전문가에서 자선사업가로 변신한 브라이언에게 비즈니스의 규모에 대해 들었다. 오늘날 스마일트레인은 연간 약 10만 건의 수술을 실시하고 있으며 그 건수는 감소 추세라고 했다. 이는 스마일트레인이 수술 혜택을 받는 아동 수를 축소하기 때문이 아니라 스마일트레인의 서비스가 세계의 필요를 따라잡았기 때문이다. 요즈음은 구순구개열 아동이 수술을 받기 위해 기다릴 필요가 없다. 그런데 브라이언은 구순구개열 아동을 돕는 데 그치지 않고 훨씬 커다란 문제를 해결하고 싶어했다. 효과적인 방법으로 자선 기부활동을 활성화하고 싶었던 브라이언은 스마일트레인을 떠나 원더워크라는 새로운 단체를 설립했다.

원더워크는 전 세계 가난한 아동들이 고통을 겪고 있지만 쉽게 치료할 수 있는 다섯 가지 질병을 공략 대상으로 삼는다. 그 다섯 가지 문제는 시력 상실, 내반족, 화상, 물뇌증(수두증), 심장중격결손이다. 각 질병을 치료하는 데 드는 비용은 얼마 되지 않는다. 시력 상실을 예로 들어보자. 세계적으로 맹인은 4,000만 명 이상이다. 브라이언에 따르면 이들 중 "절반은 100달러를 들여 10분 동안 외래 수술을 받으면 시력을 회복할 수 있다."

2011년 〈타임〉이 "세계를 바꾸는 열 가지 아이디어의 하나"[5]로 지목한 원더워크는 어떤 자선단체도 시도해본 적이 없는 특유한 조직 구조를 갖추었다. 브라이언이 덧붙였다.

"우리는 단일 명목을 추구하는 서로 다른 성격의 자선단체들로

GM 같은 조직을 결성할 겁니다. GM에 쉐보레와 캐딜락이 있듯이 우리는 맹인 브랜드, 내반족 브랜드, 화상 브랜드, 물뇌증 브랜드, 심장중격결손 브랜드를 갖출 겁니다. 하나의 조직 아래 다섯 가지 명분을 위해 일하면 각 명분에 소요되는 간접비용과 관리비를 80% 줄일 수 있으니까 자선단체로서는 엄청난 이점이에요. 새 스마일트레인을 다섯 군데에 세우는 데 성공한다면 백 군데도 만들 수 있습니다."

스마일트레인이 "이번 한 번만 기부해주십시오"라고 호소하는 방식을 효과적으로 활용하는 동안 원더워크의 '브랜드' 중 하나인 '번레스큐Burn Rescue'도 이 방식을 대단히 훌륭하게 적용했다.

"이번 한 번만 기부해주십시오" 방식을 사용해 2012년 우편물을 400만 장 이상 발송하는 광범위한 실험을 실시하고 나서, 원더워크는 2013년에는 기부자 35만 명 이상에게 1,500만 달러가량을 모금할 수 있으리라 기대하고 있다.

게다가 브라이언은 기부자가 기부할 수 있는 명분이 한 가지 이상이므로 한 명당 기부금이 2배가 되리라 희망한다. 새로운 조직구조는 비영리 부문에서는 생소한 개념인 '교차판매cross-sells'를 실시하여 기부자가 한 발 빼는 것을 허용하지 않는다. 브라이언은 이렇게 말했다.

"자선단체는 '판다'는 단어를 무척 싫어하지만 나는 그렇지 않습니다."

자선단체에 속한 많은 사람이 브라이언 같지 않은 것은 사실이다. 브라이언은 사업가다. 하지만 비영리 세계에서 활동하는 중요 인물 대부분은 평상시 진행해오던 사업방식을 바꾸기를 여전히 두려워한다. 이는 나태해서가 아니라 그저 현상을 유지하려는 편향성 때문일 뿐, 그들의 마음에는 아무 문제가 없다. 그들 대부분은 스스로 할 수 있는 만큼 세상에 좋은 일을 하고 싶다는 깊은 신념을 품고 비영리활동을 하고 있다. 따라서 기부자가 그러한 신념을 품고 있지 않다거나 자선단체가 믿고 싶은 만큼 이타적이지 않을 수 있음을 인정하는 것은 그들에게 마치 패배를 시인하는 것처럼 느껴질지도 모른다.

자선단체는 많은 종류의 중요한 공공서비스와 재화를 최전선에서 제공하고 있다. 연방정부와 주정부가 복지예산을 삭감하고 있으므로 아동, 노인, 빈곤층, 환경, 예술 등을 지원하는 자원이 사라지고 있는 실정이다. 시에라클럽, 국제사면위원회, 적십자 같은 조직을 비롯해 궁핍한 사람들에게 식량, 주택, 교육을 시작으로 위대한 예술과 오락을 제공하기까지 갖가지 활동을 벌이는 훌륭한 비영리단체에서 누군가가 명분을 위해 앞장서야 한다. 그리고 이때 과학적인 추론이 유용하게 쓰일 수 있다.

장기적 성공을
이루기 위한 초석

우리는 자선의 경제학을 더욱 깊이 탐구해보고 인센티브를 통해
새 기부자와 고객의 관심을 끄는 방식에 관해 명백하고 정량화할
수 있는 증거를 밝혀냈다. 이러한 증거는 장기적 성공을 이루기 위
한 초석이 된다. 앞에서 살펴보았듯 종잣돈, 조심스럽게 비율을 맞
춘 매칭그랜트, 기금 모금을 위한 복권, 구순구개열을 앓는 슬픈
눈동자의 백인 아동, 잠재 기부자의 현관문을 두드리는 예쁜 여성
등이 모금에 효과를 발휘한다. 사회적 압력도 기부 동기에서 상당
한 비중을 차지한다. 우리는 사람들의 지갑을 여는 데 톤틴연금제
도 같은 것이 유용할 수 있다고 믿는다. 또한 원하지 않으면 기부
하지 않을 권리를 사람들에게 주면 당장 기부금을 늘릴 뿐 아니라
나중에 효과적으로 모금활동을 벌이는 기반을 닦을 수 있다는 사
실도 깨달았다.

따지고 보면 연간 수백만 달러씩 기부하는 마음 따뜻한 큰손도 결
국 마음보다는 세금정책의 변화에 더욱 영향을 받지 않을까 싶다.
사실 생각해보면 충분히 수긍이 가는 이야기다. 세금을 신고하는 시
기가 오면 연방정부는 납세자가 보고한 소득에서 기부금을 공제해
준다. 과세 등급이 35%인 납세자가 이러한 세금공제 혜택을 받으면
1달러를 기부하더라도 실질적으로 지불하는 금액은 65센트까지 내
려간다. 꽤나 괜찮은 인센티브이다.[6]

▲▲▲

　　우리는 흔히 사람들이 기부하는 이유는 타인을 돕기 위해서라고 추측한다. 하지만 우리가 실시한 현장실험으로도 거듭 알 수 있었듯 많은 사람이 자기 이익을 추구하기 위해 기부한다. 하지만 안타깝게도 자선단체는 그러한 사실을 아직 파악하지 못하고 있다. 사람들의 지갑을 열게 하려고 자선단체는 전통과 공식에 의존한 노하우를 적용해왔다. 종잣돈의 33%를 이미 모금했다고 발표하거나, 매칭그랜트를 활용하거나, 다이렉트메일을 통해 기부를 호소하는 방법 등이 그 예이다. 이러한 방식을 채택함으로써 자선단체는 더 많이 모금할 수 있는 기회를 놓치고 있다.

　　스마일트레인부터 시에라클럽까지, 센트럴플로리다 대학교부터 전국의 거리까지 다양한 실험을 실시하면서, 우리는 자선기부에 관해 오랫동안 전해내려온 상식이 그다지 타당하지 않다는 사실을 깨달았다. 솔직히 말해서 미모가 아름다운 여성이 부탁했을 때 남성들이 더욱 많이 기부한다는 사실을 발견했을 때 우리는 놀라지 않았다. 하지만 스마일트레인의 기부자들이 자신들처럼 생긴 아이들의 사진을 보았을 때 기부를 더 많이 한다는 사실을 알고는 놀랐다. 누구도 모방할 수 없는 목소리의 주인공인 칼리 사이먼Carly Simon의 〈유 아 소 베인You're so vain〉의 노랫말대로 사람들은 누구나 '허영심'으로 똘똘 뭉쳐 있다. 그러므로 자선 분야에도 이해관계가 있다는 사실을 깨달아야 한다.

　　우리가 내린 결론은 간단하다. 자선단체가 경쟁력을 잃지 않으려

면 과거부터 내려오는 공식에 의존하는 태도를 버리고 많은 실험을
실행해야 한다.

이 책에서 설명한 현장실험이 새로운 아이디어, 방법, 교훈을 제
시하여 자선단체가 현장실험을 향해 첫발을 내디딜 수 있기를 희망
한다. 현장실험은 자선 분야를 쇄신할 수 있는 도구로 작용할 것이
고, 비영리 세계에서 예외가 아니라 규칙으로 자리 잡을 것이다.

다음 장에서는 영리기업을 이끄는 관리자들을 찾아가보려 한다.

11

오늘날의 기업들이 멸종 위기에 빠진 이유는 무엇일까?

기업에 실험 문화를 구축하라

1965년 뉴욕 시의 9월 하늘은 푸르고 상큼하다. 택시 운전사가 한 남자를 1번가와 64번가 교차로에 내려준다. 승객은 아르누보 양식의 레스토랑으로 들어간다. 입구에 놓인 거울에 비친 자기 모습을 확인한다. 브룩스브라더스 양복에 검은 넥타이, 빳빳하게 다린 하얀 셔츠를 입은 예리해 보이는 차림이다. 목에서 맥박이 뛸 때마다 올드 스파이스 화장품 향이 은은하게 퍼진다.

홀에 들어서자 굽이 뾰족한 구두를 신고 몸에 착 달라붙는 스커트를 입은 여주인이 고개를 끄덕이며 수줍은 듯 미소를 지어 보인다. 남자는 웨스팅하우스Westinghouse에서 온 마케팅 담당자 세 명과 마치 절친한 친구처럼 인사를 나눈다. 천장에는 형형색색의 티파니 유리가 호화롭게 번쩍이고, 여주인은 리넨이 깔리고 크리스털 잔이 놓인 근사한 테이블로 일행을 안내한다. 남자와 손님들이 자리에 앉아 메뉴를 훑어보는 동안 웨이터가 순서대로 음료 주문을 받는다. 남자가 친숙하게 말한다.

"로저, 잘 지냈나? 평소에 마시던 걸로 하지. 드라이마티니에 올리브 세 개. 오늘의 수프는 뭔가?"

"신선한 크림이 듬뿍 들어간 로브스터비스크입니다. 별미죠."

"오늘은 사양하겠어. 어제 로브스터를 먹었거든. 오늘은 고기 파이로 시작해서 멧돼지 요리를 먹고 레몬커스터드 파이와 커피를 디저트로 하지."

거의 50년 전, 광고업체가 밀집한 매디슨애비뉴를 주름잡던 광고인들의 거한 점심식사 장면이다. 그렇다면 이들은 나머지 시간을 어떻게 보낼까? 몇 시간 동안 점심을 먹으니 하루가 짧을 수밖에 없다. 뉴욕 시의 최고급 레스토랑과 클럽에서 고객과 회의를 몇 번 더 하고, 버번위스키를 마시며 사무실에서 회의를 하기도 한다. 물론 부도덕한 행위도 저지른다.

이것은 텔레비전 시리즈물인 〈매드맨〉이 묘사한 별천지이다(하지만 당시 현실을 엄청나게 과장하지는 않았다). 〈매드맨〉은 이러한 배경으로 멋진 드라마를 연출해서 에미상을 13개나 수상했다. 하지만 인색한 경제학자의 관점에서 시리즈를 보면 다음과 같은 의문이 생긴다. 주인공인 돈 드레이퍼 같은 환상적인 광고인을 채용한 기업은 대체 무슨 생각을 했을까? 그들이 창의적인 것은 확실하지만 자신이 제안한 방법이 통하리라는 사실을 어떻게 알았을까?

오늘날 고위 중역이 언제나 술을 곁들인 점심식사를 하면서 제품, 가격, 광고 캠페인 등에 관해 크고 중요한 결정을 내리는 것은 아니지만, 거의 직관을 활용하여 결정을 내리는 경우가 지나치게 많다. 그러나 기업이 행동을 취하기 전에 자신들의 아이디어가 실제로 효과가 있다는 점을 실험을 거쳐 확실한 자료로 입증하지 못한다면 돈을 낭비하고 있는 것이다. 그뿐만 아니라 해당 기업의 중역들도 수명을 단축하고 있는 셈이다.

넷플릭스:
직관의 실패

영화 배달서비스 업체인 넷플릭스는 비즈니스에 실험의 필요성을 알리는 전형적인 예이다. 넷플릭스는 2011년 전적으로 피할 수 있었던 일련의 잘못된 행보를 보였지만, 제품과 고객층의 질이 어느 경쟁 업체에도 뒤지지 않았으므로 간신히 파산을 면할 수 있었다.

넷플릭스는 다음과 같은 커다란 의문을 기반으로 설립되었다. 사람들은 (연체료로 돈을 많이 버는) 지역 비디오가게를 직접 찾아가지 않고 DVD를 집으로 배달시켜 받아보기 위해 매달 회비를 지불할까? 시장은 그렇다고 응답했다. 원기왕성하고 작은 실리콘밸리 기업이었던 넷플릭스는 고객이 원하는 영화를 신속하게 배달해주고, 블록버스터Blockbuster를 포함한 골리앗 같은 대형 비디오대여 체인점에 다윗처럼 용감히 맞섰다.

얼마 후 넷플릭스는 온라인 스트리밍서비스를 제공하기 시작했다. 선택의 폭은 한정되었지만 말이다. 따라서 고객은 영화를 두 가지 방식으로 시청할 수 있었다. 그러면서 넷플릭스는 오프라인 비디오대여 사업의 판도를 효과적으로 뒤흔들어 거대 기업인 블록버스터조차 많은 매장의 문을 닫아야 했다. 서비스에 만족하는 고객 2,500만 명을 보유했던 넷플릭스는 주식시장의 총아로 등장했고, 2011년 7월 들어 주당 거의 300달러에 주식이 거래되었다.

하지만 그때 넷플릭스는 이해할 수 없는 행보를 보였다. 길고 다소 혼란스러운 내용의 이메일을 고객에게 발송하면서, DVD 배달서비스와 스트리밍서비스를 별개의 서비스로 분리하겠다고 발표한 것이다. 기존에 고객들은 DVD를 몇 편이나 볼 것인지, 스트리밍 방식으로 시청할 수 있는 비디오가 몇 편인지에 따라 DVD를 한 번에 1~3개씩 빌리는 조건으로 한 달에 9달러 99센트나 12달러 99센트, 14달러 99센트를 지불해왔다. 하지만 회사는 한 번에 영화 한 편을 우편으로 제공하는 조건으로 모든 고객에게 한 달에 7달러 99센트, 스트리밍서비스를 제공하고 다시 7달러 99센트를 청구하겠다고 발표했다. 새 서비스 계획은 예전보다 요금이 60% 인상되는 결과를 낳았다.

고객들은 이러한 행보가 경영진의 성급한 졸속 조치라고 말하면서 떠들썩하게 항의했다. 그레그라는 고객은 자신을 "과거 고객"이라 부르면서 넷플릭스 사이트에 다음과 같은 글을 올렸다.

넷플릭스 관계자께
귀사의 최근 행보에 충격을 받았고 말문이 막혔습니다. 이 말은 과장이 아닙니다. 서로 사이가 좋았던 것이 어제 일만 같습니다. 귀사는 독기 가득한 편지를 보내 일방적으로 통보했습니다. 나는 늘 귀사의 진부한 저질 공포영화를 보면서 웃었습니다. 하지만 내가 힘들게 번 돈을 4년 동안 꾸준히 삼켜온 귀사의 최근 행동을 보며 우리 관계를 다시 돌아봐야 했습니다. 지금까지는 귀사가 가격을 인상하더라도 내 충성심은 변하지 않았습니다. 하지만 귀사의 대변인인 제시 베커Jessie Becker가 고객의 이익을 위한다는 구차한 핑계와 함께 추가요금 인상을 발표한 것은 내 지성을 모욕하고 귀사의 깊은 오만을 드러낸 처사입니다. 귀사가 나를 성인으로 대우하고 이러한 변화를 솔직하게 있는 그대로 알려주었다면 아마도 우리는 관계의 불꽃을 다시 피울 수 있었을 것입니다. 불행하게도 지금은 화해를 기대할 수 없습니다. 거들먹거리며 고객을 교묘하게 조종하는 귀사의 말투가 우리의 관계를 회복할 수 없을 정도로 망가뜨렸기 때문입니다.[1]

고객의 불평이 봇물 터지듯 쏟아지는 바람에 넷플릭스는 소비자 서비스 담당 직원을 별도로 고용해야 했다. 회사의 주가는 51% 폭락했다. 2011년 9월 CEO인 리드 헤이스팅스Reed Hastings는 고객에게 사과하면서 상황을 바로잡기 위해 노력하겠다고 발표했다. 하지만 어떻게 바로잡을 것인가? 넷플릭스는 회사를 둘로 나누어 운영하기로 했다. 우편 배달서비스는 퀵스터Qwikster로 이전해 새로 취임하는 CEO가 경영하고, 온라인 스트리밍서비스는 넷플릭스가 제공하기로 했다.

이러한 발표를 들은 고객은 전보다 더 분노했다. 이제 구독자들은 신용카드 명세서에 비디오 스트리밍과 DVD 대여라는 2개의 별도 계정이 적히고, 웹사이트 두 군데에 따로 로그인해야 했다. 주가는 다시 7.4% 떨어졌다.

상황을 훨씬 악화시켰다는 사실을 깨달은 '넷플릭스팀'은 2011년 10월 다음과 같은 내용으로 고객에게 이메일을 발송했다.

고객 여러분

2개의 웹사이트에 따로 로그인하는 것이 고객에게 큰 불편을 안기므로, 자사는 스트리밍서비스와 DVD 배달서비스를 운영하는 넷플릭스 사이트를 하나로 유지할 것입니다. 따라서 아무 변화도 없으므로 사이트도 하나이고, 계정도 하나이고, 암호도 하나로 사용하실 수 있습니다. (…) 다시 말씀드리면 퀵스터는 만들지 않겠습니다.

넷플릭스는 일부 고객이 탈퇴하리라 생각했지만 실제로 100만 명에 가까운 고객이 탈퇴하자 충격에 빠졌고, 경영 부실 기업으로 전 세계에 낙인찍혔다. 〈새터데이 나이트 라이브Saturday Night Live〉조차도 이러한 현상을 풍자할 정도였다.[2]

실험을 거치지 않고 새로운 시도를 한 것이 기업에 얼마나 큰 손실을 끼쳤는지 2011년 위기를 전후한 넷플릭스의 주가를 살펴보자.

넷플릭스의 주가 변동 추이

넷플릭스는 몇 가지 간단한 현장실험만 실시했더라도 수십억 달러에 달하는 손해를 보지도 않고 브랜드에 손상을 입지도 않았을 것이다. 전국적으로 실시할 생각으로 계획을 고객에게 일방적으로 통보하거나 제대로 다듬지 않은(이사회, 일부 포커스집단, 값비싼 컨설팅회사에 속한 몇몇 똑똑한 사람의 직관에 의존한) 아이디어에 기대는 대신에 해당 계획을 전국의 일부 지역, 예를 들어 샌디에이고에 실험적으로 적용하여 고객의 반응을 연구해야 했다. 소규모 실험을 실시하면 자사 가치에 손상을 입히지 않고 많은 돈을 절약할 수 있었을 것이다. 물론 샌디에이고에서는 얼마간 고객을 잃었을지 모르지만 계획을 개선하거나 취소할 기회를 잡아 시장 리더의 자리를 지켰을 것이다. 일부 고객에게 거부반응을 불러일으키더라도 지역적인 문제였다고 설명할 수 있었을 것이다. 그랬다면 손실은 훨씬 적었을 테니 실험의 가치는 그만큼 막중하다. 다행히 그때 이후로 넷플릭스는 손실에서 서서히 벗어나고 있으며, 앞으로 현장실험을 실시하여 성과를 향상시킨다면 제품과 탄탄한 고객층을 기반으로 실적이 계속 좋아질 것이다.

실험에 대해 듣고 나면 비즈니스 리더들은 으레 "실험을 돌리려면 비용이 많이 들어요"라고 말한다. 우리는 그렇지 않다는 사실을 지적하고 나서 표를 제시하여 넷플릭스의 예처럼 실험을 하지 않으면 오히려 비용이 더 많이 든다고 강조한다. 또한 기업이 매일 최선이 아닌 차선의 가격을 설정하고, 효과가 없는 광고를 게재하고, 직원에게 비효과적인 인센티브를 사용하느라 수백만 달러의 돈을 낭비하고 있다고 정중하게 설명한다.

물론 많은 기업이 실험을 실행하고 그것도 자주 한다. 기업은 언제나 기계를 다루고 새로운 시도를 추구한다. 예를 들어 애플Apple의 스티브 잡스Steve Jobs는 디자인과 새로운 제품의 판매방법을 끊임없이 실험했다. 문제는 기업이 처치집단과 통제집단을 비교하는 실험을 거의 실시하지 않는다는 사실이다. 스티브 잡스는 아이팟과 아이튠스 뮤직스토어를 출범시키면서 업계에 혁신의 바람을 일으켰다. 하지만 몇 년 동안 음반 제작자들에게 아이튠스 스토어에서 거래되는 음원에 대해 곡당 정확하게 99센트를 청구하라고 고집했다. 솔직히 애플이 제시하는 조건이 정당하다고 옹호하기는 어렵다. 애플은 음원과 아이팟 판매에 아이튠스의 가격이 미치는 영향을 한 번도 비교하지 않았기 때문이다. 명백한 증거가 없는 상황에서 애플의 중역들은 직관에 의존했다. 그들은 나름대로 전략을 잘 구사했지만 실험을 거쳤다면 짐 콜린스Jim Collins가 표현한 대로 "좋은 기업을 넘어 위대한 기업으로" 옮겨갈 수 있었을지 모른다.

다른 예를 들어 중병에 걸렸다고 치자. 의사가 새 치료법을 처방해준다. 이 치료법의 효과를 신뢰할 수 있는 증거가 무엇인지 묻자 의사는 "내 직관입니다"라고 대답한다. 의사의 이 말을 들은 환자는 아마도 그 길로 진료실을 나가 다시는 그를 찾지 않을 것이다. 환자라면 과학적 증거를 토대로 의학적 결정을 내리는 사람에게 생명을 맡기고 싶을 테니 말이다.

사업상 올바른 결정을 내리는 것은 의료상 올바른 치료를 하는 것과 어떻게 다를까? 생명이 달려 있지 않다는 점이 다르다고 대답할지 모르지만, 결정을 내리는 임무를 띠고 연간 수백만 달러의 급여를 받는 중역들의 결정에 따라 직원들이 실직할 수 있고 경제계에 수십억 달러의 손해를 끼칠 수도 있다. 연구조사를 실시하면 중요한 결정에 관한 신속하고 정확한 자료를 확보할 수 있다. 기업은 환경에서 다양한 요소를 조작함으로써 전략 변화가 소비자·경쟁사·고용인·기타 이해당사자의 행동에 어떤 결과를 초래하는지 좀 더 잘 이해할 수 있다.

비즈니스에서 실시하는 현장실험은 다른 연구와 다르다. 참가자가 자신이 연구에 참여하고 있다는 사실을 모른 채 실질적인 결정을 내리는 경우가 많기 때문이다. 적절히 설계된 비즈니스 현장실험은 소중한 통찰을 제공하고 놀라운 결과를 도출할 수 있으므로 기업은 좀 더 큰 규모로 현장실험을 실시해야 한다. 여기서는 현장실험을 통해 자사의 미래를 이끌고 있는 훌륭한 중역 두 사람의 이야기를 소개하려 한다. 설명하는 과정에서 해당 기업과 다른 기업에서 실시한 실험을 섞어서 인용했다.

인튜이트의 현장실험

실리콘밸리에 본사를 둔 인튜이트Intuit는 퀵북스QuickBooks와 터보택스TurboTax 소프트웨어로 유명한 기업으로, 몇 년에 걸쳐 기업의 핵심에 실험정신을 구축했다. 설립자이자 회장인 스콧 쿡Scott Cook이 말했다.

"우리는 경영 분석과 의견 조율을 통하여 하향식으로 결정을 내려왔습니다. 앞으로는 작은 규모의 실험을 연속적으로 실시해서 결정을 내리도록 하겠습니다."

과거에 인튜이트의 경영방식은 대부분의 대규모 조직과 같았다. 제품개발 인력이 아이디어를 생각해내면 사업 단위의 관리자가 포커스집단과 기타 연구를 거쳐 자료를 취합하여 분석하고, 여기서 발견한 사항을 파워포인트로 작성하고, 그 정보를 자사의 나머지 부서에 배포하고 나면 고위 중역은 프로젝트에 자금을 지원할지 여부를 결정한다. 하지만 쿡은 이러한 경영방식이 콘크리트 신발을 신은 상태로 걷는 것과 같다는 사실을 이해하기 시작했다. 쿡이 말했다.

"실험으로 두 가지 문제를 해결할 수 있다고 확신하기 시작했습니다. 첫째 문제는 크고 성공한 기업을 민첩하고 혁신적으로 변모시키는 것입니다. 기업이 규모가 커지고 성공을 거둘수록 혁신과 기업가정신은 줄어들기 때문입니다. 둘째 문제는 구식 방식으로 내린 결정은 잘못되는 경우가 많다는 것입니다."

인튜이트는 문제, 특히 명확하지 않고 애매한 문제를 조사하고, 정보를 수집하고, 창의적인 해결책을 강구하는 방법론인 '디자인적 사고design thinking'를 하도록 직원을 훈련시켰다. 디자인적 사고를 하는 사람은 총체적 접근법을 쓰고, 창의성을 발휘하면서 일하고, 문제를 해결할 새로운 접근법을 개발한다. 조직에서 디자인적 사고를 하는 사람과 중역으로 구성된 소집단은 가정과 가설을 실험할 목적으로 리더 100명을 훈련시켰다. 리더들은 자료를 수집하고 해결책을 생각해냈다. 직원들 또한 그렇게 일하도록 가르쳤다. 더불어 조직 전체에서 '혁신의 촉매innovation catalyst' 150명이 기업의 모든 부서에서 일어나는 일에 대해 이러한 실험 문화를 추진했다. 오늘날 모든 직원은 우리가 사용하는 것과 같은 과학적 실험방법을 사용하여 새로운 아이디어를 생각하고 검증하라는 격려를 받는다.

과거에 터보택스닷컴Turbotax.com 부서의 직원들은 실험을 1년에 7차례 실시했다. 하지만 요즘은 신속하고 비용이 적게 드는 실험을 납세 기간 동안 목요일마다 시작하여 일주일 단위로 141차례 실시한다. 그들은 아이디어를 실험하고, 자료를 읽고, 실험을 수정하고, 다음 목요일에 다시 실험한다. 신속한 실험 주기가 "혁신과 기업가 정신을 분출시킨다"고 쿡은 말했다.

인튜이트는 직원에게 근무시간의 10%를 자유롭게 사용하여 자신이 고안한 프로젝트를 추진할 수 있게 한다. 오늘날 아이디어가 떠오르면 저비용 소규모 단위로 가능할 때마다 실험을 실시하는 방식은 인튜이트의 아이디어 발견 과정에서 핵심으로 자리 잡았다. 혁신적인 아이디어를 생각해낸 직원은 진짜 고객을 상대로 산출한 결과를 추적하여 자신의 아이디어가 통한다는 사실을 입증해야 한다. 유망한 아이디어는 대부분 실험과정에서 표면으로 부상하기 마련이다. 이러한 방식으로 인튜이트는 스냅택스SnapTax, 스냅페이롤SnapPay-roll, 인튜이트 건강 현금카드Intuit Health Debit Card 등을 개발했다. 스냅택스는 카메라나 휴대전화로 세금 보고를 준비하는 프로그램이고, 고용주는 스냅페이롤을 사용하여 휴대전화로 직원에게 급여를 지불할 수 있다. 건강 현금카드는 직원에게 건강보험을 제공할 수 없는 소기업에게 건강보험 혜택을 제공한다.

아이디어를 실험하다보면 새로운 제품 특성이 매우 자주 발견된다. 예를 들어 개발팀은 자신들의 세금 상황에 관한 구체적인 질문을 사용하고, 소프트웨어는 그에 대한 대답을 근거로 표준 공제나 항목별 공제를 추천할 수 있었다. 실험을 실시해본 결과 새로운 제품 특성을 활용하면 보고서를 완성하는 데 걸리는 시간을 75% 줄일 수 있었으므로, '패스트 패스Fast Path'로 불리는 새로운 사양을 터보택스 소프트웨어의 무료 '연방판Federal edition'에 통합시켰다.

또한 인튜이트 소속 개발팀은 '회계감사 지원센터'를 만들어 고객이 연방 국세청에게 회계감사를 받는 간접적인 경험을 해보도록 안내했다. 제품 특징이 웹사이트에 소개되자 터보택스 양식을 사용하는 고객이 늘어났다는 사실을 실험을 통해 확인할 수 있었다. "고객의 전환율, 즉 인터넷을 돌아다니며 쇼핑한 다음에 자사 제품을 구매하는 소비자의 수가 6년 만에 50% 이상 증가했다"고 쿡은 말했다.

인튜이트 직원은 심각한 사회문제에 대해 해결책을 생각해내라고 격려를 받기도 한다. 한 예로 인도에서 근무하는 팀은 인도 농부를 위한 'FASAL'(힌두어로 '추수'를 뜻한다) 서비스를 개발했다. 팀원들은 인도사회의 절반을 차지하는 농업 가정이 너무 가난하여 가장 기본적인 생필품조차 갖추지 못하는 현실을 목격하고, 어떻게 하면 농부들의 삶을 개선할 수 있을지 궁리했다.

인튜이트 소속 팀은 자체적으로 연구를 시작하여, 가난한 농부들의 모습을 밭과 시장에서 관찰했다. 농부 대부분은 서로 거리가 멀리 떨어진 한두 군데의 시장에서만 거래했고, 농산물에 가격을 매기려면 각 시장에서 중개인 한 명을 통해야 했다. 중개인은 장막 아래 앉아서 수신호로 가격을 매겼다. 이러한 가격책정 과정은 투명하지 않았고 농부의 이익에 거스르는 방향으로 진행되었다. 하지만 농부들에게는 휴대전화라는 커다란 무기가 있었다.

따라서 엔지니어들은 중개인들이 여러 시장에서 제안한 가격을 농부들에게 알려주는 휴대전화 문자 애플리케이션을 생각해내고 간편한 실험을 고안하여 새로운 개념을 검증했다. 이렇게 해서 농부 120명에게 문자를 보냄으로써 수확한 농산물을 어느 시장에 가장 높은 가격으로 팔 수 있는지 알려줄 수 있었다. 실험이 효과를 거두면서 농부들은 애플리케이션을 받아들이기 시작했다. 오늘날 FASAL 서비스는 120만 명의 농부들을 가난에서 벗어나도록 돕고 있다. 쿡은 이렇게 말했다.

"FASAL 서비스는 자선활동이 아닙니다. 우리는 이를 사업의 일환으로 운영하고 있으므로 개발도상국이 안고 있는 가장 해로운 문제의 하나인 농촌 빈곤에 정면으로 맞설 수 있습니다. 우리는 바깥으로 나가 어떤 문제를 해결할 수 있는지 직접 찾습니다. 그중에서도 사회문제가 큰 비중을 차지합니다. 우리는 신속하고 비용이 적게 드는 실험을 가동해 이러한 문제를 공격합니다."

인튜이트와 손잡고 일하면서 우리는 어떤 방법이 효과적이고 그 이유는 무엇인지 파악할 수 있는 현장실험 수십 가지를 실시하고 있다. 많은 방법이 인튜이트의 최종 이익에 영향을 미치리라 생각한다. 인튜이트는 현장실험이라는 유전인자를 DNA에 축적하고 있는 위대한 기업이다.

⌐ 휴매나의
행동중재

현장실험을 좋아하는 다른 기업으로 휴매나Humana가 있다. 휴매나는 양로원과 병원 체인으로 시작한 거대 건강관리 업체이다. 휴매나의 설립자이자 회장으로 코밑수염을 기른 붙임성 있는 남자 마이크 맥캘리스터Mike McCalister는 "나는 상황을 활기 넘치게 만드는 요소가 무엇인지 늘 궁리합니다"라고 말했다. 실제로 맥캘리스터는 업무를 처리하는 좀 더 나은 방법에 대해 끊임없이 고민한다. 그는 CEO라기보다는 기업가나 심지어 현장 경제학자에 가까울 정도로 많이 생각한다. 다른 사람들은 자신의 직관을 신뢰할지 모르나 맥캘리스터는 자신의 반직관을 믿는다.

"나는 실천가능한 방법을 찾으려고 노력합니다. 사람들은 상황이 가능하지 않다고 말하지만 대체 누가 그렇다고 장담할 수 있습니까? 알아봐야죠."

예를 들어 의료서비스 업체가 되기 전 휴매나는 병원과 의료용 건물을 소유했다. 맥캘리스터가 맡은 것은 진료실이었다. 진료실은 적자였지만 병원 약국은 흑자였다. 맥캘리스터는 일부 진료실에 약국을 덧붙여 약국이 없는 진료실과 금전적으로 어떤 차이가 생기는지 알아보겠다는 멋진 아이디어를 떠올렸다. 놀랍게도 약국이 딸린 진료실의 수익이 더 컸다. 증거를 확보한 휴매나가 진료실과 약국을 묶기 시작하자 수입이 늘어났다. 이는 일찍이 어느 누구도 시도하지 않았던 방법이고, 휴매나에서도 다른 의료 산업에서도 처음 있는 일이었다. 기존의 틀을 깨려면 용기가 필요하고, 현장실험을 실행하여 자신의 아이디어가 정확하다고 확신할 수 있어야 한다.

휴매나가 의료서비스 업체로 전환하면서 CEO로 취임한 맥캘리스터는 다른 정책도 시험대에 올리기 시작했다. 고용주가 된 휴매나는 자사가 지출하는 의료비용이 통제불능 상태이고, 직원들이 스스로의 건강을 제대로 돌보지 않는 것도 부분적인 이유라는 사실을 깨달았다. 맥캘리스터는 개인의 책임감이 중요하다고 굳게 믿었으므로 직원들에게 무엇을 하라고 강요하지 않겠다고 강조했다. 따라서 직원들은 힘을 합해 스스로 문제를 해결해야 했다. 한 가지 방법은 직원들에게 인센티브를 주고 소규모 실험을 실시하는 것이었다. 휴매나는 체질량지수 측정으로 시작하고 끝을 맺는 체중감량 프로그램을 제안했다. 허리둘레가 많이 줄어든 직원에게는 1만 달러라는 거액을 지급하고 그 이름을 로비에 공고했다. 충분히 예측한 현상이지만 이러한 인센티브는 회사에 상당한 바람을 일으켜 체중을 감량하는 직원들이 늘어났다.

체중감량 실험은 소규모지만 오늘날 휴매나가 실시하고 있는 대규모 실험을 생각해보자. 누구나 경제적으로 감당할 수 있는 의료서비스를 받을 수 있어야 한다고 믿는 맥캘리스터는 건강보험 당국이 예방관리에 투자할 동기가 거의 없다는 사실을 깨달았다. 그렇기 때문에 "기만이 들어서서 서비스가 남용되고 오용된다"고 언급했다. 베이비부머 세대에 속한 엄청난 인구가 급속히 노령화하고 건강관리 비용이 눈덩이처럼 불어나는 사태를 맞이하여, 맥캘리스터는 환자를 치료할 때 환자의 안녕에 초점을 맞출 뿐 아니라 돈과 생명을 모두 건질 수 있는 훨씬 좋은 방법이 있다고 생각했다.

그러한 목적을 달성하기 위해 휴매나는 사람들이 평생 건강하고 행복하도록 돕겠다는 사명을 설정했다. 하지만 어떤 방법이 효과가 있을까? 우선 휴매나는 컨설턴트인 주디 이스라엘Judi Israel을 채용하여 '행동경제학 협력단'을 구성하게 했다. 우리는 이 협력단의 일부로서 몇몇 현장실험과 행동중재를 설계하는 데 참여했다. 협력단이 설정한 공동 목표는 비용을 관리하면서도 어떤 종류의 중재방법을 사용해야 건강을 증진시키거나 안정시키도록 환자를 도울 수 있는지 알아보는 것이었다.

예를 들어 노인 건강보험제도인 메디케어Medicare 대상자가 심장마비를 일으켜 입원했다고 치자. 노인은 심장마비를 이겨내고 적절한 치료를 받고 귀가한다. 하지만 조제받은 약물을 복용하지 않는 등 비교적 사소한 문제 때문에 한 달 이내에 다시 병원에 입원한다. 환자가 재입원하면 처방전과 재활치료 등을 제외하고도 평균 1만 달러의 비용이 든다. 메디케어 대상자 다섯 명 중 한 명이 퇴원한 지 한 달도 채 지나지 않아 병원에 재입원하는데[3] 소비하는 비용이 엄청나게 많을 수 있는데다 재입원 자체는 환자에게도 유쾌할 리 없다. 휴매나는 메디케어가 지불하지 않는 비용에 보험 혜택을 주는 민간 보험업체이기도 하므로 이러한 상황에 이해관계가 있다.

휴매나는 자사 데이터베이스를 검토하고 200만 명에 달하는 메디케어 대상자의 상당수가 재입원한다는 사실을 발견했다. 이러한 문제를 해결하는 모델을 세우기 위해 분석팀을 꾸렸다. 특히나 당뇨병, 비만, 심장질환, 폐렴, 심부전 등 만성적 건강문제를 앓고 있는 피보험자들이 재입원자 명단의 다수를 차지한다는 점도 파악했다. 따라서 휴매나는 퇴원한 환자들의 건강상태를 추적하는 단계를 만들었다. 모든 퇴원 환자에게는 무료 장거리 전화를 걸어 도움이나 조언을 제공하고, 만성질환을 앓고 있는 환자에게는 간호사가 전화를 걸어 재활치료를 꾸준히 받을 수 있도록 안내하고 확인한다. 만성질환을 한 가지 이상 앓는 환자는 간호사가 가정을 방문하여 건강상태를 점검하고 건강을 지키는 방법을 가르쳐준다. 휴매나는 여러 만성질환을 앓고 있는 메디케어 피보험자 10만 명 이상에게 이러한 종류의 서비스를 제공한다.

휴매나는 통제된 실험을 거치면서 간호사를 환자의 가정으로 파견하는 등, 적극적이면서도 적은 비용의 간단한 서비스를 제공하면 환자를 도울 뿐 아니라 상당한 액수의 비용을 절약할 수 있다는 사실을 발견했다. 우리는 휴매나에 꽤나 많은 수익을 안겨주리라 확신하는 간단한 행동중재안을 휴매나와 협력하여 꾸준히 사용하고 있다.

비즈니스와 건강관리 업계의 관점에서 생각하면 이러한 움직임은 이치에 맞는다. 맥캘리스터는 이렇게 주장했다.

"건강관리 업계는 혁신이 필요합니다. 미국은 기술 발달의 결과로 생산성이 나날이 증가하고 있지만 제품 이외에 보험이나 건강관리 부문에서는 전혀 혁신이 이루어지고 있지 않습니다. 우리는 건강관리 비용을 조절하고 악화하는 건강을 바로잡는 등 두 마리 토끼를 동시에 잡으려고 노력하고 있습니다. 아마도 우리가 실험을 수행하면서 배운 사항을 보급할 수 있으리라 생각합니다."

와인의
적절한 가격

제품, 서비스, 가격에 초점을 맞춘 현장실험은 인튜이트와 휴매나 같은 대기업의 전유물이 아니다. 오히려 규모가 작고 날마다 파산의 낭떠러지에 위태롭게 서 있는 기업에 훨씬 중요할 수도 있다.

2009년 여름 유리 부부는 조지라는 남자에게 전화를 받았다. 조지는 샌디에이고에서 북동쪽으로 차를 타고 한 시간 거리에 있는 아름답고 한적한 도시인 테메큘라에서 와인양조장을 운영하고 있었다.

그는 자신이 생산하는 와인의 가격을 매겨달라고 유리에게 부탁했다. 제품의 가격책정이 사업상 가장 중요한 결정임은 두말할 필요도 없다. 유리 부부는 조지의 초대를 흔쾌히 받아들여 양조장을 방문해서 제품을 시음하고 가격책정을 돕겠다고 나섰다.[4]

과거에는 어떻게 가격을 결정했느냐고 조지에게 묻자 믿기지 않는 대답이 나왔다. 다른 양조장이 비슷한 와인에 매긴 가격, 자신의 직관, 작년에 출시한 제품의 가격 등을 참고하여 결정했다고 대답했기 때문이다. 조지는 경영학 교수라면 양조장을 둘러보고 신속하게 계산을 해서 자신을 부자로 만들어줄 기가 막힌 가격을 제시해주리라 기대했다. 그러니 유리 부부가 꽤나 오랫동안 함께 이야기를 나누고 나서 '적절한' 가격이 얼마인지 모르고 게다가 그러한 가격은 존재하지 않는다고 말했을 때 조지가 얼마나 실망했을지 쉽게 상상할 수 있을 것이다. 조지는 너무 실망한 나머지 이미 두 사람에게 따라주었던 와인까지 빼앗을 기세였다.

그래도 와인에 욕심이 났던 유리 부부는 가격을 책정할 수 있도록 (마술 같은 숫자도, 공식도, 우월한 지식도 아닌) 간단한 실험을 설계해주겠다고 말했다. 와인의 가격을 매기는 일은 와인의 질이 객관적이지 않기 때문에 특히나 까다롭다. 사람들은 가격과 품질이 연결되어 있다고 자동적으로 추측한다. 다른 조건이 모두 같다는 전제에서 노트북이 더 가벼우므로 값이 비싸다면 사람들은 으레 품질도 더 좋으리라 생각한다. 세계는 이러한 직관에 따라 움직이고 여기에 거스르는 증거를 찾기는 쉽지 않다.

과연 와인도 그럴까? 아마도 그렇다고 추측할 것이다. 와인의 가격은 그 범위가 워낙 넓기 때문이다. 단 몇 달러면 싸구려 와인 한 병을 살 수 있지만 1959년산 도멘 드라 로마네콩티Domaine de la Romanee-Conti 한 병을 손에 넣으려면 1만 달러를 써야 할 수도 있다. 연구 결과에 따르면 제품의 품질에 대한 평가가 (사람들마다 취향이 다른 와인의 경우처럼) 주관적일 때는 가격을 올리면 소비자에게 더욱 인기를 끌 수 있다.

이 지역에 있는 다른 양조장과 마찬가지로 조지의 양조장을 찾은 방문객들은 서로 다른 와인을 시음하고 그중에서 마음에 드는 와인을 구매할 수 있다. 일반적으로 소비자들은 와인 여행으로 테메쿨라에 와서 여러 양조장을 둘러보고 와인을 시음한 다음 취향에 맞는 제품을 산다. 유리 부부가 실험한 와인은 2005년산 카베르네 소비뇽cabernet sauvignon으로 "블루베리와 블랙커런트가 어우러진 복잡한 향이 나고 감귤류의 풍미가 느껴진다." 조지가 예전에 결정한 가격은 10달러였고 판매는 순조로웠다.

실험 목적으로 우리는 몇 주에 걸쳐 날을 바꾸어가며 카베르네 소비뇽에 각각 10달러, 20달러, 40달러의 가격을 붙였다. 실험을 하는 날이면 조지는 방문객에게 인사하면서 와인을 시음하라고 권했다. 그러면 방문객들은 시음대로 가서 가격이 8~60달러인 견본 와인 아홉 가지의 이름과 가격이 적힌 한 장짜리 인쇄물을 받고 그중에서 여섯 가지를 선택해 시음했다. 대부분의 양조장이 그렇듯 목록은 "가벼운 풍미에서 묵직한 풍미"를 내는 와인 순서로, 화이트와인에서 레드와인 순서로 나열하고 마지막은 디저트와인으로 끝났다. 방문객은 일반적으로 인쇄물에 적힌 순서대로 와인을 시음했으므로 카베르네 소비뇽은 늘 일곱 번째였다. 시음은 15~30분이 걸렸고 방문객들은 그 후에 어떤 와인을 구매할지 결정했다.

조지는 실험 결과를 보고 깜짝 놀랐다. 카베르네 소비뇽의 가격을 병당 10달러에서 20달러로 올렸는데 구매하는 사람이 오히려 50% 증가했기 때문이다. 다시 말해 와인은 가격을 올릴수록 더욱 인기를 끌었다.

비용이 거의 들지 않는 실험을 실시하고 그 결과에 맞춰 가격을 결정했을 뿐인데 조지의 양조장이 거둔 수익은 11% 증가했다. 조지는 실험 결과를 기쁜 마음으로 받아들여 카베르네 소비뇽의 가격을 20달러로 바꾸었다. 양조장을 찾는 소비자의 대부분은 일회성 방문객이므로(조지의 양조장은 생산하는 와인의 대부분을 이곳 매장에서 판매한다) 가격이 바뀌었다는 사실을 알아채는 사람은 거의 없었다.

┌┘ 원하는 만큼만
지불하기

'적절한' 가격을 찾는 것만이 아니라 가격을 결정하는 방식도 중요하다.

몇 년 전 샌디에이고 소재 캘리포니아 대학교의 대학원생인 앰버

브라운Amber Brown은 젊은 심리학자들이 꿈에도 그리는 직장인 디즈니연구소Disney Research에 출근했다. 디즈니에는 여러 전공 분야의 연구자들로 구성된 사내 연구집단이 있어서 과학을 활용하여 자사의 성과를 향상시키고 새로운 기술·마케팅·경제학을 탐색한다. 휴매나와 마찬가지로 디즈니의 사내 집단도 고객의 경험과 자사의 수익을 동시에 향상시킬 수 있다는 점에서 행동 연구가 중요하다는 사실을 인식하고 있다.

앰버가 디즈니에 취직할 즈음 우리는 최근 부상하고 있는 행동 가격책정 접근법으로 '원하는 만큼만 지불하는' 개념에 관심을 기울였다. 이러한 가격책정의 예로 영국 밴드인 라디오헤드Radiohead가 유명하다. 해당 밴드는 2007년 들어 디지털 다운로드 형태로 앨범을 발매하면서, 팬들에게 웹사이트에 로그인해서 스스로 원하는 가격에 다운로드하라고 권했다. 팬들은 음원을 살 때 돈을 내지 않거나 신용카드 회사가 취급 수수료로 부과하는 65센트만 지불할 수 있었고, 이보다 많은 돈을 낼 수도 있었다. 공짜로 얻을 수 있는데 구태여 돈을 지불할까? 과연 라디오헤드의 팬들은 돈을 냈을까? 흥미롭게도 수많은 사람들이 라디오헤드의 웹사이트에서 앨범을 다운로드했고, 그들 중 약 50%가 앨범 가격을 지불했다(여하튼 우리의 친구이면서 최근에 노벨상을 수상한 앨빈 로스Alvin Roth는 입버릇처럼 "콜럼버스는 미국을 최초로 발견한 것이 아니라 마지막으로 발견한 인물이었다"라고 말한다. 콜럼버스가 다녀간 후로 누구나 '신'대륙에 대해 알았기 때문이다. 라디오헤드의 경우에도 마찬가지였다. 라디오헤드는 이러한 가격책정 전략을 최초로 구사한 것이 아니라 워낙 유명해서 마지막 주자가 될 수 있었던 것이다. 따라서 앞으로는 어느 누구도 같은 전략을 재발견할 필요가 없을 것이다).

라디오헤드의 사례에서도 알 수 있듯 사람들은 심지어 시장에서도 완전히 이기적이지는 않다. 하지만 이러한 전략을 사용했던 다른 기업과 라디오헤드의 사례를 살펴보면서 여전히 많은 의문이 남았다. 분명히 사람들은 반드시 내야 하는 정도 이상으로 대가를 지불했지만, 가격책정 전략이 밴드에 긍정적 영향을 미쳤는지 부정적 영향을 미쳤는지는 확실하지 않았다. 밴드는 기존의 가격책정 전략과 비교해서 상대적으로 돈을 벌었을까 잃었을까?

우리는 '원하는 만큼만 지불하는' 제도를 현장실험을 통해 연구하기로 했다.[5] 그러면서 원하는 만큼만 지불하는 가격책정 전략과 자선활동을 결합하면 흥미로운 결과를 얻을 수 있으리라 생각했다. 자선단체에 기부할 금액을 기업 단독으로 결정하지 않고 고객이 참여할 수 있게 했으므로 우리는 두 가지 요소를 결합하는 전략에 '함께 나누는 사회적 책임Shared Social Responsibility'이라는 명칭을 붙였다. 한 가지 품목에 스스로 원하는 만큼 가격을 지불할 수 있는 경우에 '본성에서 좀 더 선량한 측면'에 호소한다면 사람들의 기부액은 늘어날까? 디즈니 연구소와 협력하여 대규모 현장실험을 고안하고 10만 명 이상을 참여시켜 '원하는 만큼만 지불하는' 가격책정 전략과 자선활동을 결합하는 경우에 일어나는 효과를 알아보기로 했다. 먼저 디즈니 놀이공원에 있는 롤러코스터를 실험 장소로 정했다. 그곳에서는 사람들이 놀이기구를 타면서 소리 지르고 웃는 자기 모습이 담긴 사진을 살 수 있기 때문이다.

입장객에게 사진을 보여주면서 원래 가격인 12달러 95센트를 내든지, 자신이 원하는 만큼만 사진 값을 지불하라고 말했다. 처치집단을 결정하고 사진 판매 수익금의 절반은 유명한 자선단체에 기부할 계획이라고 말했다. 또한 다른 날들을 골라 서로 다른 4개의 처치집단을 상대로 한 달 동안 실험을 실시했다.

아래 그래프는 입장객 1인당 수익금을 가리킨다.

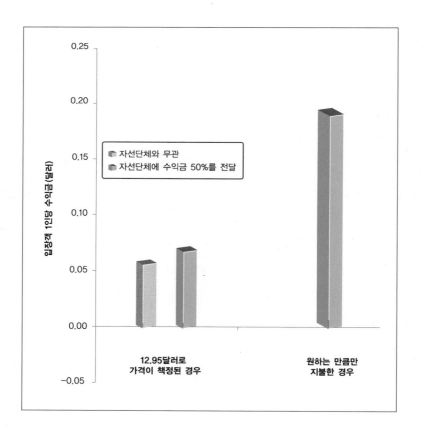

그래프에서 확인할 수 있듯 사진 가격이 기존대로 12달러 95센트
인 경우에는 수익금을 자선단체에 기부할 예정이라고 말해도 사진
을 구매한 입장객은 약간 늘었을 뿐이고, 1인당 수입도 몇 센트 정도
증가하는 데 그쳤다. 하지만 입장객이 스스로 가격을 결정한 경우에
는 어떤 현상이 벌어졌을까? 사진을 사겠다는 수요가 치솟아 평상
시 0.5%보다 16배 증가한 8%가 사진을 구매했다. 하지만 그들도 평
균적으로 약 1달러만 지불했으므로 디즈니는 전혀 수익을 내지 못했
다(기억해야 할 점이 있다. 우리는 기업과 고객을 동시에 만족시키는 해결책을 찾을 수
있는 실험을 실시하고 싶다. 이것이야말로 변화의 효과를 지속적으로 유지할 수 있는 최
고의 방법이기 때문이다).

실험 결과 가운데 가장 흥미로운 점은 무엇이었을까? '원하는 만
큼만 지불하는' 가격책정 전략과 자선활동을 결합하자, 사진을 구매
한 사람은 전체의 4%였지만 사진 값은 약 5달러로 훨씬 많이 지불했
다. 따라서 자선활동 요소를 첨가하면 수익이 높아지는 것이 사실로
입증되었다. 실제로 놀이공원은 이 한 장소에서만 두 가지 전략을
결합해 사용함으로써 연간 60만 달러의 추가 수익을 거두었다. 전반
적으로는 자선단체에 돌아가는 이익도 증가했고 고객도 좋은 일을
했다고 흐뭇해할 것이므로 유익했다.

우리가 실시한 실험에서 기억할 만한 교훈을 꼽아보면, 고객이 이
타적으로 행동해주기를 원하면 기업도 그렇게 행동할 수 있다는 점
을 보여주어야 한다. 새 가격결정 정책을 시험대에 올렸을 때 디즈
니는 자사가 자선활동에 관심을 가지고 있을 뿐 아니라 기꺼이 대가

를 치르고 실천하겠다는 의지를 고객에게 표현했다. 좀 더 일반적으로 말해서 창의적 방법으로 가격을 결정하려는 의지는 사업을 제대로 추진하면서도 뜻있는 활동을 펼칠 수 있다는 증거다.

어떻게 하면 관심을 끌 수 있을까?

앞 장에서 언급한 것처럼 사실이라고 믿기에는 지나치게 달콤한 제의를 던지는 홍보용 우편물이 무더기로 도착한다(실제로는 사실이 아니거나 그렇게 달콤하지는 않을 테지만). 많은 사람이 봉투도 뜯어보지 않고 곧장 휴지통에 던져버린다. 설사 열어보더라도 내용이나 요청을 무시하기 십상이다. 그렇다면 기업은 다이렉트메일이나 소셜미디어를 이용할 때 어떻게 사람들의 관심을 끌 수 있을까?

다이렉트메일을 개봉했는데 안에서 20달러가 나왔다고 치자. 발신자가 누구이든 즉각 관심이 갈 것이다. 그러고는 동봉되어 있는 편지를 읽는다. 편지를 보낸 기업은 짧은 설문지를 작성해 회신해달라고 요청한다. 그렇다면 우편물 수신자는 발신자의 요구에 따를까? 봉투 안에 10달러가 있다면 어떻게 할까? 아니 딸랑 1달러만 들어 있다면 어떻게 할까?

앞서 스마일트레인과 원더워크 같은 자선단체들이 어떻게 호혜활동을 성공적으로 펼쳤는지 살펴보았다. 호혜활동은 누군가가 좋은 일을 해주면 자신도 똑같이 좋은 일로 보답해야 한다는 기본 원칙을 바탕으로 한다. 하지만 자선단체가 아닌 일반인은 어떻게 해야 할까?

앞에서 인용한 다이렉트메일 사례에서 수취인의 구미가 당기도록 현금을 동봉한 기업은 그에 대한 보답으로 설문지를 작성해 보내달라고 요청하고 있다. 당신이 거대한 체인점의 수석 마케팅 담당자라고 생각하고, 다이렉트메일 광고에 응답해달라고 요청하면서 소비자의 호혜정신을 끌어낼 수 있을지 자문해보자. 당신이 근무하는 기업은 설문지를 보내고 자료를 수집하는 데 경험이 많고 노하우도 지니고 있다. 하지만 다이렉트메일을 통한 광고에서 어떤 종류의 인센티브가 소비자에게 효과가 있을지에 관해서는 그다지 잘 알지 못한다.

우리는 바르셀로나 자치대학교의 페드로 레이비엘Pedro Rey-Biel 교수와 함께 대규모 현장실험을 실시하고 그 결과를 분석했다. 실험의 대상은 29개의 처치집단과 이미 대형 체인점에 고객으로 등록되어 있는 7,250명의 '클럽회원'이었다.[6] 해당 기업은 클럽회원에게 편지를 보내면서 15분 정도 걸리는 설문지를 작성해달라고 요청했다. 기업은 회원들이 설문지를 작성해서 보내기 전에 돈을 주는 방법이 나을지, 또는 설문지를 보내면 돈을 주겠다고 약속하는 방법이 나을지 알고 싶었다.

이를 다른 표현으로 바꾸어보자. 기업이 호혜적 관점에서 생각하여 회원들이 설문지를 작성해주기를 바라면서 돈을 미리 보낸다면 과연 회원들은 반응을 보일까? 이것이 비용효율의 측면에서 훨씬 나은 방법일까? 아니면 옛날 방식대로 일을 처리하는 것이 더욱 현명할까? 다시 말해서 회원을 직원처럼 대우해서 설문지를 작성해준 다음에 보상해야 할까? 이도저도 아니라면 인센티브 운운하는 방법은 무시하고 그저 보상 없이 설문지만 발송해야 할까?

해당 기업은 한 처치집단을 상대로 1~30달러를 동봉한 편지를 발송했다. 이 집단은 전체 수취인의 절반 정도에 해당했다. 호혜성이 사회적 현상인 까닭에 우리는 이 집단을 '사회적' 처치집단이라 불렀다. 다른 처치집단에 속한 3,500명에게는 설문지를 작성해주면 같은 금액을 주겠다고 약속했다. 우리는 이 집단에 '조건부' 처치집단이라는 명칭을 붙였다. 통제집단에 속한 250명에게는 설문지만 보내고 작성해달라고 요청했다. 아래 도표는 실험 대상자의 반응을 나타낸다.

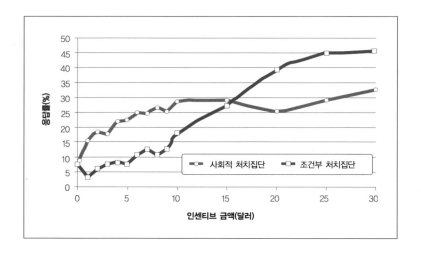

도표를 살펴보면 한계점은 약 15달러이다. 15달러 미만을 미리 받은 회원은 설령 1달러를 받더라도 호혜정신을 느끼고 설문지에 응답하는 확률이 높았다. 실제로 "이 설문지를 작성하여 보내주시면 1달러를 드리겠습니다"라고 말했을 때도 응답률은 높았다. 하지만 15달러 이상을 받는 경우에는 설문지를 먼저 작성해주면 돈을 지불한다는 조건부 처치에 응답하는 회원이 더 많아졌다.

설문지를 받고 돈을 지불하면 미리 돈을 줄 때보다 비용을 절약할 수 있다. 어쨌거나 응답 여부와 상관없이 설문지를 반송해줄 회원에게만 돈을 보내는 것이 모든 회원에게 돈을 보내는 것보다 경제적이다. 사회적 처치집단에게 응답을 받는 데 드는 평균 비용은 45달러 40센트로서 조건부 처치집단에 들인 비용인 20달러 97센트의 2배가 넘는다. 결과적으로 사회적 처치집단에 들인 총 비용은 조건부 처치집단보다 거의 3배 이상이다(3만 8,820달러 대비 1만 3,212달러).

다이렉트메일을 보내는 기업은 이 실험으로 어떤 교훈을 얻을 수 있을까? 확보한 예산으로 회신용 설문지 한 장당 1달러만 지불할 수 있다면 봉투에 그 1달러를 집어넣는다. 그러면 회원들은 1달러를 기쁜 마음으로 받고 보답할 것이다. 하지만 한 명당 돈을 더 많이 지불할 수 있다면 설문지를 보내줄 사람에게만 주는 편이 낫다. 실험 대상이 누구이든 상관없이 회원들은 기업이 '조건부'로 돈을 지불하겠다고 말한 경우에는 경제학자처럼 생각하는 반면에, 설문지를 보내기 전에 미리 돈을 받는 경우에는 비경제학자처럼 생각하는 경향이 짙다.

보상 프레이밍과
처벌 프레이밍

4장에서 상여금을 획득으로 프레이밍할지 손실로 프레이밍할지에 따라 교사와 학생이 이루는 성과가 달라진다고 설명했다. 프레이밍은 비즈니스에도 중요한 도구가 될 수 있다. 예를 들어 자외선 차단 지수가 50인 서니선스크린Sunny Sunscreen 로션이라는 제품의 마케팅 담당자가 어떤 종류의 홍보전략을 펼칠지 결정해야 한다고 치자. 획득 프레이밍이나 긍정적 메시지는 "서니선스크린을 사용하면 피부암 발생률이 낮아집니다" 또는 "서니선스크린을 사용하면 피부 건강을 유지할 수 있습니다" 등이다. 이와는 대조적으로 손실 프레이밍이나 부정적 메시지는 "서니선스크린을 사용하지 않으면 피부암에 걸릴 위험성이 커집니다" 또는 "서니선스크린을 바르지 않으면 피부 건강을 자신할 수 없습니다" 등이다.

이와 비슷한 맥락에서 관리자는 직원에게 "올해 생산량을 10% 증가시키면 모두 상여금을 받을 것입니다!"라고 말할 수도 있고, "올해 생산량을 10% 늘리지 못하면 한 사람도 상여금을 받지 못할 것입니다!"라고 겁을 줄 수도 있다. 직원에게 일하려는 동기를 불어넣기에는 어떤 프레이밍이 나을까?

이러한 질문에 대한 대답을 찾기 위해 우리는 토론토 대학교 탄짐 호세인Tanjim Hossain과 함께 샤먼을 방문했다. 샤먼은 중국 남부 해안에 있는 푸젠 성에 자리한 항구도시로서 홍콩에서 그리 멀지 않은 생

동감 넘치고 현대적인 도시이다.[7]

샤먼에는 델Dell과 코닥Kodak을 포함하여 거대한 공장이 많이 들어서 있다. 우리가 6개월 동안 실험을 실시할 완리다Wanlida는 컴퓨터 전자제품을 생산하고 보급하는 중국계 최첨단 기술기업으로 직원 수만도 2만 명에 달했다. 완리다는 휴대전화, 디지털오디오와 비디오, GPS 내비게이션, 가정용 소형 전자기기 등을 생산하고 보급하면서 50개국 이상에 수출한다.

우리의 목적은 단순했다. 간단하게 프레이밍을 조작하여 공장의 생산성을 증가시킬 수 있는지 알아보고 싶었다. 그래서 두 집단의 직원에게 각각 내용이 다른 두 종류의 편지를 발송했다.

완리다에서 일하는 21세 여성 린리가 개인컴퓨터 메인보드를 검사하는 임무를 맡고 있다고 치자. 린리는 월요일 아침 공장에 출근하면 책상에 앉아 치과의사나 외과의사가 사용할 법한 확대경의 불을 켠다. 얇은 장갑을 끼고 손에 메인보드를 집어들고 부품 하나하나를 자세히 살피면서 결함이 있는지 확인한다. 그녀는 이러한 작업을 하루 9시간, 일주일에 6일간 하고 물론 작업한 만큼 급여를 받는다.

어느 날 린리는 경영진에게 편지 한 통을 받았다. "친애하는 린리"로 시작하는 편지였다. "귀하가 속한 팀의 주당 평균 생산량이 시간당 400단위 이상인 주에는 상여금으로 80위안을 지급할 것입니다." 80위안은 대략 12달러이고 중국 육체노동자가 받는 주당 상여금으로는 상당히 후한 편이다. 중국 근로자의 평균 급여는 290~375위안이므로, 80위안이면 주당 급여 최고액의 20% 이상이다. 근로자 165명 중 누구도 자신이 실험의 일부라는 사실을 모른다. 편지를 읽고 기분이 좋아진 린리는 미소를 지으며 다시 일하기 시작했다.

반면 다른 젊은 직원인 지펭은 다른 내용의 편지를 받았다. "친애하는 지펭, 귀하에게 320위안의 상여금을 일시에 지급할 것입니다. 하지만 귀하가 속한 팀의 주당 평균 생산량이 시간당 400단위 미만이면 보너스는 80위안으로 줄어들 것입니다." 지펭은 이 편지 내용에 어떻게 반응해야 할지 어리둥절해하면서도 자리로 돌아가 즐겁게 일을 시작했다.

프레이밍을 사용한 사례를 읽다보면 4장에서 교사와 학생에게 인센티브를 시도하면서 제대로 성과를 내지 못하면 돈을 잃으리라 말했던 기억이 날 것이다. 바로 앞에서 언급한 종류의 프레이밍 역시 당근("귀하는 상여금을 받을 것입니다")과 채찍("일정량 이상을 생산하지 못하면 상여금을 빼앗길 것입니다")을 결합한 것이다. 그런데 여기에서 다루는 메시지에는 공장이라는 환경에서 사회학자가 '손실 혐오'라 부르는 효과가 어떻게 작용하는지 확인하고 싶은 의도도 들어 있다. 우리는 소셜미디어를 사용하는 특권, 1960년대 LP 컬렉션, 자동차, 집, 직업, 상여금 등을 소유하고 있다고 느낀다. 불현듯 이를 잃을지 모른다고 생각하면 무척 불행해질 것이다.

그렇다면 다시 공장의 사례로 돌아가보자. 어떤 근로자와 팀의 실적이 더 좋았을까? 당근의 편지를 받은 린리였을까? 채찍의 편지를 받은 지펭이었을까? 당신이라면 어떤 방법에 마음이 움직였겠는가? 획득 프레이밍인가, 손실 프레이밍인가? 다른 직원과 함께 팀으로 일하면서 각 구성원의 성과가 팀 전체의 상여금에 영향을 미친다면 어떤 프레이밍 밑에서 더욱 열심히 일할까? 보상 프레이밍일까, 처벌 프레이밍일까?

실험 결과는 이렇다. 상여금 인센티브를 제대로 실시한다면 생산성은 향상되어 팀에 속한 근로자의 경우에는 4~9%, 근로자 개인의 경우에는 5~12% 증가했다. 상여금의 액수로 볼 때 효과는 상당히 크다. 하지만 더욱 흥미로운 사실은, 근로자 개인은 손실 프레이밍에 크게 영향을 받지 않았는데도, 팀으로 일한 근로자는 손실 프레이밍을 적용했을 때 보상 프레이밍에 속한 근로자보다 생산성이 16~25%가량 증가했다는 것이다. 이뿐만이 아니다. 실수와 제품 결함도 늘지 않았다.

전반적으로 완리다는 간단한 프레이밍을 사용하여 팀의 전반적인 생산성을 효과적으로 증가시킬 수 있었다.

이러한 결과는 결국 시간이 흐를수록 약화할까? 근로자들은 처벌 인센티브에 둔감해지거나 더 이상 반응하지 않을까? 그렇지 않았다. 처벌 프레이밍을 사용하는 경우에 6개월 동안 매주 생산성이 증가했다.

확실히 근로자에게는 상여금을 잃을지 모른다는 두려움이 미치는 효과가 상여금을 얻을 수 있다는 기대보다 컸다. 달리 표현하자면 채찍과 비슷한 모양의 당근이라면 효과가 더 좋을지 모른다. 하지만 이처럼 당근과 채찍을 함께 제공하는 이중적 대우를 하는 기업에서 누가 일하고 싶을까? 여하튼 손실은 삶의 단면이다. 누군가는 살아가며 감수해야 한다. 우리는 손실이 강력한 동기부여 수단이라 믿는다. 기업은 생산성을 부추기기 위해 해고라는 카드로 직원을 위협하면서도 손실 프레이밍은 거의 사용하지 않는다.

물론 현실에서는 관리자들이 이 연구처럼 냉혹한 인센티브를 사용할 필요가 없다. 하지만 이것이 프레이밍과 관계가 있음을 기억해야 한다. 생산성을 높이기 위해 근로자의 생산성 부족으로 생겨날 수 있는 손실에 초점을 맞추고자 한다면, 근로자에게 겁을 주지 말고 인센티브 조작을 통해 앞에서 서술한 효과를 달성해야 한다.

실험하지 않는
이유는 무엇일까?

그렇다면 기업이 실험을 늘리지 않는 이유는 무엇일까? 기업이 실험을 실시하기 어렵게 만드는 장벽은 많다. 하나는 스콧 쿡이 지적했듯 높은 자리에 앉아 있는 사람들이 파워포인트에 집착하면서 아랫사람들이 임금은 벌거숭이라고 밝히거나 그들의 제국을 다른 방식으로 운영해야 한다고 지적하는 것을 싫어하기 때문이다.

또 한 가지는 순수하게 관료적 타성 탓이다. 예를 들어 2009년 여름 우리는 한 대기업에서 인센티브에 관한 현장실험을 실시하려고 학생 몇 명을 모집했다. 해당 기업은 우리를 만나려고 샌디에이고까지 날아와서 자사가 직면한 간단한 문제를 설명하고 두 달 안으로 실험을 실시하자고 동의했다. 하지만 4년이 지난 지금까지도 연구 계획은 거대한 조직의 어디엔가 파묻혀 경영진의 승인을 기다리고 있다.

또한 관리자들은 변화와 미지의 상황에서 느끼는 불확실성을 두려워한다. 새로운 방법을 도입하지 않고 전통적인 경로를 따르는 것이 편하기도 하고, 효과가 있기만 하다면 더욱 안전하다고 생각한다("고장 나지 않았으면 손대지 마라"). 게다가 기업의 성과를 향상시키기 위해 해결책을 제시하고 힘든 결정을 내리는 것이야말로 자신이 채용된 목적이라 생각하므로 기업이 직면한 난제에 신속하게 대처해야 한다는 의무감을 느낀다. 그런데 실험을 하겠다고 결정하면 그러한 대처 능력이 없다는 뜻으로 외부에 비쳐서 자기 직무를 제대로 수행하지 못하는 것처럼 보일 수 있다고 생각한다.

이러한 걸림돌은 하향식과 상향식이라는 두 가지 별개의 방식으로 극복할 수 있다. 첫째, 하향식 접근방법으로 기업의 경영팀은 '단기 이익이 우선'이라는 일반적 정신에서 벗어나서, 쿡과 맥캘리스터가 그랬던 것처럼 기업의 성과를 향상할 수 있는 실험을 권장해야 한다. 그러려면 실험을 설계하여 실행하고, 자료를 분석하고, 결론을 도출하는 인력을 채용하고 훈련시켜야 한다. 둘째, 상향식 접근방법으로는 직위가 낮은 관리자들이 소규모 현장연구를 실시하여 이에 관련한 비용과 이익을 포함한 결과를 경영진에 제시할 수 있어야 한다.

확고한 사고방식을 바꾸는 일은 결코 쉽지 않다. 설령 그것이 옳지 않다고 해도 말이다. 실험하는 문화를 발달시키려면 대담한 리더십, 훈련, 실제 경험을 결합해야 한다. 기업이 그렇게 할 수만 있다면 해당 산업의 판도를 새로 짤 수 있다.

주위에서 너무도 많은 고위 중역이 자신의 아이디어에서 집착하고 이를 현실에 시도함으로써 넷플릭스(그리고 그 전후로 다른 기업들)가 그랬던 것처럼 크게 반발을 산다. 게다가 비즈니스 세계의 많은 리더가 생산성을 향상시키기 위해 당근과 채찍을 도입하지만 성과를 거두지 못한다. 기업은 제품에 적절한 가격을 책정하려고 애를 쓰지만 소비자에게 어느 정도로 가치가 있는지 감도 잡지 못한다. 이러한 실수는 사전에 얼마든지 막을 수 있음에도 수시로 발생하여 커다란 대가를 치르게 한다.

이와는 대조적으로 현장실험을 실시하는 크고 작은 기업은 더욱 많은 고객을 끌어들이면서 수입을 증가시키고 있다. 인튜이트는 자잘한 아이디어들을 실험함으로써 아이디어를 발전시키고 시장을 확대했다. 휴매나는 처방받은 약을 제때 복용하고 스스로 건강을 관리할 수 있도록 적극적으로 도우면 노인들이 병원 신세를 지지 않고 그 과정에서 자사도 수백만 달러를 절약할 수 있다는 사실을 깨달았다. 완리다 같은 거대 기술기업은 직원에게 상여금을 지급하고 만족스러운 성과를 내지 못했을 때 이를 빼앗겠다고 말하는 방법을 사용하면 생산성을 극적으로 늘릴 수 있다는 사실을 배웠다. 캘리포니아 북부에 있는 소형 와인양조장은 자체적으로 생산하는 와인의 가격책정 방법을 실험해보고 나서, 여태껏 고객들이 기꺼이 지불할 수 있는 금액의 절반 가격에 와인을 판매해왔다는 사실을 깨달았다. 디즈니는 놀이기구를 타고 내려오는 모습을 찍은 사진을 '원하는 만큼만 지불하게' 함으로써 순조롭게 판매할 수 있고, 그 돈의 절반이 자선단체에 돌아간다고 말하면 판매를 더욱 촉진할 수 있다는 사실을 알았다.

따라서 기업에 필요한 결론을 간단하게 정리하면 이렇다. 돈을 더 많이 벌고 싶은가? 그렇다면 현장실험을 실시하라. 위대한 기업이 되고 싶은가? 그렇다면 더더욱 현장실험을 실행하라.

에필로그

세상을 어떻게 바꿀까?
혹은 문제를 어떻게 해결할까?

삶은 일종의 실험실이다

거의 400년 전 갈릴레이Galileo Galilei는 역사에 기록된 첫 실험실 실험을 실시했다. 완만한 빗면에 무거운 구슬을 올려놓고 서서히 굴려 가속도의 법칙을 실험했던 것이다. 그때 이후로 실험실 실험은 과학적 방식의 초석이 되었다. 유명한 이론물리학자인 리처드 파인만 Richard Feynman에 따르면 실험은 과학 원칙과 모든 지식의 시금석이다. 파인만은 "실험은 과학적 '진리'의 유일한 심판관이다"라고 강조했다. 요즈음은 경제학자들이 인간 행동을 이해하는 수단으로 물리학의 실험용 모형에 점점 더 관심을 기울이고 있는 추세이다.[1]

실험적 방법을 추구하는 경향은 오늘날까지는 대부분 실험실 경계 안에서 이루어졌다. 2002년 대니얼 카너먼과 버넌 스미스Vernon Smith가 노벨상을 수상한 것으로도 확인할 수 있듯이 실험실 실험은 경제학자들의 세계관도 바꾸었다. 하지만 행동 연구가 실험실 안에서만 이루어졌던 경향에도 변화가 찾아오고 있다.

우리는 현장실험을 사용하여 세계에 관해 알고자 하는 새로운 경제학자 집단이다. 우리가 막 시작한 도전에 다른 학문 분야 종사자들뿐 아니라 동료 경제학자들이 뛰어들기를 두 손 놓고 맥없이 기다릴 필요는 없다. 자녀에게 배변 훈련을 시키는 일부터 다국적 기업을 운영하는 일에 이르기까지, 매일의 삶에서 우리의 도구를 사용하면 정말 효과 있는 방법을 찾아낼 수 있다.

그렇다면 어떻게 시작해야 할까?

첫째, 바꾸고 싶은 결과를 생각해보자. 운영하는 사업체의 수익을 늘리고 싶을 수 있다. 자녀를 달래서 학교에서 공부를 좀 더 열심히 하게 만들고 싶을 수 있다. 걷기대회에 참석하여 비영리 의료단체 마치오브다임스March of Dimes가 기금을 더욱 많이 모을 수 있도록 돕거나 에너지를 절감하는 방법을 찾고 싶을 수 있다. 정확하게 무엇을 바꾸고 싶은지, 이를 어떻게 측정할지 명쾌하게 파악하는 것이 매우 중요하다. 비즈니스 세계에서도 마찬가지다. 우선 초점을 맞추고 측정해야 한다.

다음 단계는 바꾸려는 결과를 얻을 몇 가지 방법을 생각해내는 것이다. 일반적으로 전제는 인센티브가 중요하다는 사실이다. 간단한 금전적 인센티브가 효과를 발휘하지만 때로 비금전적 인센티브의 영향력도 클 수 있다. 예를 들어 초등학교 3학년 자녀가 비디오게임에 정신이 팔려 있다면 그 상황을 부모가 원하는 방향으로 유리하게 활용할 수 있다. 숙제를 더욱 충실히 한다는 조건을 걸고 비디오게임을 하는 시간을 추가로 허락하면 초등학교 3학년짜리 아동에게는 달콤한 유혹이 될 것이다(하지만 이 방법이 모든 아동에게 통하는 것은 아니다. 우리가 발견한 사실에 따르면 자녀가 나이를 먹을수록 비금전적 인센티브가 예전만큼 통하지 않는다. 따라서 실험을 실시하면서 자신의 특정한 상황에 어떤 방법이 가장 잘 들어맞는지 살펴야 한다).

나쁜 인센티브를 제거해도 상황이 크게 달라질 수 있다. 예를 들어 아파트 건물에 전기계량기가 하나뿐이어서 청구 금액을 주민 수로 나눈다면 나쁜 인센티브가 작용하는 것이다. 1장에서 살펴보았듯 전기요금을 똑같이 나누면 사람들은 전력을 평소보다 많이 소비할 가능성이 있다. 이러한 인센티브를 개별 계량기 설치 등 좀 더 분별 있는 인센티브로 대체하면 나쁜 의도는 말할 것도 없고 불필요한 지출을 줄일 수 있다.

계획을 적절하게 수립하고 나서 해야 하는 일은 동전 던지기 등을 사용해 무작위 배정을 적용하는 것이다. '통제' 상황과 '실험' 상황에서 결과가 어떻게 달라지는지 비교해야 하기 때문이다. 예를 들어 차를 더 싸게 사고 싶어서 중고자동차 판매원과 흥정할 때를 대비해 두 가지 전략을 생각해냈다면, 우선 동전을 던져 어떤 판매원에게 어떤 전략을 사용할지 결정한다. 동전의 앞면이 나오면 소비자가 판매원에게 원하는 가격을 먼저 제시하고, 동전의 뒷면이 나오면 판매원에게 먼저 가격을 제시하게 한다. 어떤 경우에 좀 더 싸게 차를 구입할 수 있을까? 이 점을 좀 더 파악하고 싶다면 제3의 판매원을 찾아가 가격을 먼저 제시해보자. 아니면 판매원에게 "나는 오늘 대리점 다섯 군데를 들러 가격을 알아보고 왔습니다"라고 말해보자. 또는 "내가 방문한 대리점은 이곳뿐입니다"라고 말하고 어떤 상황이 벌어지는지 살펴보자.

또는 골동품을 쇼핑하는 취미가 있어서 가격을 흥정할 수 있는 매장 몇 군데를 찾아간다고 치자. 한 매장에 가서는 가격을 두고 실랑이를 벌일 시간이 없는데 1790년대 화장대를 가장 저렴한 가격에 사고 싶다고 점원에게 말한다. 다른 매장을 찾아가서는 자연스럽게 가격을 흥정해본다. 어떤 경우에 더욱 저렴하게 골동품을 살 수 있을까?

자신이 자원봉사를 하는 비영리단체에 기금을 늘려주고 다이렉트 메일 운동을 돕고 싶다고 치자. 우편물 수취인 명단에 있는 잠재 기부자 중 무작위로 절반을 선택하여 매칭그랜트의 취지를 설명하는 편지를 보내본다.[2] 모든 실험의 성공 열쇠는 무작위에 있다. 실험의 결과에 영향을 미칠 수 있는 경쟁 가설을 배제할 수 있기 때문이다.

경제학 실험을 가동함으로써 얻는 이점은 전문지식이 없어도 연구 대상의 입장을 이해할 수 있다는 것이다. 출장을 가서 호텔에 묵은 다음 날 메이드가 청소할 수 있도록 객실을 비운다고 치자. 숙박한 첫째 날에는 팁을 남기지 않고 외출했다가 객실에 돌아와서 간결한 청소 점검표를 만들어 청소 상태를 점검한다. 둘째 날에는 팁 몇 달러를 남기고 나갔다가 돌아와서 첫째 날보다 객실이 더 깨끗한지 살펴본다. 셋째 날에는 팁을 좀 더 많이 남겨보자. 아마도 셋째 날에는 베개 밑에 초콜릿 몇 개가 놓여 있을 수도 있다. 이렇게 실험해보면 앞으로 팁을 어떻게 줘야 할지 가늠할 수 있다.

저녁 파티를 열 때는 이렇게 실험해보자. 직접 와인 병에서 와인을 따라주지 않고 디캔터를 여럿 사용하여 가격이 서로 다른 와인을 손님에게 따라주고 가장 맛이 좋은 와인을 고르라고 말한다. 이렇게 실험하고 나면 다음에 대접할 와인의 종류를 찾을 수 있고 손님이 가장 좋아하는 와인이 꼭 비싼 와인이 아니라 저렴한 와인일 수 있다는 사실도 알게 된다.

앞의 설명에서 알 수 있듯 경제학 도구는 중요한 문제를 실질적 방식으로 해결하는 데 유용하다. 연구자가 이 책에서 배운 방법으로 무장하고 책상에서 벗어나 거리로 나가면 기존 이론과 가정을 반전시킬 수 있는 방법을 발견할 수 있다.

이를 통해 경제학자들은 우울한 학문이 아닌 열정적 학문을 스스로 실천할 수 있다. 이 경제학은 내밀하고 개인적인 이익에 자극을 받고, 인간의 감정을 다루며 세상을 좀 더 개선하는 결과를 도출해낼 수 있다. 하지만 변화의 기회는 경제학의 범위를 넘어선다. 우리는 경제학에서 사용하는 현장실험이라는 도구를 연구자들이 사회학, 인류학, 비즈니스, 교육, 기타 많은 분야에서 사용하면 전 세계 수백만 명의 삶을 실질적으로 바꿀 수 있다고 믿는다.

이 책 전반에 걸쳐 우리는 사회가 교육, 차별, 빈곤, 건강, 성 평등, 환경 등의 분야에서 크고 다루기 어려운 문제를 제대로 해결하지 못하는 이유는 전제를 밝히는 노력을 기울이지 않았기 때문이라고 강조했다. 사회는 문제 해결에 어떤 방법이 어째서 효과가 있는지 파악하지 못하고 있다. 게다가 과학적 연구라는 도구를 사용하여 당면한 문제를 파악할 기회를 거듭 놓치고 있다. 삶이 정말 실험실이고 누구나 실험을 통해 발견한 사실에서 교훈을 얻어야 한다는 점을 깨닫지 못하면 계속 전진하면서 문제를 해결해나가리라 희망할 수 없다.

존 레넌의 노래 〈이매진imagine〉처럼 새로운 대안을 상상하기 바란다. 심각한 문제를 해결하겠다는 일념으로 이 책에서 설명한 과학적 방법을 전 세계 연구자 수천 명이 적용한다면 어떤 현상이 벌어질지 상상해보라. 세상이 직면한 크나큰 문제들을 면밀하게 조사하고 난관을 헤쳐나가는 데 기여하는 실험이 세계적으로 꼬리에 꼬리를 물고 실시되는 광경을 상상해보라. 엄청난 양의 피드백을 수집하고 나서, 문제를 해결하는 데 어떤 방법이 왜 효과가 있는지 실험을 통해 알 수 있다면 어떤 상황이 펼쳐질지 상상해보라. 이러한 지식으로 무장한 전 세계 정부가 탄탄한 실증적 실험을 근거로 폭넓게 정책을 바꿀 수 있다면 어떤 변화가 일어날지 상상해보라.

그 열쇠는 바로 실험에 있다. 아이디어가 떠오르면 실험하라! 하얀 가운과 연필은 필요 없다. 자리를 박차고 바깥세상으로 나가 실제로 어떤 상황이 벌어지는지 살펴라. 그리고 나서 무엇을 깨달았는지, 어떻게 다르게 생각하기 시작했는지 세상에 알려라.

감사의 글

    현장연구를 하려면, 그것도 집을 떠나 하려면 오랜 시간이 걸린다. 이 책의 내용은 여러 해에 걸쳐 세계 여러 지역에서 자료를 수집한 결과물이다. 그만큼 우리 두 사람의 아내인 아이엘릿과 제니퍼가 지지해주고 격려해준 덕택에 이 책이 세상의 빛을 볼 수 있었다. 아내를 향한 감사의 마음은 말로 다 표현할 수 없다.

    또한 우리는 이론을 생각해내고, 자료를 분석하고, 장편의 학술논문을 써야 했다. 그 기나긴 시간 동안 컴퓨터 앞에 앉아 있을 수 있게 해준 아이들에게 고맙다.

    이 책을 출간하기까지 속담 그대로 마을 전체가 힘을 모아야 했다. 도와준 사람들이 너무나 많아서 그 이름을 일일이 거론할 수는 없지만 꿈을 좇을 수 있도록 뒷받침해준 많은 공동저자, 연구 조교, 동료에게 진심으로 감사한다. 그들이 도와주지 않았다면 무엇 하나해낼 수 없었을 것이다. 우리가 학계에서 경력을 시작할 수 있도록 기회를 주었던 지도교수 에릭 반 다메와 셸비 거킹에게 감사한다.

브란윈 프라이어는 이 책의 원고를 쓰고 우리 연구에 생명력을 불어넣는 데 주요한 역할을 했다. 우리의 '학술적 글'을 이웃이 읽을 수 있는 글로 탈바꿈시키는 그녀의 훌륭한 작문 실력에서 많이 배웠다. 레빈 그린버그 리터러리 에이전시Levine Greenberg Literary Agency 소속의 제임스 레빈은 전문적 지원을 아끼지 않았고 중간 과정을 탁월하게 이끌어가면서 이 책을 출간하기까지 부딪치는 풍랑을 헤치며 무사히 항해할 수 있도록 도와주었다. 브란윈과 제임스가 활약해주었기에 이 책을 출간하기 위해 기울인 온갖 노력이 열매를 맺을 수 있었다.

편집자인 존 마하니는 원고를 다듬는 과정에서 예리한 통찰력으로 우리의 사고를 날카롭게 연마해주었고 전문적인 조언과 지원을 제공했다. 그래픽디자이너는 우리의 메시지를 효과적으로 전달해주는 표지를 디자인했다. 또한 우리를 믿어준 퍼블릭어페어스PublicAffairs 출판사에 감사한다. 그들은 핵심 메시지를 전달하는 방식으로 책을 쓸 수 있도록 지원해주었고 필요할 때마다 융통성을 발휘해주었다.

마지막으로 이 원고가 자리를 잡기까지 유용한 의견을 들려준 많은 사람에게 감사한다. 제니퍼 리스트, 아이엘릿 그니지, 아지 리스트, 알렉 브랜든, 몰리 라이트 벅, 조지프 벅, 위니 핏콕, 데이비드 "레니" 하스, 마이클 프라이스, 아냐 새맥, 에디 도브레즈, 케이티 바카모츠, 샐리 새도프, 제프 리빙스턴, 스티븐 레빗, 스티븐 더브

너, 데이브 노브고로드스키, 데이비드 허버리치, 애니카 리스트, 샌디 아이너슨, 제프 아이너슨, 론 휴버맨, 스콧 쿡, 프레디 채니, 마이클 골드버그, 피트 윌리엄스, 조 곤잘레스, 리안 "맨바" 핏콕, 에릭 파오로, 피트 바톨로메, 존 프릴, 마이크 맥캘리스터, 브라이언 멀레이니, 민 리, 케이티 스프링, 인튜이트와 휴매나에서 일하는 친구들과 직원들에게 감사한다. 아울러 책을 출간하기까지 내내 도움과 지지를 보내주었던 모든 사람에게 감사한다.

미 주

프롤로그

1. Syed Z. Ahmed, "What Do Men Want?" *New York Times*, February 15, 1994, A21.

2. David Brooks, "What You'll Do Next," *New York Times*, April 15, 2013.

3. 이 책 전반에 걸쳐 사용한 대명사 '우리'는 공동저자 한 명이나 두 명 모두 실험에 참여했다는 뜻으로 사용했고, 대개는 다른 연구자들과 함께 실험했다. 또한 이 책의 일부에서는 이름을 밝히고 싶어하지 않는 사람들을 보호하기 위해 익명을 썼다.

4. All in the Family, Season 2. http://www.yo utube.com/watch?v=O_UBgkFHm8o.

5. Thomas Carlyle, "Occasional Discourse on The Negro Question," *Fraser's Magazine* (December 1849).

1 어떻게 하면 내가 원하는 대로 타인을 행동하게 만들까?

1. Uri Gneezy, Steven Meier, and Pedro Rey-Biel, "When and Why Incentives (Don't) Work to Modify Behavior," *Journal of Economic Perspectives* 25 (2011): 191-210, http://rady.ucsd.edu/faculty/directory/gneezy/pub/docs/jep_published.pdf.

2. Uri Gneezy and Aldo Rustichini, "A Fine Is a Price," *Journal of Legal Studies* 29 (January 2000): 1-17.

3. Uri Gneezy and Aldo Rustichini, "Pay Enough or Don't Pay At All," *Quarterly Journal of Economics* (August 2000): 791-810, http://rady.ucsd.edu/faculty/directory/gneezy/pub/docs/pay-enough.pdf.

4. 댄 애리얼리(Dan Ariely)가 설명하듯 인센티브로 무엇을 제공하는지가 중요하다. 특히 돈은 다른 형태의 보상과 다르다. 애리얼리와 그의 연구 동료인 제임스 헤이먼(James Heyman)은 학생들을 대상으로 소파를 밴에 신도록 다른 학생을 돕는 임무를 수행하게 했는데, 보상을 전혀 받지 않은 집단이 소액의 현금을 받은 집단보다 많이 일했다고 밝혔다. 다른 한 집단은 보상으로

초콜릿바를 받았는데, 소액의 돈을 받은 집단보다 열심히, 아무 보상도 받지 않은 집단과 비슷한 수준으로 수고했다. 이 실험으로 흥미로운 사실이 드러났다. 연구자들은 한 처치집단에서 초콜릿에 부착된 가격표를 그대로 놔두었고, 학생들이 자신이 받은 초콜릿바의 소매가격을 알고 나면 현금 보상을 받은 학생만큼만 힘을 쓰리라 예측했는데 실제로도 그랬다. "Effort for Payment," *Psychological Science* 15, no. 11(2004).

5. Uri Gneezy, Ernan Haruvy, and Hadas Yafe, "The Inefficiency of Splitting the Bill," *Economic Journal* 114, no. 495 (April 2004): 265-280.

6. Stefano DellaVigna and Ulrike Malmandier, "Paying Not to Go to the Gym," *American Economic Review* 96 (2006): 694-719, http://emlab.berkeley.edu/~ulrike/Papers/gym.pdf.

7. Steven A. Burd, "How Safeway Is Cutting Health-Care Costs," *Wall Street Journal,* June 12, 2009.

8. David S. Hilzenrath, "Misleading Claims About Safeway Wellness Incentives Shape Health-Care Bill," *Washington Post*, January 17, 2010.

9. Gary Charness and Uri Gneezy, "Incentives to Exercise," *Econometrica* 77 (2009): 909-931.

2 여성의 급여가 남성보다 적은 이유는 무엇일까?

1. *Archive of Remarks at NBER Conference on Diversifying the Science & Engineering Workforce*, January 14, 2005; "Lawrence Summers," Wikipedia, http://en.wikipedia.org/wiki/Lawrence_Summers#cite_note-harvard2005%E2%80%9336.

2. Daniel J. Hemel, "Summers' Comments on Women and Science Draw Ire," *The Harvard Crimson*, January 14, 2005, http://www.thecrimson.com/article/2005/1/14/summers-comments-on-women-and-science/.

3. "Fast Facts: Degrees Conferred by Sex and Race," National Center for Education Statistics, http://nces.ed.gov/fastfacts/display.asp?id=72; "Women in Management in the United States, 1960-Present," Catalyst; and Patricia Sellers, "New Yahoo CEO Mayer Is Pregnant," *CNN Money*, July 16, 2012, http://postcards.blogs.fortune.cnn.com/2012/07/16/mayer-yahoo-ceo-pregnant/.

4. "Working Women: Still Struggling," *The Economist*, November 25, 2011, http://www.economist.com/blogs/dailychart/2011/11/working-women.

5. Jeffrey A. Flory, Andreas Leibbrandt, and John A. List, "Do Competitive Work Places Deter Female Workers? A Large-Scale Natural Field Experiment on Gender Differences in Job-Entry Decisions," NBER Working Paper w16546, November 2010.

6. 결국 일부 지원자에게 일자리를 제공했다.

7. 구직자에게 성별을 묻는 것은 적절하지 않고 일부 경우에는 불법이다. 따라서 각 구직자의 이름을 바탕으로 성별을 파악하는 방법을 사용했다. 여러 도시에서 성별과 출생연도를 기준으로 많이 선택되는 이름에 관한 사회보장국의 데이터베이스를 참고하여 성별을 판단했다. 사회보장국의 데이터베이스에 이름이 없을 때는, 아기 이름 수집가인 제프 피터스(Geoff Peters)가 만든 추가적인 데이터베이스를 사용했다. 해당 데이터베이스는 인터넷을 활용하여 10만 개가 넘는 이름의 유형을 분석하고 나서 이름에 따른 성비를 계산했다. 어떤 데이터베이스를 참고해도 신뢰할 만한 성비를 알기 힘든 성 중립적 이름이 등장하면, 인터넷을 검색하여 소셜네트워킹 웹사이트에 본인이 스스로 밝힌 성별을 찾아냈다. 결과적으로는 우리가 판단한 성별이 정확하다고 확신한다.

8. Muriel Niederle and Lise Vesterlund, "Do Women Shy Away from Competition? Do Men Compete Too Much?" *Quarterly Journal of Economics* 122, no. 3 (2007): 1067-1101.

9. Uri Gneezy, Muriel Niederle, and Aldo Rustichini, "Performance in Competitive Environments: Gender Differences," *Quarterly Journal of Economics* 118, no. 3 (2003): 1049-1074, http://rady.ucsd.edu/faculty/directory/gneezy/pub/docs/gender-differences.pdf.

10. 여학생들이 수학 · 공학 · 과학에 자신감을 잃고 관련 직업에 종사하는 수가 남성보다 적은 이유를 밝힌 자료는 많다. Valerie Strauss, "Decoding Why Few Girls Choose Science, Math," *Washington Post*, February 1, 2005, http://www.washingtonp ost.com/wp-dyn/articles/A52344-2005Jan31.html; Jeanna Bryner, "Why Men Dominate Math and Science Fields," *LiveScience*, October 10, 2007, http://www.lives cience.com/1927-men-dominate-math-science-fields.html.

11. Uri Gneezy and Aldo Rustichini, "Gender and Competition at a Young Age," *American Economic Review Papers and Proceedings* 94, no. 2 (2004): 377-381, http://rady.ucsd.edu/faculty/directory/gneezy/pub/docs/gender.pdf.

12. 우리가 현재 시카고 소재 공립학교에서 실시하고 있는 대규모 실험과 달리, 서구에서 멀리 떨어진 지역에서 실시한 연구는 상대적으로 규모가 작고 실험실에서 사용할 수 있는 기술을 일부 사용해야 한다. 우리는 이러한 종류의 연구를 '인공적인 현장실험' 또는 '현장 속 실험실' 연구로 부른다. Uri Gneezy, Kenneth L. Leonard, and John A. List, "Gender Differences in Competition: Evidence from a Matrilineal and a Patriarchal Society," *Econometrica* 77, no. 5 (2009): 1637-1664, http://rady.ucsd.edu/faculty/directory/gne ezy/pub/docs/gender-differences-competition.pdf.

13. Dorothy L. Hodgson, "Gender, Culture and the Myth of the Patriarchal Pastoralist," *Rethinking Pastoralism in Africa*, ed. D. L. Hodgson (London: James Currey, 1639, 1641, 2000).

14. "Male Boards Holding Back Female Recruitment, Report Says," *BBC News*, May 28, 2012, http://www.bbc.co.uk/news/business-18235815.

15. Barbara Black, "Stalled: Gender Diversity on Corporate Boards," *University of Dayton Public Law Research Paper* no. 11-06, http://www.udayton.edu/law/_resources /documents/law_review/stalled_gender_diversity_on_corporate_boards.pdf.

16. Aileen Lee, "Why Your Next Board Member Should Be a Woman," *TechCrunch*, February 19, 2012, http://techcrunch.com/2012/02/19/why-your-next-board-member-should-be-a-woman-why-your-next-board-member-should-be-a-woman.

3 성별 격차를 좁히려면 어떻게 해야 할까?

1. Garrett Hardin, "The Tragedy of the Commons," *Science* 162 (1968): 1243-1248.

2. 이 프레이밍 조작의 출처는 공공재 게임의 흥미진진한 변수를 소개한 인물로 잘 알려진 친구 제임스 안드레오니(James Andreoni)이다.

3. Linda Babcock and Sara Laschever, *Women Don't Ask: The High Cost of Avoiding Negotiation—and Positive Strategies for Change* (New York: Bantam, 2007).

4. Andreas Grandt and John A. List, "Do Women Avoid Salary Negotiations? Evidence from a Large-Scale Natural Field Experiment," NBER Working Paper, 2012.

5. "Best Companies for Women's Enhancement," Working Mother, http://www. working mother.com/best-companies/deloitte-3.

6. Richard A. Lippa, Gender, *Nature and Nurture* (Mahwah, NJ: Laurence Erlbaum Associates, 2005).

7. Steffen Andersen, Seda Ertac, Uri Gneezy, John A. List, and Sandra Maximiano, "Gender, Competitiveness and Socialization at a Young Age: Evidence from a Matrilineal and a Patriarchal Society," *The Review of Economics and Statistics*.

4 학생들이 스스로 공부하게 만드는 방법은 무엇일까?

1. Thomas D. Snyder and Sally A. Dillow, *Digest of Education Statistics 2010* (Washington, DC: US Department of Education, National Center for Education Statistics, Institute of Education Sciences, 2011).

2. Richard Knox, "The Teen Brain: It's Just Not Grown Up Yet," National Public Radio, March 1, 2010, http://www.npr.org/templates/story/story.php?storyId=124119468. 10대의 뇌에 대한 흥미로운 통찰을 얻고 싶다면 PBS의 시사 프로그램 〈프런트라인Frontline〉을 보라. "Inside the Teenage Brain," http://www.pbs.org/wgbh/pages/frontline/shows/teenbrain/.

3. 이 책에서 논의한 일부 논문의 공동저자인 롤런드 프라이어(Roland Fryer)는 미국 전역의 학교에서 금전적 인센티브 제도를 실시하는 데 중대한 역할을 담당하고 있다.

4. 현재 샐리 새도프(Sally Sadoff)는 캘리포니아 대학교 샌디에이고 캠퍼스의 조교수이다.

5. 우리가 실시한 실험에 대해 좀 더 자세히 알고 싶다면 2010년 방영된 다큐멘터리 〈괴짜경제학Freaknomics〉의 네 번째 일화("9학년짜리에게 성공하라고 돈을 줄 수 있는가?")를 참고하라. 해당 에피소드에서 유레일 킹은 복권에 당첨되어 리무진 탑승권을 얻는다. 이 순간이 상상이었는지는 분명하지 않다. 실제로 유레일은 당첨이 되지 않았지만 당첨 혜택을 누릴 수 있을 만큼 학업성적을 향상시켰다. 이 에피소드의 근거가 되는 학술 논문을 보려면 다음을 참고하라. Steven D. Levitt, John A. List, and Sally Sadoff, "The Effect of Performance-Based Incentives on Educational Achievement: Evidence from a Randomized Experiment," unpublished, 2011.

6. Levitt, List, and Sadoff, "The Effect of Performance-Based Incentives on Educational Achievement."

7. Steven D. Levitt, John A. List, Susanne Neckermann, and Sally Sadoff, "The

Behavioralist Goes to School: Leveraging Behavioral Economics to Improve Educational Performance," NBER Working Paper 18165 (June 2012).

8. Victoria H. Medvec, Scott F. Madey, and Thomas Gilovitch, "When Less Is More: Counterfactual Thinking and Satisfaction Among Olympic Medalists," *Journal of Personality and Social Psychology* 69 (1995): 603-610.

9. Uri Gneezy, Stephen Meier, and Pedro Rey-Biel, "When and Why Incentives (Don't) Work to Modify Behavior," *Journal of Economic Perspectives* 25, no. 4 (2011): 191-210.

10. Roland G. Fryer Jr., Steven D. Levitt, John A. List, and Sally Sadoff, "Enhancing the Efficacy of Teacher Incentives Through Loss Aversion: A Field Experiment," NBER Working Paper 18237 (July 2012).

11. "Teacher Salary in Chicago Heights, IL", http://www.indeed.com/salary/q-Teacher-l-Chicago-Heights,-IL.html.

12. John A. List, Jeffrey A. Livingston, and Susanne Neckermann, "Harnessing Complimentarities in the Education Production Function," University of Chicago mimeo.

5 가난한 아이들이 부유한 아이들을 몇 달 만에 따라잡을 수 있을까?

1. Steven Levitt and Stephen Dubner, *Freakonomics: A Rogue Economist Explores the Hidden Side of Everything* (New York: William Morrow, 2005), Chapter 5: What Makes a Perfect Parent?

2. Joe Klein, "Time to Ax Public Programs That Don' t Yield Results," *Time*, July 7, 2011, http://www.time.com/time/nation/article/0,8599,2081778,00.html#ixzz1caS-Tom00.

3. 조기아동교육센터 계획에 대한 좀 더 자세한 설명을 보려면 다음을 참고하라. Oliver Staley, "Chicago Economist's 'Crazy Idea' wins Ken Griffin's Backing," *Bloomberg Markets* (April 2011): 85-92.

4. 다음과 같이 연구 결과가 처음 발표되었고 현재 학술논문이 준비 중이다. Roland Fryer, Steve Levitt, and John A. List, "Toward an Understanding of the Pre-K Education Production Function."

6 사람들이 차별하는 진짜 이유는 무엇일까?

1. 미국에서 이렇게 질문하는 것은 불법이다. 그렇다고 미국 고용주가 채용 결정을 내릴 때 이러한 정보를 사용하지 않는다는 뜻은 아니다.

2. "General Orders #11," Jewish-American History Foundation, http://www.jewish-history.com/civilwar/go11.htm.

3. "History of Antisemitism in the United States: Early Twentieth Century," Wikipedia, http://en.wikipedia.org/wiki/History_of_antisemitism_in_the_United_States#Early_Tw entieth_Century.

4. Press Release, NobelPrize.org, October 13, 1992, http://www.nobelprize.org/nobel _prizes/economics/laureates/1992/press.html.

5. 25세 이상 미국 성인 가운데 석사학위 이상 소지자는 남성이 1,050만 명이고 여성은 1,060만 명이다.

6. Kerwin K. Charles and Jonathan Guryan, "Prejudice and Wages: An Empirical Assessment of Becker's *The Economics of Discrimination*," *Journal of Political Economy* 116 (2008): 773-809.

7. Jeffrey M. Jones, "Record-High 86% Approve Black-White Marriages," Gallup, September 12, 2011, http://www.gallup.com/poll/149390/Record-High-Approve-Black-White-Marriages.aspx.

8. 경제학 문헌은 이러한 종류의 차별을 일컬어 "통계적 차별"이라 부른다. Kenneth Arrow, "The Theory of Discrimination," in Orley Ashenfelter and Albert Rees, eds., *Discrimination in Labor Markets* (Princeton, NJ: Princeton University Press, 1973), 3-33.

9. Aisha Sultan, "Data Mining Spurs Users to Protect Privacy Online," *The Bulletin* (Oregon), September 29, 2012, http://www.bendbulletin.com/article/2012 0929/NEWS0107/209290322/.

10. "Web Sites Change Prices Based on Customers' Habits," CNN.com, June 25, 2005, http://edition.cnn.com/2005/LAW/06/24/ramasastry.website.prices/.

11. 이 연구와 이어지는 연구는 존이 2000년대에 발표한 초기 논문을 바탕으로 작성되었다. John A. List, "The Nature and Extent of Discrimination in the Marketplace, Evidence from the Field," *Quarterly Journal of Economics*, 2004, 119 (1), 49-49.

12. M. J. Lee, "Geraldo Rivera Apologizes for 'Hoodie' Comment," *Politico*, March 27, 2012, http://www.politico.com/news/stories/0312/74529.html#ixzz1qus Qkm6A.

7 현대의 차별을 끝내는 방법을 한마디로 표현한다면?

1. 직원이 2만 명 이상인 기업 가운데 흡연자에게 건강보험료를 차별 책정하는 기업은 전체의 24%이고, 500명 이상인 기업의 경우는 12%이다. "Smokers, Forced to Pay More for Health Insurance, Can Get Help with Quitting," *Washington Post*, January 2, 2012. "Firms to Charge Smokers, Obese More For Healthcare," *Reuters*, October 31, 2011.

2. "Kenlie Tiggeman, Southwest's 'Too Fat To Fly' Passenger, Sues Airline," *Huffington Post*, May 4, 2012, http://www.huffingtonpost.com/2012/05/04/kenlie-tiggeman-southwests_n_1476907.html.

3. Andrew Dainty and Helen Lingard, "Indirect Discrimination in Construction Organizations and the Impact on Women's Careers," *Journal of Management in Engineering* 22 (2006): 108-118.

4. "Nazi Persecution of Homosexuals, 1933-1945," United States Holocaust Memorial Museum, http://www.ushmm.org/museum/exhibit/online/hsx/.

5. "The Black Church," BlackDemographics.com, http://www.blackdemographics.com/religion.html.

6. Uri Gneezy, John A. List, and Michael K. Price, "Toward an Understanding of Why People Discriminate: Evidence from a Series of Natural Field Experiments," NBER Working Paper 17855 (February 2012).

7. Richard H. Thaler, "Show Us the Data. (It's Ours, After All.)," *New York Times*, April 23, 2011, http://www.nytimes.com/2011/04/24/business/24view.html.

8 사회가 개인을 어떻게 보호해줄 수 있을까?

1. 다음에 어떤 일이 일어났는지 알고 싶다면 유튜브에서 동영상을 볼 수 있다. 하지만 동영상을 찾아보라고 권하고 싶지는 않다.

2. 건강보험 실험에서 랜드연구소는 무작위로 뽑은 6,000여 명을 본인 부담금 수준에 따라 분류해 의료비 부담과 의료서비스 이용의 관계를 알아보았다. 이 실험 결과는 오늘날에도 크게 영

향을 미치고 있으며 2010년 건강보험 관련 토론에서 자주 인용되었다. 실험이 재개된 징조로서 근래 들어 오리건 주는 무작위로 뽑은 개인을 대상으로 노인 의료보험제도인 메디케어의 효용성에 대한 연구를 끝마쳤다. 실험 첫해에 거둔 결과를 알고 싶다면 다음을 참고하라. Amy Finkelstein, Sarah Taubman, Bill Wright, Mira Bernstein, Jonathan Gruber, Joseph P. Newhouse, Heidi Allen, Katherine Baicker, and the Oregon Health Study Group, "The Oregon Health Insurance Experiment: Evidence from the First Year," *Quarterly Journal of Economics* 127, no. 3 (2012): 1057-1106.

3. "Kanye West," Wikipedia, http://en.wikipedia.org/wiki/Kanye_West.

4. Dana Chandler, Steven D. Levitt, and John A. List, "Predicting and Preventing Shootings Among At-Risk Youth," *American Economic Review Papers and Proceedings* 101, no. 3 (2011): 288-292.

5. "Jaime Oliver Misses a Few Ingredients," School Nutrition Association Press Releases, March 22, 2010, http://www.schoolnutrition.org/Blog.aspx-id=13742&blogid=564.

6. John A. List and Anya C. Savikhin, "The Behavioralist as Dietician: Leveraging Behavioral Economics to Improve Child Food Choice and Consumption," University of Chicago Working Paper (2013).

7. Paul Rozin, Sydney Scott, Megan Dingley, Joanna K. Urbanek, Hong Jiang, and Mark Kaltenbach, "Nudge to Nobesity I: Minor Changes in Accessibility Decrease Food Intake," *Judgment and Decision Making* 6, no. 4 (2011): 323-332.

8. 스탠퍼드 대학교 소속 경제학자인 앨빈 로스(Alvin Roth)는 장기 공급을 늘리기 위한 연구에 열중하고 있다. 그는 장기 이식이 필요한 사람들과 살아 있는 기증자를 연결시키는 알고리즘을 고안한 공로로 2012년 노벨경제학상을 받았다. 로스와 그의 동료들은 장기를 배분하는 과정을 간단하게 바꾸기만 해도 결과가 크게 달라진다는 사실을 입증했다.

9. Eric J. Johnson and Daniel Goldstein, "Do Defaults Save Lives?" *Science* 302 (2003): 1338-1339, http://www.dangoldstein.com/papers/DefaultsScience.pdf.

10. Dean Karlan and John A. List, "Nudges or Nuisances for Organ Donation," 2012, University of Chicago Working Paper.

11. "Federal Advisory Committee Draft Climate Assessment Report Released for Public Review," US Global Change Research Program, http://ncadac.globalchange.gov/.

12. http://www.energystar.gov/ia/partners/univ/download/CFL_Fact_Sheet.pdf?9ed9-3f06.

13. Robert Cialdini, "Don't Throw in the Towel: Use Social Influence Research," *APS Observer*, April 2005.

14. David Herberich, John A. List, and Michael K. Price, "How Many Economists Does It Take to Change a Light Bulb? A Natural Field Experiment on Technology Adoption," 2012 University of Chicago Working Paper.

9 어떻게 하면 기부금을 늘릴 수 있을까?

1. "American Giving Knowledge Base," Grant Space, http://www.grantspa ce.org /Tools/ Knowledge-Base/Funding-Resources/Individual-Donors/American-giving.

2. 우리는 기금 모금 커뮤니티와 전략적 제휴를 맺는 것을 포함하여 여러 분야를 아우르는 접근법을 사용함으로써 자선활동의 기반을 탐색할 목적으로 시카고 대학교에 자선활동계획학(Science of Philanthropy Initiative, SPI)을 개설했다. SPI는 존 템플턴 재단(John Templeton Foundation)에서 지원금 500만 달러를 받았다. 좀 더 자세한 사항은 http://www.spihub.org 를 참고하라.

3. 실험 참가자에게 대가를 지불할 만한 자금이 없었던 존은 어릴 때 수집했던 스포츠카드를 유용하게 사용했다.

4. 이러한 계획은 미래의 관리자에게 멋진 아이디어처럼 들릴 수 있으나 몇 가지 단점이 있다. 한 가지 단점은 과에 속한 모든 사람이 자기 분야가 선택을 받아야 한다고 생각한다는 것이다. 예를 들어 자신이 연구하는 교환경제학이나 노동경제학 등이 최선의 선택이라고 생각한다.

5. 이전에 존이 단체를 이끌었던 경우는 남녀 수상스키팀을 가르쳤던 경험뿐이다.

6. 실험 결과는 다음 논문으로 발표되었다. John A. List and David Lucking-Reiley, "The Effects of Seed Money and Refunds on Charitable Giving: Experimental Evidence from a University Capital Campaign," *Journal of Political Economy* 110 (2002): 215-233.

7. John A. List and Daniel Rondeau, "Matching and Challenge Gifts to Charity: Evidence from Laboratory and Natural Field Experiments," *Experimental Economics* 11 (2008): 253-267.

8. 잰 포터스(Jan Potters), 마틴 세프턴(Martin Sefton), 리즈 베스터런드(Lise Vesterlund)를

포함한 경제학자들이 실험실 연구에서 비슷한 결과를 도출했다.

9. Kent E. Dove, *Conducting a Successful Capital Campaign*, 2nd edition (San Francisco: Jossey-Bass, 2000), 510.

10. Dean Karlan and John A. List, "Does Price Matter in Charitable Giving? Evidence from a Large-Scale Natural Field Experiment," *American Economic Review* 97, no. 5 (2007): 1774-1793.

11. 실험의 조건으로 익명을 유지하겠다고 약속했으므로 단체의 이름은 밝힐 수 없다.

12. 같은 표현을 세 번 되풀이하는 불편을 피하기 위해 편의상 괄호를 사용했다.

13. 5만 가구가 속할 집단은 일일이 사면체 주사위를 굴려 결정했다. 주사위를 굴려 1이 나오면 1:1 매칭그랜트를 제안한 제1집단에, 2가 나오면 2:1 매칭그랜트를 제안한 제2집단에, 3이 나오면 3:1 매칭그랜트를 제안한 제3집단에 배정했고, 제4집단은 통제집단으로 삼았다.

14. 이 결과는 우리의 직관과 잘 들어맞는다.

15. Harry Bruinius, "Why the Rich Give Money to Charity," *Christian Science Monitor*, November 20, 2010.

16. 탁월한 통찰을 보여주는 경제학자 레이철 크로슨(Rachel Croson), 캐서린 에켈(Catherine Eckel), 필 그로스먼(Phil Grossman), 스테판 메이어(Stephan Meier), 젠 상(Jen Shang)의 연구를 참고하라.

17. Craig E. Landry, Andreas Lange, John A. List, Michael K. Price, and Nicholas G. Rupp, "Toward an Understanding of the Economics of Charity: Evidence from a Field Experiment," *Quarterly Journal of Economics* 121 (May 2006): 747-782.

18. 모금자 전원이 이 평가를 허락한다는 동의서에 서명했다. 이 과정에 관심이 있는 독자는 다음 글을 참고하라. Jeff E. Biddle & Daniel S. Hamermesh, 1998. "Beauty, Productivity and Discrimination: Lawyers' Looks and Lucre," NBER Working Paper 5636(1998).

19. Craig E. Landry, Andreas Lange, John A. List, Michael K. Price, and Nicholas G. Rupp, "Is a Donor in Hand Better Than Two in the Bush? Evidence from a Natural Field Experiment," *American Economic Review* 100 (2010): 958-983.

20. *The Daily Show with Jon Stewart*, February 16, 2011.

21. 이 내용의 대부분은 다음 글에서 인용했다. Andreas Lange, John A. List, and Michael K. Price, "A Fundraising Mechanism Inspired by Historical Tontines: Theory and

Experimental Evidence," *Journal of Public Economics* 91 (June 2007): 1750-1782.

22. David Leonhardt, "What Makes People Give?" *New York Times Magazine*, March 9, 2008.

10 사람들이 기부하는 진짜 이유는 무엇일까?

1. "Pinki Sonkar: From School Outcast to an Oscar-Winning Film," *People Magazine*, February 23, 2009, http://www.peoplestylewatch.com/people/stylewatch/redcarpet/2 009/article/0,,20249180_20260685,00.html?xid=rss-fullcontent.

2. 지금은 우리가 수집한 일부 증거를 포함하여 문헌에서 이러한 관점을 뒷받침하는 증거가 많다. John A. List and Michael K. Price, "The Role of Social Connections in Charitable Fundraising: Evidence from a Natural Field Experiment," *Journal of Economic Behavior and Organization* 69, no. 2 (2009): 160-169.

3. Amee Kamdar, Steven D. Levitt, John A. List, Brian Mullaney, and Chad Syverson, "Once and Done: Leveraging Behavioral Economics to Increase Charitable Contributions," NBER Working Paper.

4. 심리학 문헌과 경제학 문헌을 살펴보면 사람들이 자신에게 친절한 사람들에게 친절한 경향이 있다는 사실을 입증하는 모델과 실험이 넘쳐난다. 예를 들면 다음과 같다. Akerlof, George. 1982. "Labor Contracts as Partial Gift Exchange." *Q.J.E.* 97 (November): 543-69; Rabin, Matthew. 1993. "Incorporating Fairness into Game Theory and Economics"; *A.E.R.* 83 (December): 1281-1302; Fehr, Ernst, and Simon Gächter. 2000. "Fairness and Retaliation: The Economics of Reciprocity." *J. Econ. Perspectives* 14 (Summer): 159-81; Dufwenberg, Martin, and Georg Kirchsteiger. 2004. "A Theory of Sequential Reciprocity." *Games and Econ. Behavior* 47 (May): 269-98; Charness, Gary. 2004. "Attribution and Reciprocity in an Experimental Labor Market." Manuscript, Univ. California, Santa Barbara; Sobel, Joel. 2005. "Social Preferences and Reciprocity." Manuscript, Univ. California, San Diego; Falk, Armin. 2007. "Charitable Giving as a Gift Exchange: Evidence from a Field Experiment." IZA Working Paper no. 1148, Inst. Study Labor, Bonn.

5. Belinda Luscombe, "Using Business Savvy to Help Good Causes," *Time Magazine*, March 17, 2011.

6. 기부금에 대한 세금공제 정책을 둘러싸고 뜨거운 논쟁이 벌어지고 있다. 다수의 업계 종사자들은 세금공제 정책을 없애면 비영리 부문이 크게 타격을 입을 것이라고 주장한다. 이러한 논쟁은 지속적으로 연구해야 할 문제로서 결론을 내리기에는 시기상조이다. 하지만 그보다 중요한 것은 사람들이 기부하는 정확한 이유를 판단하는 것이다.

11 오늘날의 기업들이 멸종 위기에 빠진 이유는 무엇일까?

1. "Netfilx Introduces New Plans and Announces Price Changes," Netflix US & Canada Blog, Tuesday, July 12, 2011, http://blog.netflix.com/2011/07/netflix-introduces-new-plans-and.html?commentPage=25.

2. "Netflix Apology," *Saturday Night Live* video, http://www.nbc.com/saturday-night-live/video/netflix-apology/1359563/.

3. Stephen F. Jencks, Mark V. Williams, and Eric A. Coleman, "Rehospitalizations Among Patients in the Medicare Fee-for-Service Program," *New England Journal of Medicine* 360 (2009): 1418-1428.

4. 이 양조장에서 실시한 실험에 관해서는 다음 글에서 자세하게 서술했다. "Intuition Can't Beat Experimentation," Rady School of Management, UC San Diego. 실험방법에 대한 자세한 설명은 다음을 참고하라. Ayelet Gneezy and Uri Gneezy, "Pricing Experimentation in Firms: Testing the Price Equal Quality Heuristics," Rady School of Management, UC San Diego.

5. Ayelet Gneezy, Uri Gneezy, Leif D. Nelson, and Amber Brown, "Shared Social Responsibility: A Field Experiment in Pay-What-You-Want Pricing and Charitable Giving," *Science* 329 (2010): 325-327.

6. Uri Gneezy and Pedro Rey-Biel, "On the Relative Efficiency of Performance Pay and Social Incentives," Barcelona Graduate School of Economics Working Paper no. 585, October 2011.

7. Tanjim Hossain and John A. List, "The Behavioralist Visits the Factory: Increasing Productivity Using Simple Framing Manipulations," *Management Science* 58 (2012): 2151-2167.

에필로그

1. 이 인용문의 출처는 다음과 같다. Steven D. Levitt and John A. List, "What Do Laboratory Experiments Measuring Social Preferences Reveal About the Real World," *Journal of Economic Perspectives* 21, no. 2 (2007): 153-174. 실험경제학 분야에서 앞서나간 사람들의 초기 자료를 보려면 다음을 참조하라. Vernon L. Smith, "Microeconomic Systems as an Experimental Science," *American Economic Review* 72, no. 5 (1982): 923-955.

2. 고객을 속이지는 말아야 한다. 실제로 존재하지 않는 매칭그랜트를 광고해서는 안 된다.

찾 아 보 기

기타

THE
WHY
AXIS